国际体育仲裁院
职业足球争议仲裁法理

GUOJI TIYU ZHONGCAIYUAN
ZHIYE ZUQIU ZHENGYI ZHONGCAI FALI

向会英◎著

中国政法大学出版社

2024·北京

图书在版编目（CIP）数据

国际体育仲裁院职业足球争议仲裁法理 / 向会英著. -- 北京 ： 中国政法大学出版社，2024. 7. -- ISBN 978-7-5764-1688-6

Ⅰ. D912.160.4

中国国家版本馆 CIP 数据核字第 202496WH40 号

出 版 者	中国政法大学出版社
地 　　址	北京市海淀区西土城路 25 号
邮寄地址	北京 100088 信箱 8034 分箱　邮编 100088
网 　　址	http://www.cuplpress.com (网络实名：中国政法大学出版社)
电 　　话	010-58908285(总编室) 58908433 （编辑部） 58908334(邮购部)
承 　　印	固安华明印业有限公司
开 　　本	720mm×960mm　1/16
印 　　张	16
字 　　数	260 千字
版 　　次	2024 年 7 月第 1 版
印 　　次	2024 年 7 月第 1 次印刷
定 　　价	75.00 元

上海政法学院学术著作编审委员会

　　四秩芳华，似锦繁花。幸蒙改革开放的春风，上海政法学院与时代同进步，与法治同发展。如今，这所佘山北麓的高等政法学府正以稳健铿锵的步伐在新时代新征程上砥砺奋进。建校40年来，学校始终坚持"立足政法、服务上海、面向全国、放眼世界"的办学理念，秉承"刻苦求实、开拓创新"的校训精神，走"以需育特、以特促强"的创新发展之路，努力培养德法兼修、全面发展，具有宽厚基础、实践能力、创新思维和全球视野的高素质复合型应用型人才。四十载初心如磐，奋楫笃行，上海政法学院在中国特色社会主义法治建设的征程中书写了浓墨重彩的一笔。

　　上政之四十载，是蓬勃发展之四十载。全体上政人同心同德，上下协力，实现了办学规模、办学层次和办学水平的飞跃。步入新时代，实现新突破，上政始终以敢于争先的勇气奋力向前，学校不仅是全国为数不多获批教育部、司法部法律硕士（涉外律师）培养项目和法律硕士（国际仲裁）培养项目的高校之一；法学学科亦在"2022软科中国最好学科排名"中跻身全国前列（前9%）；监狱学、社区矫正专业更是在"2023软科中国大学专业排名"中获评A+，位居全国第一。

　　上政之四十载，是立德树人之四十载。四十年春风化雨、桃李芬芳。莘莘学子在上政校园勤学苦读，修身博识，尽显青春风采。走出上政校门，他们用出色的表现展示上政形象，和千千万万普通劳动者一起，绘就了社会主义现代化国家建设新征程上的绚丽风景。须臾之间，日积月累，学校的办学成效赢得了上政学子的认同。根据2023软科中国大学生满意度调查结果，在本科生关注前20的项目上，上政9次上榜，位居全国同类高校首位。

　　上政之四十载，是胸怀家国之四十载。学校始终坚持以服务国家和社会需要为己任，锐意进取，勇担使命。我们不会忘记，2013 年 9 月 13 日，习近平主席在上海合作组织比什凯克峰会上宣布，"中方将在上海政法学院设立中国–上海合作组织国际司法交流合作培训基地，愿意利用这一平台为其他成员国培训司法人才。"十余年间，学校依托中国–上合基地，推动上合组织国家司法、执法和人文交流，为服务国家安全和外交战略、维护地区和平稳定作出上政贡献，为推进国家治理体系和治理能力现代化提供上政智慧。

历经四十载开拓奋进，学校学科门类从单一性向多元化发展，形成了以法学为主干，多学科协调发展之学科体系，学科布局日益完善，学科交叉日趋合理。历史坚定信仰，岁月见证初心。建校四十周年系列丛书的出版，不仅是上政教师展现其学术风采、阐述其学术思想的集体亮相，更是彰显上政四十年发展历程的学术标识。

著名教育家梅贻琦先生曾言，"所谓大学者，有大师之谓也，非谓有大楼之谓也。"在过去的四十年里，一代代上政人勤学不辍、笃行不息，传递教书育人、著书立说的接力棒。讲台上，他们是传道授业解惑的师者；书桌前，他们是理论研究创新的学者。《礼记·大学》曰："古之欲明明德于天下者，先治其国"。本系列丛书充分体现了上政学人想国家之所想的高度责任心与使命感，体现了上政学人把自己植根于国家、把事业做到人民心中、把论文写在祖国大地上的学术品格。激扬文字间，不同的观点和理论如繁星、似皓月，各自独立，又相互辉映，形成了一幅波澜壮阔的学术画卷。

吾辈之源，无悠长之水；校园之草，亦仅绿数十载。然四十载青葱岁月光阴荏苒。其间，上政人品尝过成功的甘甜，也品味过挫折的苦涩。展望未来，如何把握历史机遇，实现新的跨越，将上海政法学院建成具有鲜明政法特色的一流应用型大学，为国家的法治建设和繁荣富强作出新的贡献，是所有上政人努力的目标和方向。

四十年，上政人竖起了一方里程碑。未来的事业，依然任重道远。今天，借建校四十周年之际，将著书立说作为上政一个阶段之学术结晶，是为了激励上政学人在学术追求上续写新的篇章，亦是为了激励全体上政人为学校的发展事业共创新的辉煌。

党委书记　葛卫华教授

校　　长　刘晓红教授

2024 年 1 月 16 日

目　录 CONTENTS

绪　论

1.1 研究背景

1.1.1 足球发展呈现职业化、国际化、法治化

职业体育指遵循市场经济的基本规律，将职业运动员高水平体育竞赛及相关产品作为商品来经营，从中获得经济利益的一种体育经济活动[1]。一方面，随着社会经济的发展，足球发展职业化已是发展潮流。职业足球已成为真正的跨国性产业，其市场扩张、人才跨国流动、资本注入以及治理等活动都具有国际化特性。

在另一方面，体育治理法治化是客观趋势。自 20 世纪 80 年代，国际体育组织转变了以往的"组织独立、精英自治"的运作模式，转向了市场导向的运作方式，组织活动向经济领域延伸，也深刻地改变了体育组织向公司化方向发展，成为具有"准公共性"和"准商业性"的混合体[2]。这一转变使得国际体育组织固有的人治、规范不足、法治缺失、监管不力等缺陷充分暴露。在强大的利益驱动下，道德自律显得苍白无力，"法治化"成为必然要求。就国际足球而言，1995 年的"博斯曼案"打破了国际足球体系游离于欧盟法律监管之外的状况，欧盟法院对"博斯曼案"作出了具有里程碑意义的

---

〔1〕 参见张林：《职业体育俱乐部运行机制》，人民体育出版社 2001 年版，第 145 页。

〔2〕 参见任海：《国际奥委会演进的历史逻辑——从自治到善治》，北京体育大学出版社 2013 年版，第 164-167 页。

裁决。这一裁决促使国际足球组织和规则发生了巨大变化，也意味着国际职业足球步入快速发展的法治化轨道[1]。

1.1.2 国际体育仲裁院职业足球争议仲裁法理的演进

随着社会的发展，为了适应组织内外的变化，以国际奥委会为代表的国际体育组织对其自身进行了改造，并在1984年建立了国际体育仲裁院（Court of Arbitration for Sport，CAS）以处理体育组织内部的法律纠纷。目前，在由国际体育联合会和其他体育管理机构构成的、通过国家、地区和国际逐级形成的体育管理构架中，CAS具有明确的地位并发挥着内部协调作用，并对外使这一体育管理结构合法化和自治化。自1986年受理第一个案件至2022年底，CAS已累计受理9695个案件[2]。为实现国际体育仲裁的可预见性和一致性，CAS已逐渐通过仲裁判例构成了一个有价值的"体育法"（Lex Sportiva）。

国际足球联合会（Fédération Internationale de Football Association，FIFA）自2002年正式接受CAS管辖，足球争议已成为CAS受案数量最多的一类。基于国际足球强大的经济基础、社会影响力和完善的体系，独特的CAS职业足球争议仲裁法理已经形成。这些法理直接适用于国际足球争议解决，并指导职业足球利益相关者明确其权利和义务。Johan Lindholm对2002年至2017年间国际足联争议解决委员会（Dispute Resolution Chamber，DRC）作出的2332项英文裁决进行分析，结果表明，大约30%的国际足联DRC的决定包含了某种形式CAS判例的援引，尤其是自2005年以来，以直接援引CAS法理作出决定的接近50%，且FIFA DRC援引的数据明确显示有直接援引CAS涉及足球的判例[3]。此外，国际足球组织也在不断吸纳CAS足球争议仲裁法理修改和完善章程及规则。

---

〔1〕 See Ericson T，"The Bosman Case：Effects of the Abolition of the Transfer Fee"，*Journal of Sports Economics*，Vol. 1，No. 3，2000，pp. 203-218.

〔2〕 See STATISTIQUES/STATISTIC，https://www.tas-cas.org/fileadmin/user_upload/CAS_statistics_2022.pdf.

〔3〕 See Johan Lindholm，*The Court of Arbitration for Sport and Its Jurisprudence：An Empirical Lnquing into Lex Sportiva*，ASSER PRESS，2019，pp. 93-97.

1.1.3 中国足球与国际职业足球法治化

中国足球协会是中国足球的最高管理机构，隶属于亚洲足球联合会（AFC），继而隶属于 FIFA。CAS 是国际足球争议解决的上诉机构，在国际足球争议解决的实践中，隶属于 FIFA 的中国足协及下属联盟、俱乐部必然参与其中并受其约束和影响。从立法的角度来看，《中国足球协会章程》和规则如《中国足球协会球员身份与转会管理规定》（以下简称《中足协身份与转会规定》）吸纳了大量 FIFA 规则，且 FIFA 也对各国家足协的规则制定了相应的指引标准。从司法的角度看，每年向 FIFA "足球法庭"（Football Tribunal）起诉，进而上诉到 CAS 的涉及中国俱乐部、球员、教练等的案件数量也不少。在 CAS 公布的裁决中就有多个涉及中国当事方的案件，其中包括北京国安俱乐部、北京仁和俱乐部、长春亚泰俱乐部、青岛中能俱乐部、上海上港俱乐部、大连阿尔滨俱乐部、辽宁俱乐部、沈阳金德俱乐部等。在执法方面，中国足球作为国际足球的一部分，遵守国际足球规则是必然要求。此外，中国是 1958 年《承认与执行外国仲裁裁决公约》（以下简称《纽约公约》）的签约国，可按照《纽约公约》要求执行 CAS 仲裁裁决。在 2018 年 8 月大连一方俱乐部的律师服务费纠纷案件中，大连市中级人民法院支持了 CAS 的裁决，进一步表明 CAS 仲裁的裁决在中国执行是有保障的[1]。迄今，涉中国当事方的 CAS 案件尚未出现裁决不予执行的情况。从国内人员参与国际足球和 CAS 相关事务来看，目前我国有 11 名 CAS 仲裁员（包括 3 名反兴奋剂庭仲裁员），1 名国际足联道德委员会委员和 1 名国际足联纪律委员会委员。

由于中国职业足球是国际职业足球的组成部分，国际足球法治实践不仅对中国足球法治具有外部性的制约作用，而且"由外而内"不断影响着国内的足球法治进程。国内足球管理的"人治"，规范和监督不足，以及一些俱乐部管理人员、负责人等相关人员不熟悉国际足球治理规则甚至法律规则意识淡薄，导致我国职业足球在多年的国际交往中失利较多，如"天津泰达案""上海申花与德罗巴案""卡马乔案"等均以国内当事人巨额赔偿收尾。此外，当今在国际足球领域的竞争，已经不仅是绿茵场上的竞争，而是涉及资本、

---

〔1〕 参见张春良：《国际体育仲裁院仲裁裁决在中国的承认与执行——基于我国承认与执行 CAS 裁决第一案的实证考察》，载《天津体育学院学报》2019 年第 2 期。

治理水平、各种专业知识（包括 CAS 足球争议仲裁知识）、专业人才（包括国际足球法律人才）等各方面的竞争，而治理能力和国际足球仲裁法律知识的不足及国际足球法律人才的缺乏，是国内职业足球在国际交往中不利的重要因素。因此，一方面，我国足球治理法治化建设必须紧盯国际足球法治动向，及时了解、分析和掌握国际规则、基本特征、发展趋势及规律，在吸收国际足球法治理论和实践经验的基础上，探索我国足球治理法治化理论体系和培养国际性足球法律人才。另一方面，在建设体育强国背景下，作为 FIFA 成员的中国足协应积极参与国际足球法治理论与实践的互动，将自身的法治成果、利益诉求、本土化要求、历史经验、秩序构想、理论研究通过互动注入国际足球法治建设中。总之，中国职业足球已是国际职业足球的组成部分，必须全面深入了解国际足球法治内涵、机理及发展规律。

1.2　研究目的和研究意义

1.2.1 研究目的

CAS 是国际体育自治的核心设置，其所形成的判例法理，不仅对仲裁的一致性和可预见性发挥巨大作用，还推动着体育治理的法治化。足球是世界第一大球，是在全球范围内产业规模和国际影响力最大的运动项目。基于强大的经济基础、社会影响力和完善的体系，CAS 职业足球争议仲裁法理具有典型性和独特性。虽然职业化是足球发展的趋势，但我国足球职业化改革却困难重重，且在国际交往中长期处于不利地位。因此，不论是完善足球治理和构建足球仲裁制度的"内因"，还是中国当事方在国际体育仲裁中合理维护自身权益和争取话语权的"外因"，都需要充分认识和借鉴国际经验。因此，本书以 CAS 仲裁程序性法理为"经线"，以足球实体性问题的法理为"纬线"，通过理论分析结合足球判例进行实证研究，探讨国际职业足球 CAS 仲裁的管辖权、法律适用、裁决的承认和执行等程序性法理，分析合同稳定、培训补偿、联合机制等职业足球实体性问题的仲裁法理，全面探索国际职业足球 CAS 仲裁法理的内涵、机理和发展规律。

1.2.2 研究意义

（1）理论意义 在全面推进依法治国、治理体系和治理能力现代化以及体育改革不断深化的背景下，足球治理法治化具有典型性和代表性。本书基于职业足球争议 CAS 仲裁实践，结合 CAS 仲裁程序规则、足球规则及相关立法、判例，探寻 CAS 推进足球法治化的内在机理和理论逻辑，阐释职业足球 CAS 仲裁的实体性和程序性法理的本质内涵，丰富了体育仲裁法理研究的内容，拓展了体育仲裁研究的范式。

（2）实践意义 国际职业足球 CAS 仲裁法理不仅直接适用于国际足球争议解决、国际足球规则的修订，还成为国内足球纠纷解决的指导性原则。一方面，我国在多年的职业足球国际交往中失利较多，使得深入了解和掌握国际规则、内在机制和发展趋势成为迫在眉睫的现实需求。另一方面，新修订的《中华人民共和国体育法》（以下简称《体育法》）设立了"体育仲裁"章节，并依法成立了中国体育仲裁委员会。因此，本书对国际职业足球 CAS 仲裁的程序性和实体性法理研究，主要有以下几个方面的应用价值：第一，在法律和规则层面，可为《体育法》"体育仲裁"章节的实施提供理论依据，也可为国内《体育仲裁规则》的修改和完善提供参考，还可为修改和完善国内足球规则如《中国足协章程》《球员身份转会管理规定》提供鲜活的经验；第二，在执行方面，通过深入剖析国际职业足球相关执法机制和经验，为足球相关执法机构提供指导和借鉴；第三，在争议解决机制方面，通过探析国际足联内部"司法机构"与 CAS 作为外部救济机制的内在机理和运行机制，为我国足球争议解决体系建设提供参考；第四，在遵守规则方面，CAS 仲裁法理研究有利于明确职业足球争议当事人的权利和义务，为足球体育利益相关者守法守规和维护自身权益提供经验和借鉴。

1.3 研究对象及范围

1.3.1 研究对象

本书名为《国际体育仲裁院职业足球争议仲裁法理研究》，分为程序性法理和实体性法理。其中程序性法理包含管辖权、法律适用、仲裁裁决的承认和执行、司法监督等主要问题，实体性法理围绕职业球员合同稳定、培训补偿和联合机制等问题。

1.3.2 研究范围

CAS 经过 30 多年的发展已受理案件近 8000 个，根据 CAS 官方网站的数据库，截至 2022 年 2 月 10 日，已发布仲裁裁决数达到 2108 个，其中涉及足球运动的案件数为 1181 个（涉及奥运会资格的为 3 个），其余均为职业足球案件。[1]本书对 CAS 仲裁法理的研究主要涉及职业足球争议 1178 个 CAS 判例、不同版本的仲裁程序规则和足球规则、瑞士联邦高等法院（Swiss Federal Tribunal，SFT）CAS 裁决上诉判例和各国法院的 CAS 裁决上诉判例，以及涉及 FIFA 争议解决委员会（Dispute Resolution Chamber，DRC）相关判例。根据相关理论结合这些判例，探讨足球争议 CAS 仲裁程序性法理的特殊性和一般性。在实体性问题方面，本书主要针对最能体现职业足球特点和数量最多的两类争议即合同争议和转会争议，具体涵盖职业足球转会制度的三大支柱制度即合同稳定、培训补偿和联合机制。

1.4 相关概念及界定

1.4.1 职业足球的概念及范围

（1）职业足球的概念 职业足球是随着商品经济的发展，传统足球项目向现代竞技足球演变，以及社会大众观赏高水平足球竞赛与表演的强烈需求赋予了高水平足球竞赛以市场价值，导致了商业化对足球运动的渗透而形成的。职业足球是以足球运动项目为核心的一类职业体育。因此，对职业足球的界定在一定意义上也是对职业体育的界定。职业是业余的相对概念，张林（2001）认为：职业体育指遵循市场经济的基本规律，将职业运动员高水平体育竞赛及相关产品作为商品来经营，从中获得经济利益的一种体育经济活动。[2]谭建湘（1998）指出：职业体育是以某一项运动项目为商品进行劳务性生产

---

[1] See Database，https://www.tas-as.org/en/jurisprudence/archive.html.
[2] 参见张林：《职业体育俱乐部运行机制》，人民体育出版社 2001 年版，第 145 页。

和经营，围绕该项目生产开发而形成相对独立和完整的商业化、企业化经营体系[1]。赵立、杨铁黎（2001）认为："职业体育是以职业俱乐部为实体，以职业运动员的竞技能力和竞赛为基本商品，为获取最大利润为目的的经营体系"[2]。王庆伟（2004）认为：职业体育就是向消费者（观众、听众）提供消遣性的体育赛事商品，使得体育比赛经营者、职业俱乐部的拥有者、职业运动员及相关人员获取报酬的一种经济活动。其本质是一种"产业"，这种产业的核心产品是职业体育赛事，生产主体是俱乐部及其所属职业运动员[3]。张保华（2013）认为：职业体育就是以体育赛事作为谋生手段，通过劳动向消费者提供体育赛事服务产品的一种经济活动[4]。李伟（2017）从新经济角度将职业体育界定为：职业俱乐部或职业体育联盟以组织价值最大化为目标，通过向社会提供体育产品而获取利润的一种经济活动[5]。

综上所述，学者们分别从职业体育的社会属性、职业体育赛事产品、参与者的职业属性等方面对职业体育的概念进行了界定。这些概念虽然存在一定的差异，却也形成了一定的共识，即职业体育的本质是一项经济活动，通过提供赛事产品，使参与者从中获得经济回报。因此，本书认为，职业足球是指通过向消费者（观众、听众）提供精彩的足球赛事，使足球俱乐部所有者、赛事经营者、职业球员及相关人员获得经济回报的一种经济活动。

（2）国际职业足球的判例范围　职业足球的要素主要包括：职业足球俱乐部、职业足球联盟、职业球员、职业足球赛事等。本书认为，是否属于职业足球也可以通过这些要素进行判断。张林（2001）认为：职业俱乐部是职业体育的主要组织形式，它是市场经济和社会分工的产物，其实质就是遵循市场经济的竞争、供求、价格等基本规律和竞技体育运动发展规律来经营竞技运动项目，使体育劳动所创造的价值得以充分实现[6]。卡米尔·博利亚特与拉法莱·波利（2017）认为职业联盟是各俱乐部为了在市场条件下获得更

[1] 参见谭建湘：《从足球改革看我国竞技体育职业化的发展》，载《广州体育学院学报》1998年版第4期。
[2] 赵立、杨铁黎主编：《中国体育产业导论》，北京体育大学出版社2001年版，第175页。
[3] 参见王庆伟：《我国职业体育联盟理论研究》，北京体育大学2004年博士学位论文。
[4] 参见张保华：《职业体育联盟的特性与治理研究》，广东高等教育出版社2013年版，第38页。
[5] 参见李伟：《垄断与创新——当代职业体育的新经济学分析》，首都经济贸易大学出版社2017年版。
[6] 参见张林：《职业体育俱乐部运行机制》，人民体育出版社2001年版。

大的利润，避免相互之间的恶性竞争，通过合作成立的负责赛事产品生产的体育赛事组织，如英格兰超级足球联盟、意大利甲级职业足球联盟等。[1] 对于职业球员的界定，根据《国际足联球员身份与转会规定》（2012 年版）的规定，职业球员是指与俱乐部签订了书面合同，且从事足球活动得到的收入大于其足球活动实际支出的球员。职业足球赛事，则是包含了上述元素的足球比赛。通常来说，在国内层面的职业足球赛事，一般是以俱乐部为参赛单位，职业球员参赛的服务消费者的精彩赛事，如中国的足球职业联赛就包括亚冠、中超、足协杯、女超、五甲、中甲、中乙，这些范畴之外的赛事不应归为职业足球赛事。在国际重大赛事中如奥运会、世界杯，其足球赛事参赛以代表国为单位，那么是否可以将它们也称为职业足球赛事？本书认为，世界杯为职业足球赛事，但奥运会的足球赛事就不在职业足球赛事范畴。奥运会本身就奉行"业余体育原则"，虽在 1980 年取消了"业余体育原则"，删去《奥林匹克宪章》中有关"业余"的规定，并自此职业运动员和业余运动员可以在奥运会赛场上同场竞技，但并没有改变奥运会足球赛事的业余性本质。由于国际足联担心奥运会足球赛对世界杯带来冲击，一直反对职业足球运动员参加奥运会比赛。经过与国际奥委会不断磋商，国际足联在 1984 年修改规定，自 1988 年起允许参加过世界杯的运动员参加奥运会赛事，但年龄不得超过 23 周岁。之后，国际足联又要求参加奥运会足球比赛的年龄在 23 周岁以上的运动员每队不超过 3 名，因此，奥运会足球比赛仍主要为业余性质。足球世界杯作为世界顶级足球赛事，与奥运会足球比赛不同。足球世界杯的成立是源于奥运会的"业余体育原则"将职业球员拒之门外，于是在 1928 年国际足联代表大会上一致通过举办四年一次的"世界足球锦标赛"，后来更名为"世界杯"。世界杯虽是以国家代表队参赛，但据分析得出（张兵 2011），世界杯的主要参赛球员来自欧洲联赛，尤其是代表世界最高职业足球水平的欧洲五大联赛（即英超、西甲、意甲、德甲、法甲），参赛球员主要为职业球员。[2] 因此，不论赛事起源，还是参赛球员，足球世界杯都包含了较多的职业元素，应属于职业足球赛事范畴。因此，从国际足球赛事范畴来看，奥运会足球赛

---

〔1〕 参见［瑞士］卡米尔·博利亚特、拉法莱·波利：《世界各国足球协会与职业联赛治理模式研究报告》，刘驰译，天津人民出版社 2017 年版，第 3 页。

〔2〕 参见张兵：《论高水平职业联赛对国家队的供应效益——基于第 19 届世界杯足球赛球员来源特征研究》，载《沈阳体育学院学报》2011 年第 5 期。

应不属于职业足球赛事，而足球世界杯属于职业足球赛事范畴；从 CAS 足球仲裁争议来看，奥运会参赛资格或其他与奥运比赛相关的足球争议不属于职业足球争议。因此，从 CAS 官方网站发布的案件来看，仅 3 个判例足球案件涉及 2008 年奥运参赛资格争议，其他均为职业足球争议判例。

1.4.2 国际职业足球争议的概念、特点及分类

（1）国际职业足球争议的概念　体育争议是指在体育活动以及解决与体育相关的各种事务中，各种体育活动主体之间发生的，以体育权利和经济利益为内容的一种社会纠纷。体育争议除了具备一般争议所具有的争议主体的特定性、争议主体利益的对抗性、纠纷过程的动态性等特点外，还存在纠纷主体法律地位不平等的可能性、较强的专业性和技术性、多层性，并且有广义和狭义之分。[1]广义的体育争议包括体育活动中因合同、体育组织规章及其他治理活动引起的纠纷和因其他国家法律法规所调整的权利义务引起的纠纷。从救济途径来看，广义的体育纠纷包含通过体育组织"司法系统"救济和诉讼及其他救济途径解决的争议。相对于广义的体育争议，本书的职业足球争议是指在职业足球活动或赛事中的利益相关者因合同、转会、纪律等问题所引发的，或者因 CAS 仲裁程序的管辖权、法律适用、裁决承认和执行等问题引起的争议。

（2）国际职业足球争议的特点　本书所指的职业足球争议具有以下特定点：第一，行业自治性。在长期的发展中，国际足球组织形成了自治的传统，它们制定各种规则（包括章程、项目规则、竞赛规则、裁判规则、纪律处罚规则、道德规则等）来规范体育活动，并建立"审判"机制来保证这些规则的实施；建立内部仲裁和外部仲裁对体育纠纷进行救济，形成了自己的"司法系统"[2]，且 FIFA《球员身份委员会和争议解决委员会程序规则》明确规定了当事人是属于 FIFA 成员的俱乐部、球员、教练、赛事代理人，因此具有明显的行业特性。第二，经济性。职业足球遵循市场经济的竞争、供求、价

---

〔1〕　参见郭树理：《多元的体育纠纷及其救济机制的多元化》，载《浙江体育科学》2005 年第 2 期。

〔2〕　参见韩勇：《体育纪律处罚争议解决中的体育协会内部仲裁与外部体育仲裁关系研究》，载《仲裁研究》2006 年第 4 期。

格等基本规律，职业足球争议都能直接或间接地通过经济利益体现出来，如转会合同直接涉及转会费、转会赔偿等，禁赛处罚会影响球员或俱乐部的经济收益等，因此具有经济性。第三，国际性。国际性是足球案件上诉到 CAS 的前提，这种国际性体现在争议的当事双方的非一国性，以及争议的实体非国内性。本书的对象为上诉到 CAS 的判例，具有国际性。第四，较高的社会关注度。现代职业足球与媒体传播相互依存、共同发展，不仅职业足球赛事具有很高的商业价值和新闻价值，一些明星球员和俱乐部以及职业足球争议也受到社会的高度关注，如德罗巴案件、苏亚雷斯案件等。这些国际职业足球争议反映了当事人对权利义务的遵守和维护，也反映了职业足球活动中除竞赛水平外的观念、规则及治理水平。

（3）国际职业足球争议的分类　国际足球争议纷繁复杂，按诉因 CAS 将所有争议分为合同类争议（不包含转会争议）、转会争议、纪律类争议（不包括兴奋剂争议）、兴奋剂争议、治理类争议和资格类争议。囿于篇幅，本书在 CAS 对争议诉因分类的基础上，选取了合同争议和转会争议进行职业足球实体问题的仲裁法理探讨，这两类争议也是 CAS 受案数量最多、最能体现国际职业足球特点的争议类型。从 CAS 官方网站发布的裁决数量来看，截至 2022 年 2 月，合同类争议裁决 492 个，占 CAS 足球争议仲裁裁决数的 42%；转会类争议 270 个，占 CAS 足球争议仲裁裁决数 23%。

1.4.3 CAS 仲裁法理的概念及分层

本书所指的 CAS 仲裁法理，亦被称为"Lex Sportiva"[1]，是通过判例形成的、存在于国际体育仲裁实践中的一以贯之的法律理性，是正在形成并实际存在 CAS 既定裁决中的具有参考价值的法律依据和法律标准的集合[2]。通常来说，仲裁法理可以分为程序性法理和实体性法理两个层面。程序性法理是指仲裁庭适用的程序规则，针对案件的程序性问题予以裁决的法律依据或标准，主要包括案件的管辖权、法律适用、裁决的承认与执行等内容。实

---

〔1〕　参见向会英：《国际体育仲裁院与"Lex Sportiva"的发展研究》，载《体育与科学》2012 年第 6 期。

〔2〕　参见丁夏：《国际投资仲裁中的裁判法理研究》，中国政法大学出版社 2016 年版，第 177 页。

体性仲裁法理是指涉及仲裁案件的实体性规则及就案件实体问题裁决时所依据的法律标准，包括实体案情适用的规则及规则解释、法律原则、标准等内容。本书的国际职业足球争议 CAS 法理研究以 CAS 仲裁程序性法理为"经线"，以国际职业足球实体性问题为"纬线"，深入探讨 CAS 仲裁法理的内涵与机理。

1.5 国内外研究现状

1.5.1 国内研究综述

国内早期主要有苏明忠（1996）[1]、汤卫东（2001）[2]、黄世席（2003）[3]、郭树理（2003）[4]等人对 CAS 及其仲裁制度进行研究。随着中国成功申办 2008 年奥运会，国内学者对国际体育仲裁的研究成果快速增多，2020 年"CAS 孙杨案"、东京奥运会和 2022 年北京冬奥会，也成为推动 CAS 仲裁研究的东风，CAS 仲裁相关成果发表呈"井喷式"爆发。截至 2023 年 10 月，在中国知网以"国际体育仲裁"和"CAS"为主题和次主题可以搜索到论文 1308 篇，硕博士学位论文 46 篇，且已有近 20 项有关 CAS 仲裁的课题受到国家或政府部门的研究资助，已出版多部有关国际体育仲裁的著作。从研究的视角和内容来看，主要包括 CAS 及国际体育仲裁制度研究、国际体育仲裁程序法理研究。但是，除了针对奥运会特别仲裁庭的特殊管辖和承认及执行的研究外，其他均为一般性仲裁程序法理研究，尚无针对足球的特殊性程序法理的研究；一些足球实体问题研究也仅涉及仲裁法理，缺乏针对性的研究。以下主要对 CAS 足球仲裁法理的相关研究作梳理。

1.5.1.1 CAS 仲裁管辖权

CAS 仲裁管辖权是国内学者关注的热点问题。黄世席（2011）指出 CAS

---

[1] 参见苏明忠：《国际体育仲裁制度评介》，载《中外法学》1996 年第 6 期。

[2] 参见汤卫东：《国际体育仲裁法》，载《体育文化导刊》2001 年第 6 期。

[3] 参见黄世席：《体育仲裁制度比较研究——以美、德、意大利及瑞士为例》，载《法治论丛》2003 年第 2 期。

[4] 参见郭树理：《国际体育仲裁院与体育纠纷法律救济机制》，载《体育文化导刊》2003 年第 2 期。

的管辖权来源于书面仲裁协议、体育组织章程中的仲裁条款以及运动员参加协会的比赛或签署的报名表，在管辖权不明的情况下，CAS 可以自裁管辖权[1]。黄晖（2011）将 CAS 仲裁权分为独立仲裁权、自裁管辖权和程序管理权三个方面[2]。在管辖机制方面，杨磊（2015）指出，CAS 的管辖权按照普通仲裁、上诉仲裁和临时特别仲裁进行了区分[3]。董金鑫（2015）认为，上诉管辖权的依据是体育组织章程和当事人订立的仲裁协议，上诉管辖权要求当事人用尽内部救济机制以及在规定的期限内提起上诉[4]。张文闻、吴义华（2017）提出，CAS 仲裁权具有契约性和司法性双重属性，属于社会司法权[5]。

CAS 奥运会特别仲裁庭管辖权具有特殊性，也是国内学界关注的重点内容。周小英（2007）认为，CAS 奥运会特别仲裁是一种强制管辖[6]。郭树理、周小英（2008）指出，依据《奥林匹克宪章》，CAS 奥运会特别仲裁庭对发生在奥运会期间的或者与奥运会相关的争议具有广泛的、排他性的管辖权，奥运会参赛报名表上的强制性仲裁条款并不是当事人申请仲裁的必要条件[7]。张淼（2010）指出，CAS 奥运会临时仲裁庭的管辖权的强制性来源于《奥林匹克宪章》第 11 条规定的"奥林匹克运动是国际奥委会的专属财产"。[8]

1.5.1.2 CAS 仲裁的法律适用

CAS 仲裁的法律适用主要包括程序的法律适用、实体的法律适用和仲裁

---

〔1〕 参见黄世席：《国际体育仲裁管辖权的新发展》，载《体育与科学》2011 年第 5 期。

〔2〕 参见黄晖：《论国际体育仲裁庭之权限——特别以 CAS 奥运会特设仲裁为例》，载《武汉体育学院学报》2011 年第 12 期。

〔3〕 参见杨磊：《国际体育仲裁院区分管辖机制》，载《武汉体育学院学报》2015 年第 6 期。

〔4〕 参见董金鑫：《论国际体育仲裁院上诉管辖机制的特殊性》，载《天津体育学院学报》2015 年第 4 期。

〔5〕 参见张文闻、吴义华：《国际体育仲裁院仲裁权的法理分析》，载《体育研究与教育》2017 年第 6 期。

〔6〕 参见周小英：《CAS 奥运会特别仲裁管辖权研究》，载《天津体育学院学报》2007 年第 2 期。

〔7〕 参见郭树理、周小英：《奥运会特别仲裁管辖问题探讨》，载《武汉大学学报（哲学社会科学版）》2008 年第 4 期。

〔8〕 张淼：《国际体育仲裁院奥运会临时仲裁庭的管辖权研究》，中国政法大学 2010 年硕士学位论文。

协议的法律适用。在程序法律适用方面，国内学者对程序法律适用的一般性原则进行了探讨。王铜琴（2009）[1]指出了 CAS 仲裁法律适用的属地性。刘畅（2011）则认为，对于仲裁地法的适用是 CAS 程序法适用的特别设计和精心部署[2]。陈文新等（2015）认为，CAS 上诉程序法律适用选择的条款在仲裁实践中仍然存在诸多不确定之处，如体育机构规章与当事人选择的法律规则间的关系，如何确定仲裁庭适用的法律规则等仍需要通过研究 CAS 判例来加以理解[3]。在实体法律适用方面，黄世席（2008）指出，国际体育仲裁院在管辖权、仲裁协议、法律适用和裁决执行方面类似于国际商事仲裁，并进一步指出，CAS 仲裁的大多数足球争议适用瑞士法以及国际足联、欧足联的章程条例[4]。董金鑫（2015）认为，CAS《体育仲裁条例》第 R45 条规定了普通程序尊重当事人选择法律规则，但在当事人没有选择时，却一概适用瑞士法，不利于案件的公正审理[5]。杨磊（2016）指出，国际体育仲裁在实践中将瑞士法的替补适用扩大到当事人对实体法的选择，但该选择不足以解决争议的情形[6]。周青山（2018）指出，CAS 为普通仲裁程序和上诉仲裁程序设置了不同的实体法律适用规则，均接受了意思自治原则，且排斥了利用冲突规则选法的途径，而是直接选择适用相关实体法，国际体育仲裁实体法律适用规则具有其合理性，但同时存在赋予仲裁庭较大自由裁量权和最密切联系原则缺失等不足[7]。在仲裁协议的法律适用方面，张春良（2011 年）提出，国际体育仲裁的运行基础完全决定于仲裁协议的有效性，包括 IOC、NOCs、各 IFs 等在内的主要体育组织都习惯于在其章程规范中插入 CAS 仲裁

[1] 参见王铜琴：《国际体育仲裁法律适用问题研究》，载《长治学院学报》2009 年第 4 期。
[2] 参见刘畅：《一般法律原则与国际体育仲裁的法律适用》，载《社会科学家》2011 年第 5 期。
[3] 参见陈文新等：《CAS 上诉程序的法律适用探微》，载《武汉体育学院学报》2015 年第 4 期。
[4] 参见黄世席：《国际足球争议仲裁的管辖权和法律适用问题》，载《武汉大学学报（哲学社会科学版）》2008 年第 4 期。
[5] 参见董金鑫：《论瑞士法在国际体育仲裁中的作用》，载《武汉体育学院学报》2015 年第 7 期。
[6] 参见杨磊：《国际体育仲裁院普通仲裁程序的实体法律适用》，载《天津体育学院学报》2016 年第 4 期。
[7] 参见周青山：《现代冲突法视野下国际体育仲裁院实体法律适用》，载《北京体育大学学报》2018 年第 5 期。

条款，此种做法使体育仲裁协议表现出强制性，并因直接与仲裁自治精神和仲裁协议自愿原则产生冲突而产生了合法性危机〔1〕。

1.5.1.3 CAS 仲裁裁决的承认与执行

国内学者对 CAS 仲裁裁决的承认和执行问题较为关注。郭树理（2004）指出，瑞士是 1958 年《纽约公约》的成员国，如果 CAS 裁决需要在瑞士之外的国家强制执行，当事人可以根据《纽约公约》在该公约的任一成员国申请强制执行〔2〕。宋军生（2006）认为，国际商事仲裁实践中各国立法承认和执行《纽约公约》裁决所适用的程序规则较难适用于国际体育仲裁，CAS 裁决的承认与执行受《纽约公约》、《奥林匹克宪章》和 CAS《体育仲裁条例》等规定的影响〔3〕。石慧（2007）指出，由于我国的商事保留政策，CAS 裁决在我国申请承认和执行可能遇到潜在冲突〔4〕。黄世席（2007）针对 2008 年奥运会期间的特别仲裁庭指出，我国应当制定或完善体育仲裁相关立法和规定，承认奥运会争议在内的体育仲裁可仲裁事项，撤回对《纽约公约》的商事保留，使当事人能根据《纽约公约》在我国申请承认和执行〔5〕。石现明（2008）认为，《纽约公约》原则上可以适用于 CAS 裁决的承认与执行，但由于当事人身份地位及争议性质等特殊性，我国承认 CAS 仲裁裁决包括北京奥运会特别仲裁庭裁决可能面临商事保留、体育管理和体育纪律处罚争议不可仲裁等法律障碍，须从立法上消除这些障碍〔6〕。周江（2008）〔7〕、曹黎明（2017）〔8〕均认为，《纽约公约》的"商事保留"并不会给 CAS 仲裁裁决在我国的承认和执行带来困难。CAS 裁决的承认与执行依据的是体育界内部

---

〔1〕 参见张春良：《论国际体育仲裁协议的自治性——特别述及国际体育仲裁院之规则与实践》，载《天津体育学院学报》2011 年第 6 期。

〔2〕 参见郭树理：《CAS 体育仲裁若干问题探讨》，载《比较法研究》2004 年第 5 期。

〔3〕 参见宋军生：《国际体育仲裁裁决的承认与执行》，载《体育科学》2006 年第 5 期。

〔4〕 参见石慧：《论国际体育仲裁院仲裁裁决在中国的承认与执行》，载《赣南师范学院学报》2007 年第 2 期。

〔5〕 参见黄世席：《奥运会仲裁裁决在我国的承认和执行》，载《法学论坛》2007 年第 4 期。

〔6〕 参见石现明：《承认与执行国际体育仲裁裁决相关法律问题研究》，载《体育科学》2008 年第 6 期。

〔7〕 参见周江：《刍议国际体育仲裁的司法监督问题（下）》，载《仲裁研究》2008 年第 2 期。

〔8〕 参见曹黎明：《国际体育仲裁院仲裁裁决的承认与执行研究》，湘潭大学 2017 年硕士学位论文。

执行制度以及《纽约公约》，前者适用更为广泛和频繁，这也规避了由国家法院承认和执行裁决。

1.5.1.4 国际职业足球合同问题的 CAS 仲裁法理研究

针对国际职业足球合同争议管辖问题，吴炜（2012）指出，球员合同属于劳动合同。从法律上，劳动合同可上诉至法院，适用《中华人民共和国劳动合同法》（以下简称《劳动合同法》）。在足球领域，球员工作合同纠纷通常是由国家足协、国际足联乃至国际体育仲裁院进行管辖，适用的规则为国家足协或国际足联相关规则[1]。潘月仙（2013）认为解决国际职业足球劳动合同争议机制大致可分为行业自治、国际体育仲裁和瑞士法院司法管辖三类[2]。向会英等人（2014）指出：国际职业足球合同违约纠纷受国际足联或国际体育仲裁院管辖；国际足联和国际体育仲裁院相关规则和判例都是处理纠纷的重要依据；国际足联和国际体育仲裁院对球员违约合同赔偿有较为明确的规定，并在判例中形成了一定的计算原则；职业足球形成的强大的行业体系，为裁决的执行提供了保障[3]。董金鑫（2017）认为，相较于普通涉外民事关系，球员和俱乐部之间的涉外足球劳动合同纠纷处理存在特殊性[4]。席志文（2015）指出，在案件裁决中，FIFA DRC 倾向否定单边续约选择条款的合法性，而 CAS 则以案件为中心，通过充分考察每个案件的特殊性来决定条款的合法性[5]。

1.5.1.5 国际职业足球转会问题的 CAS 仲裁法理研究

国际职业足球转会问题也是职业足球最常见的法律问题之一。国内也有一些相关研究。亓晓琳（2007）指出，欧盟法对球员转会制度产生了重大影

---

〔1〕　参见吴炜：《FIFA 及 CAS 规则在中国足球职业联赛球员合同纠纷中的实务应用——以球员合同争议管辖为视角》，载《体育科研》2012 年第 6 期。

〔2〕　参见潘月仙：《国际职业足球劳动合同争议解决机制的法律探析》，载《体育与科学》2013 年第 6 期。

〔3〕　参见向会英等：《我国国际职业足球运动员合同违约纠纷解决关涉的主要法律问题——以巴里奥斯案为例》，载《天津体育学院学报》2014 年第 5 期。

〔4〕　参见董金鑫：《涉外足球劳动合同争议中的国际私法问题的特殊性》，载《天津体育学院学报》2017 年第 1 期。

〔5〕　参见席志文：《足球合同中单边续约选择条款的合法性问题——来自格雷米奥案的启示》，载《天津体育学院学报》2015 年第 6 期。

响，球员转会制度在欧洲足联和欧盟的不断协商中逐步完善[1]。朱文英（2014）通过对国际足联球员转会系统的分析，认为职业足球运动员转会体系既是足球市场的需要，也是足球俱乐部发展的基本条件之一。足球转会制度规定了转会窗、注册数量要求、保护期、转会费等限制规定，在一定程度上影响了球员转会的自由，但确有其存在的必要性。[2]

1.5.2 国外研究综述

1.5.2.1 早期以 CAS 仲裁制度和学理研究为主

国外对 CAS 及其相关制度的研究相当丰富。根据所能查到的资料，最早美国学者 Stephan Netzle 于 1992 年发表了对 CAS 的评论性文章[3]。1994 年 Anthony T. Polvino 对国际体育仲裁机制进行了深入的探讨[4]。1995 年 C. Christine Ansley 从国际运动员纠纷解决的角度对 CAS 机制提出了质疑[5]。1999 年之后，更多学者关注国际体育仲裁。James AR Nafziger（1999）认为，CAS 仲裁法理属于国际体育法[6]。Richard H. McLaren（2001）指出，由 CAS 产生的 Lex Sportiva 为广泛的体育纠纷解决提供了适当的法律机制，也为解决体育运动中非法使用兴奋剂这一难题和恢复体育公平竞争的环境提供了可能的途径[7]。Lorenzo Casini（2011）认为，Lex Sportiva 不同于其他形式的法律，它不仅是国际性的，也是非政府的，并指出，体育规则是真正的适用于全世界的"全球法"，它们包含国际和国内两个层面，并直接影响体育组织

---

〔1〕 参见亓晓琳：《欧盟法对足球运动员转会制度的影响》，湘潭大学 2007 年硕士学位论文。

〔2〕 参见朱文英：《职业足球运动员转会的法律适用》，载《体育科学》2014 年第 1 期。

〔3〕 See Stephan Netzle, "The Court of Arbitration for Sport – An Alternative for Dispute Resolution in U. S. Sports", *Ent. & Sports Law*, Vol. 10, No. 1, 1992, pp. 1-28.

〔4〕 See Anthong T. Polvino, "Arbitration as Preventative Medicine for Olympic Ailments: The International Olympic Committee's Court of Arbitration for Sport and the Future for the Settlement of International Sporting Disputes", *Emory International Law Review*, Vol. 8, No. 1, 1994, pp. 347-382.

〔5〕 See C. Christine Ansley, "International Athletic Dispute Resolution: Tarnishing the Olympic Dream", *Arizona Journal of International and Comparative Law*, Vol. 12, No. 1, 1995, pp. 277-302.

〔6〕 See James AR Nafziger, *The court of Arbitration for Sport and General Process of International Sports Law*, T. M. C Asser Press, 1999.

〔7〕 See Richard H. McLaren, "The Court of Arbitration for Sport: An Independent Arena for the World's Sports Disputes", *Valparaiso University Law Review*, Vol. 35, No. 2, 2001, pp. 379-405.

和个人[1]。

1.5.2.2 理论与实务相结合的 CAS 仲裁法理研究

随着 CAS 实践的展开及其在体育争议解决中的影响力增大，CAS 仲裁法理的研究逐渐倾向于理论与实务相结合。CAS 秘书长 Matthieu Reeb 在 1998 年出版了 *Digest of CAS Awards 1986-1998*，介绍和评述了 CAS 的产生、典型案件的裁决、体育仲裁程序规则、临时仲裁庭规则及瑞士联邦高等法院涉 CAS 决定的判决[2]。Matthieu Reeb 在 2002 年和 2004 年分别出版了 *Digest of CAS Awards II 1998-2000*[3]和 *Digest of CAS Awards III 2001-2003*，[4]其中记录了 CAS 的发展进程、相关规则和典型判例。Despina Mavromati 和 Matthieu Reeb (2015) 出版的 *The Code of Arbitration for Sport：Commentary，Cases and Materials*，较为详细地梳理了 CAS 的发展沿革，并以《体育仲裁条例》为导线，较为全面地论述了 CAS 仲裁程序性法理，突出了足球争议和反兴奋剂争议仲裁的特殊情况[5]。由 Alexander Wild (2012) 主编的 *CAS and Football：Landmark Cases* 涵盖了 CAS 和国际足联争议解决委员会的典型案例的评论，其中主要是对足球合同稳定问题、兴奋剂、足球流氓、操纵比赛、未成年球员保护等相关问题的评析[6]。Josep F. Vandellós Alamilla (2018) 在《足球教练相关争议——CAS 裁决与国际足联球员身份委员会批判性分析》一书中对通过国际足联球员身份委员会 (PSC)、国际足联争端解决机构 (DRC)、国际体育仲裁院 (CAS) 和瑞士联邦高等法院 (SFT) 案件处理的有关足球教练的判例进行评述，并探讨了管辖权、法律适用和合同内容等几个方面的问题[7]。由 Antoine Duval 和 Antonio Rigozzi (2018) 主编的 *Yearbook of Interna-*

---

[1] See Lorenzo Casini, "The Making of a Lex Sportiva by the Court of Arbitration for Sport", *German Law Journal*, Vol. 12, No. 5, 2011, pp. 149-171.

[2] See Matthieu Reeb, *Digest of CAS Awards 1986-1998*, Staempfli Editions SA Berne, 1998.

[3] See Matthieu Reeb, *Digest of CAS Awards II 1998-2000*, Kluwer Law International, 2002.

[4] See Matthieu Reeb, *Digest of CAS Awards III 2001-2003* , Kluwer Law International, 2004.

[5] See Despina Mavromati, Matthieu Reeb, *The Code of the Court of Arbitration for Sport Commentary, Cases and Materials*, Wolters Kluwer Law & Business, 2015.

[6] See Alexander Wild ed. , *CAS and Football：Landmark Cases*, Netherlands：Springer, 2012.

[7] See Josep F. Vandellós Alamilla, "FOOTBALL COACH-RELATED DISPUTES A Critical Analysis of the relevant CAS awards and FIFA Players' Status Committee decisions", *Sports Law and Policy Center*, Issue 1, 2018.

tional Sports Arbitration 2016，分析和评论 2016 年 CAS 发布的仲裁裁决，其中包含职业足球买断条款的分析和典型案例评述[1]。Frans de Weger（2016）在 *The Jurisprudence of the FIFA Dispute Resolution Chamber* 一书中分析了国际足联争议解决委员会 2001 年至 2016 年的判例，对终止球员合同、合同赔偿、体育禁赛、训练补偿和团结机制等问题进行了探讨[2]。Ian S. Blackshaw（2017）在 *International Sports Law：An Introductory Guide* 一书中对足球合同与转会判例进行了相关评述[3]。

1.5.2.3 针对足球争议 CAS 仲裁法理的研究开始兴起

随着国际足球体系的发展完善和 CAS 仲裁实践的发展，国际足球争议 CAS 仲裁法理的个性逐渐形成和显现。一些学者包括与 CAS 仲裁实践有着密切联系的仲裁员、律师、CAS 顾问，也开始关注此问题并撰写相关论文。

（1）程序性法理　Anronio Rigozzi（2010）指出，对 CAS 裁决的救济措施必须确保某种平衡，一方面是仲裁裁决的终局性，另一方面是裁决的公平性和质量[4]。Louise Reilly（2012）通过分析 CAS 与各国法院的判例指出，瑞士联邦高等法院为 CAS 程序提供了质量保证，各国法院的监督权也为体育组织管理成员和运动员提供了基本保障[5]。Mattew J. Mitten（2014）指出，CAS 是一个解决国际体育纠纷的、在程序上公平的私人法律体系，为运动员提供实质性的公正，司法和主权国家对其裁决的承认和尊重是合理的[6]。Matteo Maciel（2016）指出，国际足联的监管制度是独特的，通过与国际足联合作，CAS 不仅得到国际规范的支持，还得到国内司法制度的支持，并构成了

---

〔1〕　See Antoine Duval, Antonio Rigozzi eds. , *Yearbook of International Sports Arbitration 2016*, Springer, 2018.

〔2〕　See Frans de Weger, *The Jurisprudence of the FIFA Dispute Resolution Chamber*, Springer, 2016.

〔3〕　See Ian S. Blackshaw, *International Sports Law：An Introductory Guide*, Springer, 2017.

〔4〕　See Anronio Rigozzi, "Challenging Awards of the Court of Arbitration for Sport", *Journal of International Dispute Settlement*, Vol. 1, No. 1, 2010, pp. 217-265.

〔5〕　See Louise Reilly, "An Introduction to the Court of Arbitration for Sport (CAS) & the Role of National Courts in International Sports Disputes", *Journal of Dispute Resolution*, Vol. 5, No. 1, 2012, pp. 63-81.

〔6〕　See Matthew J. Mitten, "The Court of Arbitration for Sport and its Global Jurisprudence：International Legal Pluralism in a World Without National Boundaries", *Ohio State Journal on Dispute Resolution*, Vol. 30, No. 1, 2014, pp. 1-44.

一个高效而独特的国际范例[1]。Ulrich Haas（2015）指出，确定 CAS 足球仲裁法律适用的起点是《瑞士联邦国际私法法典》第 187（1）条，该条区分了双方是否就法律适用达成了协议。CAS《体育仲裁条例》第 R58 条旨在限制双方的自主权。FIFA《章程》第 66（2）条的规定不能优先于当事人选择的法律，可能导致适用规则、瑞士法和当事人选择的法律共存的情况。瑞士法律适用仅限于国际足联规则的适用真空地带[2]。

（2）实体性法理 Jean-Philippe Dubey（2011）指出，CAS 已发布了大量足球案件的裁决且将来会有更多，也将会有更多关于既定判例法探讨的论文[3]。Ian Blackshaw 和 Boris Kolev（2009）通过分析 CSKA Sofia 案指出，国际足联的联合机制适用的限制是不公平的[4]。Andrijana Bilić（2011）分析了职业足球运动员国际流动的概念以及球员转会的局限性，指出了定义球员身份相关最常见的问题[5]。Siekmann（2012）在 *Introduction to International and European Sports Law* 的第 8 章探讨了球员合同和转会问题，主要分析了国际足联的转会规则和 Webster 案、Matuzlem 案和 De Santis 案的合同有效性[6]。Paul Czarnota（2013）指出，国际足联转会规则是国际足联、欧洲足联、国际足联球员工会和欧盟委员会之间谈判和对话的产物。Mutualalm 案的"积极利益"和 RSTP 第 17 条的适用可能会导致球员支付过高的赔偿金额，从而迫使他们遵守俱乐部的合同安排，忽略他们自由流动的权利，应修改第 17.1 条，

---

〔1〕 See Matteo Maciel, "Court of Arbitration for Sport: The Effectiveness of CAS Awards and FIFA Compliance", *Legal Issues Journal*, Vol. 4, No. 2, 2016, pp. 21-38.

〔2〕 See Ulrich Haas, "Applicable law in football-related disputes: The relationship between the CAS Code, the FIFA Statutes and the agreement of the parties on the application of national law", *CAS Bulletin*, Vol. 2, 2015, pp. 7-17.

〔3〕 See Jean-Philippe Dubey, "The jurisprudence of the CAS in football matters", *CAS Bulletin*, Vol. 1, 2011, pp. 3-12.

〔4〕 See Ian Blackshaw, Boris Kolev, "Irregularity of Solidarity or Solidarity in the Irregularity The Case against the Applicability of the FIFA Solidarity Mechanism Only to International Trasnfers", *International Sports Law Jounal*, No. 3-4, 2009, pp. 11-16.

〔5〕 See Andrijana Bilić, "Contractual stability versus players mobility", *Zbornik Radova Pravnog Fakulteta u Splitu*, Vol. 48, No. 4, 2011, pp. 875-898.

〔6〕 See R. C. R. Siekmann, *Introduction to International and European Sports Law*, Springer, 2012, pp. 269-301.

确保赔偿计算根据合同的"剩余价值"。[1] Parrish（2015）指出 CAS 对国际足联 RSTP 第 17 条规定的无正当理由终止合同后果规定解释以及《国际足联纪律守则》执行此类裁决的方式，引发了该制度与欧盟竞争法与自由流动的兼容性问题，并提出 CAS 仲裁庭应更系统、更一致地适用欧盟法律。[2] Mark Hovell（2015）指出，足球仲裁是一个快速发展的领域，随着涉及的金额和复杂性增加，对当事方律师的技术性水平要求逐渐增高[3]。Despina Mavromati 和 Jake Cohen Esq（2020）认为，国际足球未成年球员保护规则仍存在对未成年球员保护不足的问题，应采取更有针对性的措施来保护未成年的利益[4]。Flores Chemor（2013）指出，西班牙法第 1006/85 法令规定的"买断条款"或"惩罚条款"可能与 CAS 对足球联合机制争议的做法产生冲突，应以合同签订的方式来考虑这一规定。[5] Jakub Laskowski（2019）指出，FIFA 联合机制存在的缺陷，导致足球俱乐部之间的竞争不平衡，以及对青年球员培训和发展的有效、系统的鼓励不足[6]。

1.5.3 国内外研究评述

1.5.3.1 国内研究评述

国内学界对 CAS 仲裁机制的研究成果丰硕，对 CAS 仲裁程序法理研究成果也颇多，但是，除了奥运会临时特别仲裁具有特性外，其余主要是 CAS 一

---

〔1〕 See Paul A. Czarnota, "FIFA Transfer Rules and Unilateral Termination Without 'Just Cause' ", *Berkeley Journal of Entertainment and Sports Law*, Vol. 2, No. 1, 2013, pp. 2–36.

〔2〕 See Richard Parrish, "Article 17 of the FIFA Regulations on the Status and Transfer of Players：Compatibility with EU Law", *Maastricht Journal of European & Comparative Law*, Vol. 22, No. 2, 2015, pp. 256–282.

〔3〕 See Mark A. Hovell, "A brief review of recent CAS Jurisprudence relating to football transfers", *CAS Bulletin*, Vol. 2, 2015, pp. 18–23.

〔4〕 See Despina Mavromati, Jake Cohen Esq, "The regulatory framework of FIFA regarding the international transfer of minor players—Protecting minors or protecting precedent?", *CAS Bulletin*, Vol. 2, 2020, pp. 41–53.

〔5〕 See Mario Flores Chemor, "Solidarity contribution in pathological contract terminations", *International Sports Law Journal*, 2013, pp. 225–235.

〔6〕 See Jakub Laskowski, "Solidarity compensation framework in football revisited", *The International Sports Law Journal*, Vol. 18, No. 3, 2019, pp. 150–184.

般性程序问题的研究，尚未有针对足球的特殊性程序法理的研究，且多数以单个程序性问题为对象，缺乏系统性。在实体性法理研究方面，以足球实体问题为导向探讨 CAS 仲裁法理的研究明显不足，且碎片化。

1.5.3.2 国外研究评述

国外早期 CAS 仲裁法理的研究以学者为主体，近期有更多的实务工作者参与 CAS 仲裁法理的研究。多数针对足球仲裁的研究是以实体性法律问题为导向进行的法理探讨，多数以典型判例分析为主，但缺乏系统性和全面性的归纳和梳理。CAS 程序法理的研究数量相对较少，已有少数针对足球仲裁的程序法理研究，但整体呈现碎片化。

综上所述，国内外相关研究为本书提供了理论借鉴和实践启发，理论与实务结合是 CAS 法理研究的趋势，案例分析是主要研究方法。CAS 是国际体育争议解决的权威机构，足球作为世界第一运动，是 CAS 案件最大的来源。目前 CAS 官方网站发布的 2108 个判例中有 1178 个职业足球判例，其中 9 个判例涉及中国当事方。依托强大的行业基础，足球仲裁法理具有独特性。在程序性法理方面，以仲裁管辖权为例，基于国际足球规则和管理体系，其管辖权的基础、范围及确认标准都具有自身特色。在实体性法理方面，不管是合同争议，还是转会问题，都是基于足球规则、足球行业体系，具有天然的职业足球特性。由于国际足球拥有最规范、最完备的行业治理体系，其仲裁法理具有代表性和示范性。因此，专门性足球仲裁法理研究具有重要价值。而只有针对足球的专门性研究，才能充分发掘 CAS 足球仲裁法理的个性和内涵；只有系统性的法理研究，才能整体性把握足球治理的内在机理及发展规律。

1.6 研究技术路线、研究思路及研究方法

1.6.1 研究技术路线

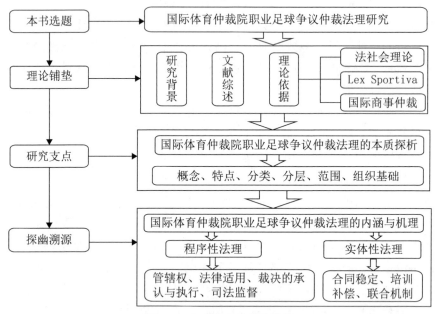

图 1.1　本书研究技术路线图

1.6.2 研究思路

本书以国际体育仲裁院职业足球争议 CAS 仲裁法理研究为题，"法理"是本书研究的核心，"足球"和"仲裁"则是基础，目标是实现足球治理法治化。具体内容包括五个部分：第一，基础理论。法社会学理论、Lex Sportiva 理论和国际商事仲裁理论为课题研究提供理论基础。第二，研究支点。阐释国际职业足球争议、CAS 仲裁法理等基本概念、特点、分类、分层、范围、组织基础，界定研究对象和范围，厘清研究边界。第三，探幽溯源。以程序性法理为"经线"，以实体性法理为"纬线"，通过理论分析结合足球判例进行实证研究，分析探讨 CAS 足球仲裁的管辖权、法律适用、裁决的承

认和执行以及司法监督等程序性法理和合同稳定、培训补偿、联合机制等实体性法理问题，全面深入探索 CAS 足球仲裁法理的内涵、机理与发展规律。

1.6.3 研究方法

为有效分析 CAS 职业足球争议仲裁法理，本书主要运用了以下研究方法。

1.6.3.1 文献资料法

根据研究目的，通过 CAS 官方网站下载 CAS 仲裁程序规则（10 个版本《体育仲裁条例》），从官方网站下载不同版本的 FIFA《章程》和《国际足联球员身份与转会规定》（13 个版本）及相关通告，从欧足联、亚足联六大洲及区域联合会官方网站下载章程及相关规则，从瑞士联邦高等法院官方网站下载上诉到瑞士联邦高等法院的判例以及 FIFA 官方网站的判例数据等相关资料，为案例研究和实证分析提供基础性的资料和数据。通过中外文书籍、期刊和利用中国知网、万方等中文文献数据库，以及 HeinOnline、Westlaw、Frontiers 等外文数据收集、下载国际仲裁法理理论、CAS 仲裁法理、Lex Sportiva 理论、职业足球争议相关资料，然后进行资料整理、分析、归纳和总结，为研究开展提供理论支撑。

1.6.3.2 案例分析法

"法律的生命不在于逻辑，而在于经验"，这种经验来自各种案例的实践。判例是鲜活的、行动中的法律。本书采用多案例分析和典型个案分析相结合的方式，对 CAS 官方网站发布的 1998 年至 2021 年 23 年间的 1178 个 CAS 职业足球判例，分为程序性法理和实体性法理两个层次，对涉及仲裁管辖权、法律适用、裁决的承认与执行等程序性问题和涉及合同类稳定、培训补偿、联合机制等实体性问题进行分析，为本书的论点提供详实可靠的依据。

1.6.3.3 专家访谈法

专家访谈法是有代表性地收集足球相关法律专家的意见和想法，作为本书选题和确定研究对象的参考依据。在 2019 年 10 月至 11 月之间，专访了 6 名国内知名足球法律问题专家，包括足球监管机构负责人、资深足球法律业务律师、CAS 仲裁员、资深体育法学专家，通过专家访谈法进一步明确本研究意义和价值，确认国际足球争议的分类，并确定主要的问题以便进一步深入探讨。

1.6.3.4 比较研究法

比较研究法是指在法学研究中通过对不同法律、制度的比较揭示其异同的方法。国际职业足球争议本身就涉及不同国家、不同法律碰撞，进行比较分析是必然要求。比较法与判例研究结合，可以完善司法裁判中的法律解释和法律续造的过程。横向比较，本研究主要涉及 FIFA 规则与各洲际联合会规则的比较以及与各国内足协规则的比较；纵向比较，主要包括 CAS 规则、国际足球规则的演进及 CAS 法理的演变及发展趋势。

1.6.3.5 归纳演绎法

归纳法是从个别事实中概括出一般性的结论原理。本书将 CAS 国际职业足球争议同类案件按照 2002 年至 2021 年不同时期的裁决进行分析，从而找出其遵循的基本规律和原则。演绎法则是从一般性原则、概念引出个别结论。将由 CAS 仲裁同类案件的系列判例归纳的一般原则和规律用来分析涉中国当事方的典型判例并提出启示。

1.7 研究的主要创新点

第一，首次将 CAS 仲裁法理分为程序性法理和实体性法理框架，并进行较为系统的研究，弥补了对 CAS 仲裁法理内涵的全面性和整体性认识的不足。

第二，较为系统地从职业足球争议角度研究 CAS 仲裁法理，深入研究了职业足球 CAS 仲裁法理的特殊性，丰富了对 CAS 仲裁法理足球特性研究的内容。

1.8 理论基础

1.8.1 法社会学理论

法社会学理论对于非政府强制力保障的体育组织自治的运作，尤其是其"类司法体系"的运作提供了理论支持。从社会学角度看"法律"，让法律具有更宽泛的意义。美国法社会学家庞德认为，法律是发达政治组织化社会里高度专门化的社会控制形式，即通过有系统有秩序地运用这种社会暴力达到的社会控制。在此意义上，法律是一种"社会功能"或"社会控制"，是协调利益冲突的手段。[1]法律的作用就是承认、确定、实现和保障各种利益，尤其是社会利益。德国社会学家韦伯提出，法律是社会系统的一部分。如果秩序受到强制（肉体或心理的）可能性的外在保障，这种会产生服从或报复性侵害的强制将由为此目的而专门组织起来的人员来适用，那么该秩序就被称为法律。这种法律除了国家法律，还有非国家法律（extra-state law）。从社会行为角度来看，社会行为可能符合一定的"合法性秩序"，这种秩序客观存在并具有确实的效力，他还指出一个秩序应当包括习俗（Konvention）和法（Recht）[2]。奥地利法学家埃利希提出了"活法"理论，"活法"是指生活里被各成员所认同且最终支配各成员之法律规范，不同于国家创制的成文法，它不具有成文法的明确性和公开性，但在社会生活中却发挥着比国家成文法更重要的作用。

"自创生"由生物学家提出，用以描述活体细胞的自我维持和自我生产。德国学者卢曼将这一概念引入社会系统中，从而开创了法律自创生理论。卢曼认为，社会系统是一种具有各种意义的社会行为的总称，这些行为相互交汇，并可以与不属于这类行为的环境划清界限。[3]他认为法律系统既是一个运作上自成一体、自我生成、自涉性的系统，同时它通过"结构性联系"与其环境发生着高选择性的信息交换，以此从自身出发有选择地吸收外部的刺激，适应社会和政治的变迁。之后，用社会交流的概念取代了社会行为的一般概念。自创生理论认为：法律是现代社会功能分化所产生的社会子系统，通过"合法/非法"的分辨来维持系统自身的运作和生产。法律系统相对于社会环境，在规范上是封闭的，在认知上是开放的。法律系统相对于其他社会子系统（如政治系统、经济系统等）是结构耦合的关系，法律通过调节自身来对社会进行调节[4]。德国法学家图依布纳认为，与生物的自创生相比，社会和法律自创生通过其自然发生的特性来区别。需要形成新的和不同的自我关联循环以便为更高层次的自创生系统提供基础，也即"法律超循环理论"：

〔1〕 参见［美］罗斯科·庞德：《通过法律的社会控制》，沈宗灵译，商务印书馆2010年版。

〔2〕 参见王晨光：《韦伯的法律社会学思想》，载《中外法学》1992年第3期。

〔3〕 参见［奥］尤根·埃利希：《法律社会学基本原理》，叶名怡、袁震译，中国社会科学出版社2009年版。

〔4〕 参见［德］尼克拉斯·卢曼：《法社会学》，宾凯、赵春燕译，上海人民出版社2013年版。

法律系统的组成部分包括行为、规范、过程、特征等，这些组成部分本身的自我循环联结成"超循环（循环的循环）"时，自创生的法律就产生了[1]。通过反身法（Reflexives Recht）调控社会，也即通过自我调控实现社会调控。反身法是法律自创生的结果：首先是法律内部（包括法律程序和法律实体）的自我描述、自我指涉和自我维系，形成一个自治的功能系统，也就是"法律自创生的超循环"，这些功能系统之间有着互动关系，就像互动往来的"黑箱"，其中每个黑箱都知道其他黑箱的输入和输出，但这些黑箱内部如何将输入转化为输出则仍是模糊的。新托马斯主义自然法的创始人莫里斯·奥里乌指出：组织机构乃是一种从法律上可以在社会环境中得以实现并持续存在的一种工作或事业的观念[2]。里纳在奥里乌的基础上进一步发展了组织结构理论。他认为组织机构不同于契约。检验契约的标准只有平等观念，一项契约只服务于两个或两个以上的个人主观目的。组织机构的标准是权力观念。一个组织机构意味着分化、不平等、指挥和科层等级制度，它要求个人目的服从于该组织的集体目标。契约法中的主观权利，在组织机构的法律中则要受到限制。身份是组织机构的主要组织原则。成员的关系和资格受到客观的权威规定。组织机构成员通过在一定程度上自由的渡让，换取他们在组织机构中想要获得的东西。总之，在法社会学视角下，除了国家权力予以保障的具有公权力性质的法治体系外，还存在非国家权力组织下的"法治体系"，在其组织内部发挥着作用。本书研究 CAS 判例法就是基于非国家权力下的"法"，因此，法社会学是本书的逻辑起点。

1.8.2 Lex Sportiva 理论

（1）Lex Sportiva 概念　Lex Sportiva 是一个新理论。Lex Sportiva 是一个合成词，由拉丁文中表示"法""法律"的"Lex"和表示"体育"的"Sportiva"合成，中文译为"体育法"，是由 CAS 创始人在创建 CAS 之初提出的。[3]虽然最初国内外学界对于 Lex Sportiva 是否存在有一定争议，但 CAS 的成功运

---

〔1〕　See Gunther Teubner, *Law as An Autopoietic System*, Blackwell Publishers, 1993, p. 19

〔2〕　参见［美］E·博登海默：《法理学：法律哲学与法律方法》，邓正来译，中国政法大学出版社 1998 年版。

〔3〕　参见向会英：《论"Lex Sportiva"的法合理性》，载《成都体育学院学报》2013 年第 6 期。

作，使 Lex Sportiva 越来越多地被理论界和实务界认可。Polvino（1994）将
Lex Sportiva 定义为一种动态的、不断完善的规则，这种规则可以避免体育纠
纷，也可以对运动员、国家体育机构、国际体育组织及其他管理机构进行管
理，还可以解决各种体育纠纷[1]。英国牛津大学 Beloff（1999）认为：Lex
Sportiva 是一种松散的、逐渐统一的规则体系，其主要功能是调整体育实践和解
决体育纠纷。Lex Sportiva 跨越了传统的法律边界，其核心是一种独特的国际性
的原则规则。Lex Sportiva 规定了在体育领域非政府决策机构的有限自治[2]。
英国华威大学 Foster（2005）认为：Lex Sportiva 是国际体育组织通过一般法
律原则适用和创造形成的一个全球性体育法[3]。美国威拉米特大学 Nafziger
（2004）指出：Lex Sportiva 属于国际体育法的一个分支，因此，它是国际法原
则在体育领域的适用，而这种适用是通过 CAS 来实现的[4]。Kaufmann‐
Kohler（2007）指出：由于 CAS 在裁决中对先例适用的日益增加，一个条理清
晰的 Lex Sportiva 体系已经形成。[5]罗马大学 Casini（2010）提出：Lex Sportiva
是一种全球体育法，其法律渊源不仅包括由国际奥委会和国际体育单项联合
会建立的跨国性的规则体系（如一些在国际体育组织规则和章程中出现的类
似私人合约秩序的原则），还包括公私法混合体的《世界反兴奋剂条例》和国
际法如联合国教科文组织《反对在体育运动中使用兴奋剂国际公约》[6]。
Panagiotopoulos（2011）认为：Lex Sportiva 是源于调整私权利主体的司法体
系，经过发展也适用一些公权力关系的调整的法律体系[7]。Siekmann（2012）
认为体育法是存在的，并指出"Lex Sportiva"是体育法的公共部分，"Lex Lu‐

〔1〕 See Anthony T. Polvino, "Arbitration as Preventative Medicine for Olympic Ailments: The Interna‐
tional Olympic Committee's Court of Arbitration for Sport and the Future for the Settlement of International Sport‐
ing Disputes", *Emory International Law Review*, Vol. 8, No. 1, 1994, pp. 347–382.

〔2〕 See Michael Beloff et al., *Sports Law*, Hart Publishing, 1999, pp. 1–12.

〔3〕 See Ken Foster, "Lex Sportiva: Transnational Law in Action", in Robert C. R. Siekmann, Janwil‐
lenr Soek eds., *Lex Sportiva: What is Sports Law?* Springer, 2012, pp. 235–250.

〔4〕 See James A. R. Nafziger, *International Sports Law*, Transnational publishers, 2004.

〔5〕 See Kaufmann‐Kohler, "Artbitral Precedent: Dream, Necessity or Excuse?", *Arbitration interna‐
tional*, Vol. 23, No. 2, 2007, p. 365.

〔6〕 See Lorenzo Casini, "The Making of A Lex Sportiva: The Court of Arbitration for Sport 'Der
ernährer'", *SSEN Electronic Journal*, 2010.

〔7〕 See Dimitrios P. Panagiotopoulos, "Lex Sportiva and International Legitimacy Governing: Protection
of Professional Players", *US‐China law review*, Vol. 8, No. 2, 2011, pp. 121–136.

dica"是体育法的私的部分,其核心基础(hard core)主要是"法官造法"(judge-made law)。[1]

国内学者也纷纷对 Lex Sportiva 展开探讨,姜世波(2011)认为 Lex Sportiva 是一种全球法,是建立在合同基础上的一种跨国民间法律秩序,但它并不能构成"没有国家的法",仍需要国家法的支持并受国内法的司法监督。[2]其法律渊源包括比赛规则、体育伦理规范、一般法律原则和全球体育法规范等。谭小勇(2011)[3]、姜熙(2012)[4]等也将 Lex Sportiva 等同于全球体育法。

上述 Lex Sportiva 的概念,观点各异,总体来说,狭义的 Lex Sportiva 是指 CAS 在实践中形成的判例规则,广义的 Lex Sportiva 则包含了体育组织章程、规则、一般法律原则等内容。几乎所有的学者都承认:CAS 是 Lex Sportiva 形成的重要机构,CAS 在实践中的判例是 Lex Sportiva 的核心内容。

(2)Lex Sportiva 的形成 不同于普通法的遵循先例原则(stare decisis),在以大陆法传统为基础的法律体系中,判例不被认定为正式的法律渊源,也不承认"遵循先例"。在判例方面,基于瑞士法的 Lex Sportiva 遵循的是一致性法理原则而不是遵循先例原则,法院可能将先例仅作为法律的解释,可以自由作出与先例对法律解释一致的裁决,也可以拒绝先例的解释。一致性法理(法语"jurisprudence constant")是大陆法系的理论,是指围绕相同或相似争议议题,通过一系列判决形成的对某些法律规则一贯的、确定的适用和解释,目的在于追求一致性和可预见性裁决结果的统一法律原则或法律规则体系。[5]在 CAS 的仲裁实践中,CAS 也已经承认了先例的重要性。在 CAS 2004/A/628 案的裁决中论述到:在 CAS 的法律中,并没有遵循先例的原则。如果证据支持,CAS 的仲裁小组将努力试图作出与以往仲裁小组结论相同的

---

〔1〕 See Siekmann, "What is Sports Law? Lex Sportiva and Lex Ludica: A Reassessment of Content and Terminology", *The International Sports Law*, Springer, 2012, pp. 1-33.

〔2〕 参见姜世波:《Lex Sportiva:全球体育法的兴起及其理论意义》,载《天津体育学院学报》2011 年第 3 期。

〔3〕 参见谭小勇、姜熙:《全球体育法引论》,载《体育科学》2011 年第 11 期。

〔4〕 参见姜熙:《论"Lex Sportiva"的法律属性及其合法性》,载《武汉体育学院学报》2012 年第 8 期。

〔5〕 See V. Fon, F. Parisi, "Judicial precedents in civil law systems: A dynamic analysis", *International Review of Law and Economics*, Vol. 26, No. 4, 2006, pp. 519-535.

裁决。[1] 通过 CAS 发布的从 1986 年至 2003 年的裁决结果看，平均每 6 个裁决中仅仅 1 个引用了前面的案例。然而从 2003 年开始至今的裁决对以往案例裁决的参考却发生了很大的变化，几乎每一个案件的裁决都参考了一个或多个 CAS 先前的裁决。通过对 2000 年至 2010 年间 CAS 公布的所有关于田径运动兴奋剂违规处罚上诉案件的 23 份仲裁裁决进行分析，其中有 17 份裁决的法律适用援引了先前的裁决，且这 17 份裁决中仅有 1 份裁决运用了"法律区别技术"（Technology of Distinguish）作出了与先前裁决不同的判定，其余 16 份裁决都体现了前案裁决的原则或标准[2]。这些都说明了 CAS 虽然不是遵守普通法的"遵循先例原则"而是按照大陆法系的"一致性法理原则"，但是先例对 CAS 裁决的作出仍具有非常重要的作用。本书对 CAS 判例和法理的实证研究，实质上也是对 Lex Sportiva 及其形成过程的验证。

1.8.3 国际商事仲裁理论

国际商事仲裁是指，在国际经济、贸易、运输等活动中发生争议时，双方当事人通过订立的仲裁协议将争议提交仲裁机构进行仲裁。国际商事仲裁源于中世纪的商人习惯法（Lex Mercatoria），是商人们在长期的国际商业交易中发展起来的。Lex Sportiva 一词源于 Lex Mercatoria[3]。国际商事仲裁涉及复杂的理论体系，在此不再展开论述，本书涉及的管辖权、法律适用、裁决的承认与执行等均来源于国际商事仲裁理论基础。总之，CAS 仲裁法理是基于国际商事仲裁理论与体育特性的融合，国际商事仲裁法理为本书提供了参照和依据。

1.9 组织和实践基础

1.9.1 国际足球组织构架

国际足球联合会（Fédération Internationale de Football Association，FIFA）

---

〔1〕　See CAS 2004/A/628 International Association of Athletics Federations（IAAF）v. USA Track & Field（USATF）& Y. , http://jurisprudence. tas-cas. org/Shared%20Documents/628. pdf.

〔2〕　参见向会英：《国际体育仲裁院与"Lex Sportiva"的发展研究》，载《体育与科学》2012 年第 6 期。

〔3〕　参见向会英：《论"Lex Sportiva"的法合理性》，载《成都体育学院学报》2013 年第 6 期。

总部位于瑞士苏黎世，创建于 1904 年，是根据瑞士民法注册的非营利性协会，是国际足球组织的最高管理机构[1]。它包含下属亚洲足联（AFC）、非洲足联（CAF）、北美和中美洲及加勒比海地区足球联合会（CONCACAF）、南美洲足球联合会（CONMEBOL）、欧洲足球联合会（UEFA）和大洋洲足球联合会（OFC）六大洲际、区域联合会，及其附属 211 个代表每个地区或国家的成员协会成员，共同组成国际足球组织的"金字塔式"管理结构。（见图 1.2）

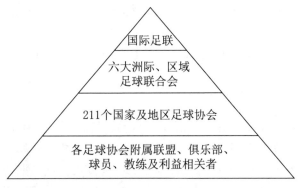

图 1.2 国际足球组织的"金字塔式"管理结构

1.9.2 国际足球内部"司法体系"

根据 FIFA《章程》第 52 条的规定，FIFA 建立了由纪律委员会、道德委员会和上诉委员会组成的"司法机构"。纪律委员会由一名主席、一名副主席和若干成员组成，该机构负责发布根据 FIFA《章程》和 FIFA《纪律守则》对会员协会、俱乐部、官员、球员、中介和授权赛事代理人的制裁。道德委员会根据 FIFA《道德守则》运行职能，负责发布根据 FIFA《章程》、FIFA《道德守则》对官员、球员、中介和授权代理人的制裁，分为调查委员会和裁决委员会。上诉委员会由一名主席、一名副主席和若干成员组成，负责对纪律委员会和道德委员会提出的且没有被 FIFA 规则宣布为最终决定的上诉[2]。

---

[1] See FIFA ASSOCIATIONS, https://www.fifa.com/associations.

[2] See FIFA Judicial Bodies, https://www.fifa.com/legal/judicial-bodies.

球员身份委员会（PSC）和争议委员会（DRC）是 FIFA 决定作出机构，负责处理会员协会、俱乐部、官员、球员、代理人和授权赛事代理之间的各种合同和监管争议。PSC 还负责建立《国际足联球员身份与转会规定》和监管实施，并负责各种国际足球比赛的球员身份。DRC 在球员和俱乐部平等代表的基础上，设立了独立仲裁主席提供仲裁和解决纠纷。

CAS 是 FIFA 最终决定的上诉机构。根据 FIFA《章程》第 57 条的规定，FIFA 承认将 FIFA、成员协会、联合会、联盟、俱乐部、球员、官员、中间人和授权赛事代理人之间的争议交由总部位于瑞士洛桑的 CAS 解决。仲裁程序适用 CAS《体育仲裁条例》的规定，实体法的适用首先适用的是 FIFA 的各项规则，其次是瑞士法。FIFA《章程》第 58 条规定了 CAS 的管辖权，根据此规定，对 FIFA 法律机构的最终决定以及反对联合会、成员协会或联盟的决定的上诉，必须在收到有关通知后 21 天内向 CAS 提起。与其他体育项目相比，CAS 的足球纠纷占主导地位，CAS 与 FIFA 建立了一个由 111 名仲裁员组成的"足球仲裁员名单"，这些仲裁员由 FIFA、各联合会、俱乐部和球员工会（FIFA Pro）推荐。

1.9.3 作为上诉机构的国际体育仲裁院（CAS）

国际体育仲裁院（the Court of Arbitration for Sport，CAS）成立于 1984 年，总部位于瑞士洛桑，是国际体育争议解决的权威机构。其目标是发展一个可供世界体育界所有参与者使用的法理，从而促进体育界适用的司法规则和原则的和谐（harmonisation）。[1]CAS 包括国际体育仲裁院理事会（International Council of Arbitration for Sport，ICAS）和 CAS 两个部分。ICAS 的使命在于确保 CAS 的独立性和当事人的权利以及负责 CAS 的行政及财务管理[2]。CAS 的任务在于通过仲裁和调解的方式解决体育争议。CAS 仲裁包括普通仲裁庭、上诉仲裁庭和 2019 年最新成立的反兴奋剂庭。CAS 有来自世界各国的仲裁员 430 名，其中包括 385 名普通仲裁员和 45 名反兴奋剂仲裁员，CAS 有 58 名分

---

〔1〕 See Matthew J. Mitten, Hayden Opie, "'Sports Law': Implications for the Development of International, Comparative and National Law and Global Dispute Resolution", *Tulane Law Review*, Vol. 85, 2010, pp. 269–285.

〔2〕 See Simon Gardiner et al., *Sports Law*, Cavendish Publishing, 2006, p. 233.

别来自不同的国家的调解员[1]。

　　由于 CAS 的仲裁地为瑞士，CAS 仲裁是基于瑞士法。仲裁程序的仲裁地为瑞士是为了确保程序规则统一，提供稳定的法律框架，并有利于各地当事人高效地解决纠纷。CAS 是具有私法性质的法律实体机构，受自身的章程和程序规则的调整和约束，这些规则包括调整体育纠纷解决机构的章程、调解规则和仲裁规则。

---

〔1〕　See CAS List of mediators, https://www. tas-cas. org/en/mediation/list-of-mediators. html.

国际体育仲裁院职业
足球争议仲裁管辖权

  仲裁管辖权（jurisdiction）是指仲裁机构或仲裁庭、仲裁员有权对特定的争议进行审理并作出有拘束力的裁决的依据。[1] 同商事仲裁一样，管辖权是 CAS 仲裁的一个首要和先决问题，是构成当事人、仲裁机构或仲裁庭之间关系的枢纽。它既是 CAS 仲裁顺利进行的前提，也是 CAS 仲裁裁决有效和能被承认和执行的基础。自争议当事人达成仲裁合意起，到仲裁程序中的管辖权异议，再至裁决作出后拒绝履行的一方以管辖权为由对裁决提出异议，管辖权问题贯穿于整个仲裁程序的始终。基于 CAS 程序规则和足球行业规则，国际职业足球争议 CAS 管辖权不仅具有 CAS 管辖权的一般特性，还具有足球行业的特殊个性。本章将从 CAS 仲裁管辖权的概况、国际职业足球争议 CAS 管辖权基础、国际职业足球争议 CAS 仲裁管辖权权限、国际职业足球争议 CAS 管辖权异议及其确认四个方面分析探讨国际职业足球争议仲裁管辖权。

2.1 CAS 仲裁管辖权发展概况

  20 世纪 80 年代初，随着职业体育的发展，国际体育争议不断增加，缺乏独立的体育争议解决机构是当时国际体育组织直接面临的问题。于是在 1982 年罗马举行的国际奥委会会议上，由萨马兰奇领衔的国际奥委会授权荷兰海牙国际法院的法官、国际奥委会委员柯巴·姆巴耶起草《国际体育仲裁院章程》，着手创建一个对体育直接或间接纠纷具有专门仲裁管辖权的机构。1983

---

  [1] 参见谢石松主编：《商事仲裁法学》，高等教育出版社 2003 年版，第 204 页。

年国际奥委会正式批准了《国际体育仲裁院章程》，该章程于 1984 年 6 月 30 日生效，标志着 CAS 正式成立。1991 年 CAS 发布了《仲裁指南》，其中包含了仲裁条款范本即在联盟或俱乐部的章程规则中插入以下条款："任何因联合会章程或规则引起的争议，如不能友好解决，最终将提交根据 CAS 章程或规则组建的仲裁庭审理，不得诉诸法院，并承诺遵守上述章程和规则，接受所作出的裁决，不以任何方式妨碍其执行。"[1]这一条款构成了解决联盟或协会决定争议的特殊上诉规则，国际马术联合会是第一个采纳此条款的体育组织。之后，许多国际体育联合会、国内体育联合会、协会均采用了此仲裁条款，CAS 的管辖范围大大增加。

　　1992 年瑞士联邦高等法院在"甘德尔案"的判决中明确地表达了 CAS 必须在组织和财务上更加独立于国际奥委会，这直接导致 CAS 进行改革。在 1994 年 6 月 22 日的巴黎会议上，国际奥委会（IOC）、夏季奥运会国际单项联合会（ASOIF）、冬季奥运会国际单项联合会（AIWF）、国家奥委会联合会（ANOC）和 31 个国际单项体育联合会签署了关于成立 ICAS 的协议。一方面，CAS 对其机构组成进行了改革以增强组织的有效性，建立了 ICAS 以取代国际奥委会对其运营和资金的支持，并建立了普通仲裁分院和上诉仲裁分院两个分院以区分独立纠纷和由体育机构作出决定所引发的纠纷。另一方面，CAS 对其章程和规则进行了全面修改，确定了 CAS《体育仲裁条例》，并宣布 CAS《体育仲裁条例》于 1994 年 11 月 22 日正式生效。自此，在二十多年不断地发展演进中，CAS《体育仲裁条例》经过多次修改，不断强化其管辖权[2]。

　　除上述《体育仲裁条例》关于仲裁管辖权的规定外，自 1996 年亚特兰大奥运会起，CAS 在冬季奥运会和夏季奥运会期间设立临时特别仲裁庭（Ad Hoc Division，AHD），自 2000 年比利时欧洲冠军联赛和 2006 年德国世界杯，分别开始在欧冠和世界杯设立临时特别仲裁庭，并自 2014 年仁川亚运会起在亚运会设立临时特别仲裁庭。除了 1994 年签署"巴黎协议"的体育组织接受 CAS 管辖权外，国际田联和国际足联分别于 2001 年和 2002 年接受了 CAS 管辖权，2002 年底所有奥运会国际单项联合会和一些非奥运会国际单项联合会

---

〔1〕　See Despina Mavromati, Matthieu Reeb, *The Code of the Court of Arbitration for Sport: Commentary, Cases and Materials*, Wolters Kluwer Law & Business, 2015, pp. 1-2.

〔2〕　参见向会英、谭小勇：《国际体育仲裁院〈体育仲裁条例〉的发展演进》，载《体育科研》2020 年第 4 期。

接受了 CAS 的管辖权，CAS 的权威性得到了广泛认可，管辖权不断拓展。

2.2 职业足球争议 CAS 仲裁管辖权基础

对 CAS 而言，确认管辖权会产生一系列法律后果，因此仲裁庭在受理争议或处理当事人提出的仲裁管辖权异议问题时，都需要审查是否具有仲裁管辖权。在实践中，不管当事人是否存在管辖权异议的问题，CAS 仲裁庭或仲裁员都会对每一个具体的案件审查有无管辖权并在裁决中明确说明案件的管辖权问题。CAS 对职业足球争议具有管辖权的基础包括仲裁协议、仲裁条款以及国际职业足球争议的可仲裁性。

2.2.1 仲裁协议

仲裁是争议当事人协议的产物，仲裁庭的管辖权主要是基于仲裁协议和有关国际条约和国内立法的认可。因此，仲裁协议对于确立和保障仲裁管辖权具有重要作用。[1]仲裁协议是当事人同意仲裁庭根据有关程序规定解决现有和/或未来争议的协议，因而排除国家法院的管辖权。[2]仲裁协议具有两方面的约束力：一是任何一方当事人提交仲裁需依据仲裁协议；二是仲裁机构或仲裁庭受理争议案件也依据仲裁协议。对当事人而言，仲裁协议是当事各方将管辖权授予仲裁庭而不是国家法院的决定性意愿。对仲裁庭来说，仲裁协议是取得管辖权的必要条件之一，也是其受理案件最重要的初步证据。CAS《体育仲裁条例》第 R27 条明确规定，当事人约定将争议提交 CAS 的，适用本程序规则。仲裁协议还是进行仲裁程序的重要依据。在不违背法律和仲裁禁止性规定的情况下，仲裁庭或仲裁员应尊重当事人通过仲裁协议所选择的程序规则或约定事项如指定仲裁员、组成仲裁庭的方式等。《体育仲裁条例》第 R39 条规定，仲裁庭办公室应采取一切适当行动启动仲裁，除非从一开始就明确没有涉及 CAS 的仲裁协议。第 R47 条和第 R55 条都要求存在仲裁条款或仲裁协议。因此，仲裁协议是当事人约定将其争议通过仲裁解决的共同意

---

〔1〕 参见宋连斌：《国际商事仲裁管辖权研究》，法律出版社 2000 年版，第 59-61 页。

〔2〕 See CAS 2012/A/3007 Mini FC Sinara v. Sergey Leonidovich Skorovich, http://jurisprudence. tas-cas. org/Shared%20Documents/3007. pdf.

思表示，也是仲裁管辖权的重要基础。[1]

2.2.1.1 仲裁协议与仲裁条款的关系

通常来说，仲裁协议对当事人和仲裁庭的效力核心就是确立和保障仲裁管辖权，是仲裁的重要先决条件。仲裁条款是一种特殊类型（sui genceris）的仲裁协议，插入合同或当事人之间的特殊协议中或者体育组织的章程或规则中。从字面上来看，"仲裁条款"与"仲裁协议"的差别还涉及范围。前者是需插入后者的特殊条款，也意味着当事人通过协议和当事人之间的同意把可能产生的争议提交到 CAS 的范围更宽泛。然而，在 CAS 实践中，仲裁条款和仲裁协议的差别非常微弱，尤其是上诉程序的争议中，几乎可以认为仲裁协议和仲裁条款是可以互换的。[2]也就是说，仲裁条款和仲裁协议一样是 CAS 仲裁管辖权的前提。由于运动员与体育组织在本质上属于隶属型法律关系，[3]运动员必须遵守体育协会的章程、规则，并且，为了参加比赛，运动员往往被要求填写参赛表格，而这些参赛表格包含了仲裁条款，这些包含仲裁条款的许可合同对于每位签订参赛表格运动员均具有约束力。对 CAS 而言，则获得了具有强制性的争议管辖权。在职业足球案件中，依据仲裁条款确认管辖权则需要一些前提条件，如 CAS 2018/A/5782 案中[4]，仲裁庭指出：当事人未订立具体仲裁协议的，CAS 适用于当案的章程、规则确立的向 CAS 上诉的权利，只有在上诉人向 CAS 仲裁庭上诉之前已经穷尽了内部救济机制，方可行使管辖权。也即在上诉程序中，仲裁条款作为 CAS 管辖权依据生效须先"穷尽内部救济机制"。

2.2.1.2 仲裁协议的法津基础

合同是否包含仲裁协议，必须根据仲裁地法（lex arbitri）来确定。瑞士法的适用是基于 CAS《体育仲裁条例》第 R28 条明确规定所有案件的仲裁地为瑞士，适用仲裁地法。瑞士有两套不同的仲裁规则，一套针对国际程序，

---

〔1〕 参见刘晓红：《国际商事仲裁协议的法理与实证》，商务印书馆 2005 年版，第 4 页。

〔2〕 See Marc Amstutz et al., eds., *Internationales Privatrecht*, Helbing Lichtenhahn Verlag, 2013, p. 1736.

〔3〕 参见李智：《从德国佩希施泰因案看国际体育仲裁院管辖权》，载《武大国际法评论》2017 年第 1 期。

〔4〕 See CAS 2018/A/5782 DNN Sports Management LDA v. Baniyas Football Sports Club Company, http://jurisprudence.tas-cas.org/Shared%20Documents/5782.pdf.

另一套针对国内程序。如果至少一方当事人在订立仲裁协议时既没有在瑞士定居也没有惯常居住地，则视为国际性仲裁，受《瑞士联邦国际私法法典》（PILA）的管辖。那么，当事人之间的仲裁协议是否有效，必须根据 PILA 第 178 条第 2 款进行评估。如果仲裁协议符合当事人选择的法律或瑞士法律，则该协议有效[1]。如果双方的住所都在瑞士，则适用国内仲裁规则，即《瑞士民事诉讼法》（CCP）。为了避免在体育案件中出现不同的法律标准，2011 年修订的 CCP 第 353 条的规定提供了允许当事人选择退出 CCP 并适用 PILA。

2.2.1.3 仲裁协议的构成要件

（1）仲裁协议的形式要件 通常来说，仲裁协议是双边的或多边的，根据直接或间接的法律系统限定并排除国家司法，合同的双方当事人或多方当事人同意将存在或潜在的纠纷提交到一个或多个仲裁庭或仲裁机构。一般法律要求仲裁协议无论表现为单独的协议书，还是合同中的一个条款，均要求采用"书面形式"。[2]虽然各国法律对于"书面形式"认定存在不同，但是，由于 CAS 仲裁地为瑞士，根据仲裁地法原则，应按照瑞士法律主要是 PILA 的要求。

瑞士 PILA 第 12 章包含了所有位于瑞士仲裁机构法律基础的一系列构成规则，第 178 条对仲裁协议形式和实质要件作了规定：（1）以书面的，或以电报、电传或其他信函形式对其内容作了规定的，即为有效仲裁协议；（2）如果仲裁协议的实体内容符合当事人所选择的或调整争议对象的法律要求，尤其是符合调整主要合同的法律或瑞士法律的，即为有效；（3）不得因主合同无效或仲裁协议所涉及的争议还未发生而质疑仲裁协议的有效性。此外，根据瑞士判例法，要求 SFT 对于 PILA 第 178 条的仲裁形式要求须根据最近技术发展进行解释，因此，"只要包含可以使用的信息……"，支持 CAS 的仲裁协议可以是电子版，这样的"电子信息"意味着包含当事人通过数据形式传递的任何信息。"数据信息"是指电子、磁带、光盘等方式的通知、发送、收到或存储，包括但不限于电子数据交换（eletronic data interchange，EDI）、电

---

[1] See CAS 2015/A/3959CD Universidad Católica & Cruzados SADP v. Genoa Cricket and Football Club, http://jurisprudence.tas-cas.org/Shared%20Documents/3959.pdf.

[2] 参见刘晓红：《国际商事仲裁协议的法理与实证研究》，华东政法学院 2004 年博士学位论文。

子邮件、电报、电传或传真。仲裁协议并不必须由当事人签署,只要一份书面的表现形式(Forme ecrite simplifiee)或文件形式(forme documentaire)包含当事人的任何书面表达的同意就足够了。此外,仲裁协议必须清晰地界定管辖权,在仲裁机构的指定上必须是清晰的或者至少可以界定。在法律属性上,仲裁协议被认为是程序合同(Prozessvertrag),是仲裁程序的核心,规定了潜在纠纷和程序规则。

具体而言,根据 CAS《体育仲裁条例》第 R27 条的规定,体育仲裁程序规则适用于当事方同意将与体育有关的争议提交 CAS 的情况。这种情况包括合同或规则中包含的仲裁条款,也包括后来的仲裁协议(普通仲裁程序),还包括涉及对联合会、协会或体育相关机构所作决定的上诉,如果这些机构的章程或规则或特定协议规定向 CAS 提起上诉。此外,作为参赛的条件,运动员通常需要签署一份包含 CAS 仲裁规定的参赛表格,这份参赛表格也可以作为 CAS 的仲裁条款。据此,CAS 的仲裁协议的形式包括仲裁条款、仲裁协议和参赛表格。对于后一种形式的仲裁协议会产生这样的问题:当运动员拒绝签署参赛表格,将导致自己不能参加有关体育赛事,选择签署就成为唯一的选择,那么,这是否为当事人有效的同意?对此,瑞士联邦高等法院(Swiss Federal Tribunal, SFT)一贯认为,国际体育运动需要一个快速、统一的争议解决机制,而不是普通法院裁定其争议,只要争议解决机制符合正当程序的基本要求即可。此外,SFT 接受体育争议"援引仲裁(arbitration by reference)"的前提是在保证充分的独立性和公正性的情况下,专门的仲裁法庭促进了体育领域争议的快速解决。[1]

(2)仲裁协议的实质要件 仲裁协议的实质性要件是法律对仲裁协议实质上的合法性要求。一般认为,一项有效并可执行的仲裁协议应包括以下基本内容:请求仲裁的意思表示、提交仲裁的事项、仲裁机构、仲裁地点、仲裁规则及仲裁裁决的效力等。而根据瑞士 PILA 第 178 条第 2 款的规定,仲裁条款有效需满足以下条件:第一,当事方将争议提交仲裁而非法院的意图,即请求仲裁的意思表示;第二,提交仲裁的争议事项;第三,仲裁机构所在地、仲裁庭的组成、仲裁程序语言等其他要素,但这些是可以商定的,不必

---

〔1〕 See Swiss International Arbitration Decisions, 4A_358/2009, https://www. swissarbitrationdecisions. com/sites/default/files/6%20novembre%202009%204A%20358%202009. pdf.

要在仲裁条款中明确。在 CAS 2015/A/3959 案裁决中〔1〕，仲裁庭指出，根据《瑞士债务法》（CO）第 1 条第 1 款和第 2 条第 1 款的规定，只有当事人表达了共同意愿时，才能缔结协议。仲裁协议的双方当事人意图的关键点为：排除国家法庭、确定提交仲裁机构和确定的争议〔2〕。事实上，瑞士联邦高等法院（SFT）对 CAS 仲裁协议认定采用了宽松的态度，也即 SFT 认为仲裁协议只要满足了第 1 条和第 2 条的最低有效性要求即可确认其有效性。

2.2.1.4 仲裁协议的有效性

（1）确定仲裁协议有效性的法律基础　有效的仲裁协议或仲裁条款是 CAS 管辖权的基础，在缺乏有效仲裁条款的情况下，仲裁庭将宣布对案件没有管辖权。合同是否包含仲裁协议，必须根据仲裁地法（lex arbitri）来确定。如果瑞士是仲裁庭所在地，且至少有一方当事人在执行仲裁协议时不在瑞士居住，则适用《瑞士联邦国际私法法典》的规定。根据《体育仲裁条例》第 R28 条，CAS 的仲裁地始终为瑞士，因此，国际体育仲裁法的仲裁地法为瑞士法。当事人之间的仲裁协议是否有效，必须根据《瑞士联邦国际私法法典》第 178 条第 2 款进行评估。如果仲裁协议符合当事人选择的法律、适用于案情的法律或瑞士法律，则该协议有效。〔3〕

（2）仲裁协议独立理论与 CAS 仲裁实践　仲裁协议独立理论，又称仲裁条款自治性理论（doctrine of arbitration clause autonomy）或仲裁条款分离理论（separability of arbitration clause），现已被广泛接受。根据这一理论，仲裁协议只是合同的一部分，仲裁协议有效性的评估应独立于合同的评估，当事人不能因无效合同而援引包含在合同之中的仲裁条款无效，而应由仲裁庭决定仲裁条款的有效或无效。瑞士 PILA 第 178 条第 3 款明确规定：仲裁协议的有效性不能基于主合同的无效或者尚未产生的纠纷的仲裁协议。〔4〕SFT 认为，仲裁协议独立于主合同，适用国际公认的"分离推定"（seperability presumption）

---

〔1〕　参见刘晓红：《国际商事仲裁协议的法理与实证研究》，华东政法学院 2004 年博士学位论文。

〔2〕　See CAS 2015/A/3959CD Universidad Católica & Cruzados SADP v. Genoa Cricket and Football Club, http://jurisprudence. tas-cas. org/Shared%20Documents/3959. pdf.

〔3〕　See CAS 2015/A/3959CD Universidad Católica & Cruzados SADP v. Genoa Cricket and Football Club, http://jurisprudence. tas-cas. org/Shared%20Documents/3959. pdf.

〔4〕　See Marc Amstutz et al. , *Internationales Privatrecht*, Helbing Lichtenhahn Verlag, 2013, p. 1783.

原则。这意味着，一项国际仲裁协议几乎总是被视为与它所在的商业或其他合同"分离"（seperable）或"自主"（autonomous）。在 CAS 2016/A/4450 案中，CAS 仲裁庭指出，在球员和俱乐部之前签订的合同上签订一份终止合同，双方同意并明确表达了他们的共同意愿，即赋予球员诉诸国际足联主管机构的权利，放弃国家法院或协会仲裁机构的管辖权，即使最终未能遵守终止合同的条款，同意仲裁仍为有效[1]。CAS 2017/A/5054 案的仲裁庭指出，根据瑞士法律，在俱乐部破产程序启动的情况下，仲裁协议既不能依职权（ex officio）终止，也不能在破产程序启动时无效[2]。即使《债务强制执行和破产程序法》第 211（2）条赋予清算人决定是否执行债务人订立或终止该协议的自由裁量权，该条也不适用于仲裁协议。SFT 指出：无论如何，根据瑞士法律，启动破产程序并不影响仲裁协议的有效。总体而言，根据瑞士法律和独立理论，CAS 尽可能保留仲裁协议的有效性，即使包含仲裁协议的主合同无效，仲裁协议都将有效，以确保 CAS 对争议的管辖权。

2.2.1.5 仲裁协议的解释

仲裁协议的解释应根据瑞士 PILA 第 178 条第 2 款的规定，首先适用瑞士法律关于解释仲裁协议的原则。因此，协会的章程和规则应根据适用于法律解释的原则而不是合同进行解释。裁决机构的解释必须相当客观，从规则的措辞开始，必须考虑规则的含义、使用的语言以及适当的语法。在审查过程中，裁决机构将进一步查明起草该规则的协会的意图，以及考虑相关历史背景，以说明其原由及特定规则所处的环境。[3]

根据瑞士法，CAS 仲裁协议的解释跟其他商事仲裁协议的解释一样，其基本原则是赋予当事人在文件中的意图表达有效性。若当事人明确地表示通过仲裁解决纠纷，即使是协议的某些方面存在模糊、不一致、不完整或因素缺乏，只要仲裁没有对任何一方当事人权利存在偏见，法庭应给予这样的意

---

〔1〕 See CAS 2016/A/4450 Iván Bolado Palacios v. PFC CSKA Sofia, http://jurisprudence. tas-cas. org/Shared%20Documents/4450. pdf.

〔2〕 See CAS 2017/A/5054 Martin Fenin v. FC Istres Ouest Provence, http://jurisprudence. tas-cas. org/Shared%20Documents/5054. pdf.

〔3〕 See CAS 2019/A/6274 Inês Henriques, Claire Woods, Paola Pérez, Johana Ordóñez, Magaly Bonilla, Ainhoa Pinedo, Erin Taylor-Talcott & Quentin Rew v. International Olympic Committee (IOC), http://jurisprudence. tas-cas. org/Shared%20Documents/6274. pdf.

图有效性。SFT 认为仲裁协议应遵循私人意愿，双方当事人的一致同意最为重要。如果没有当事人的主观同意，则应客观地解释申明，也即通过且必须按照诚信原则加以理解。

如上所述，SFT 审查仲裁协议的有效性是基于 PILA 第 178 条所设定的条件。而 PILA 第 178 条的具体形式要求其目的在于保护当事人和避免当事人在缔结仲裁协议时的疏忽。仲裁协议的有效性不再是一个形式问题而是实质性的同意，应适用信赖原则（principle of trust）解释这样的协议。根据信赖原则，一个全局性援引（global reference）的仲裁条款必须有效和对当事人有约束力，那么当事人应知道该条款的存在且无异议并受此条款的约束。换句话说，运动员被认为接受了仲裁协议的约束，有效性来源于他或她签署的包含仲裁条款的示范性协议或大型赛事参赛表。如果信赖原则不产生此结果，仲裁庭将采用其他方式解释如规则解释。规则解释毫无疑问必须针对起草合同的一方进行解释。SFT 还指出，在体育案件中，SFT 以某种"仁慈"（benevolence）态度审查当事人的仲裁协议，是为促进 CAS 这样的专门性仲裁机构迅速解决争议提供独立、客观的全面保障。对于瑕疵仲裁条款（clauses pathologiques），将按照当事人的真实意图进行解释。合同的缔结是在当事人互惠和相互认同的情况下，所有本质要义也是在表达共同意愿的前提下缔结的。因此，可根据当事人的真实意图解释协议，或者有可能根据相互信任的原则进行解释。

2.2.2 仲裁条款

仲裁条款是一种插入合同或当事人之间的特殊协议中或者体育组织的章程或规则中的特殊类型（sui genceris）的仲裁协议。对于国际职业足球争议来说，仲裁条款和仲裁协议一样都是 CAS 仲裁管辖权的前提，尤其是在上诉程序中，仲裁条款发挥了关键作用。在形式上，国际职业足球争议的仲裁条款主要包括足球组织的章程规则和运动员参赛表格。

2.2.2.1 国际足联、各洲际及区域足球联合会的章程和规则

为使 CAS 具有对国际足球争议的管辖权，国际足球联合会、协会或联盟明确规定了接受 CAS 管辖。根据国际足球的"金字塔式"管理结构，FIFA 与其附属的 6 个洲际联合会的章程中都载有关于 CAS 管辖权的规定，这些规定为 CAS 受理这些足球联合会的相关争议奠定了基础。

（1）FIFA 章程和规则 如前文所述，FIFA 是国际足球的最高管理机构，自 2002 年 11 月 11 日起接受 CAS 管辖，并自 2004 年版 FIFA《章程》正式载有 CAS 管辖权规定。[1]2021 年版 FIFA《章程》第 56 条第 1 款规定：承认由总部设在瑞士洛桑的独立体育仲裁院（CAS），负责解决 FIFA、会员协会、联合会、联盟、俱乐部、球员、官员、中介机构和持牌经纪人之间的争议，该款确定了 CAS 对 FIFA 相关争议具有管辖权[2]。在规则规定方面，FIFA《国际足联球员身份与转会规定》第 24 条"争议解决"规定：DRC 作出的决定或 DRC 法官可以向 CAS 提出上诉。FIFA《纪律守则》第 47 条规定，纪律委员会和上诉委员会通过的决定，可向 CAS 提出上诉[3]。FIFA《道德守则》第 82 条第 1 款规定，道德审判庭作出的决定是终局的，可以根据 FIFA《章程》向 CAS 提起上诉[4]。反兴奋剂争议具有特殊性，国际足球反兴奋剂争议的管辖权规定也具有特殊性。FIFA《反兴奋剂条例》第 76 条第 2 款规定：CAS 在作出决定时，不应遵从被上诉的结果，CAS 也不需要遵从上诉机构行使的自由裁量权；第 3 款规定，无需用尽内部救济机制，WADA 有权根据第 76 条至第 82 条向 CAS 提起上诉，并且在 FIFA 内设机构没有对最终决定提起上诉的情况下，WADA 可直接向 CAS 提起上诉，无需用尽 FIFA 其他救济程序。

（2）欧足联（UEFA）章程 UEFA 是成立于 1954 年的欧洲足球最高管理机构，由 55 个国家足球协会组成，目前总部位于瑞士尼翁，是根据《瑞士民法典》注册的协会[5]。UEFA《章程》第 59 条规定了协会章程，各成员协会应在其章程中纳入一项规定，根据该规定，其联盟、俱乐部、球员和官员同意遵守欧足联的章程、规则和决定，并承认本章程规定的瑞士洛桑体育仲裁院（CAS）的管辖权。第 61 条规定了排除普通法院或其他仲裁机构，CAS 作为普通仲裁庭的专属管辖权，其中争议包括：a）欧足联与其协会、联盟、俱乐部、球员或官员之间的争议；b）协会、联盟、俱乐部、球员、或官

---

〔1〕 See FIFA Statutes, 2021 edition, https://digitalhub. fifa. com/m/7e791c0890282277/original/FIFA-Statutes-2021. pdf.

〔2〕 See Regulations on the Status and Transfer of Players, 2021 Edition.

〔3〕 See FIFA DISCIPLINARY CODE, 2019 edition, https://digitalhub. fifa. com/m/2b6a6b73ba614d53/original/twc8yxh6fn0kjkgxhe9e-pdf. pdf.

〔4〕 See FIFA OF ETHICS, 2020 edition, https://digitalhub. fifa. com/m/174b40d0256de722/original/upxpc0qzxqdgipiiejuj-pdf. pdf.

〔5〕 See About UEFA, https://www. uefa. com/insideuefa/about-uefa/what-uefa-does.

员之间的欧洲范围内的争议，第 2 款规定了介入的条件，如果争议不属于欧足联的职权范围，CAS 只能以普通仲裁院身份介入。第 62 条规定了 CAS 作为上诉仲裁庭的专属管辖权，其中第 1 款规定了欧足联作出的所有决定排斥诉诸普通法院或其他仲裁机构，而只能由 CAS 行使专属管辖权，并在第 2 款规定仅直接受到决定影响的当事方可向 CAS 上诉。[1]

　　（3）亚足联（AFC）章程　AFC 是成立于 1954 年的亚洲足球管理机构，总部位于马来西亚吉隆坡，由 47 个会员协会组成[2]。AFC《章程》第六章关于争议解决，其中第 62 条第 1 款规定：AFC 承认位于瑞士洛桑独立的 CAS 对于其与其他联合会、成员协会、联盟、俱乐部、球员、官员、中介机构和持牌经纪人之间争议的管辖。第 63 条第 1 款规定，会员协会应同意承认 CAS 为独立的司法机关，并确保其会员、附属联赛、俱乐部、球员和官员遵守 CAS 通过的决定。同样的义务也适用于中介机构和持牌经纪人。第 65 条第 1 款规定了 CAS 作为普通仲裁庭，排除其他法院或仲裁机构，对以下争议具有专属管辖权：a）亚足联与其协会、联盟、俱乐部、球员或官员之间的争议；b）协会、联盟、俱乐部、球员、或官员之间的欧洲范围内的争议。第 2 款规定，如果争议不属亚足联的职权范围，CAS 只能以普通仲裁院身份介入。第 66 条第 1 款规定，所有由亚足联作出的最终决定，排除普通法院或其他仲裁机构，只能向 CAS 提起上诉[3]。

　　（4）非足联（CAF）章程　CAF 是非洲足球的管理机构，成立于 1957 年，总部设在埃及，共有 54 个会员协会[4]。CAF《章程》第 48 条第 1 款规定，任何 CAF、国家协会、会员、联盟、俱乐部、球员、官员、持牌赛事经纪人和持牌球员经纪人之间的争议，可向位于瑞士洛桑的独立的 CAS 提起上诉；第 3 款规定，只有 CAS 才有权对 CAS 或国际足联、全国性协会、联盟或俱乐部的所有法律机构最终决定或纪律处罚的上诉作出裁决；第 6 款规定，国家协会、联盟和俱乐部承认 CAS 作为独立的仲裁机构，并确保其成员、球员和官员遵守 CAS 仲裁。该义务同样适用于持牌赛事和球员经纪人。

---

〔1〕　See UEFA Statutes, Edition 2020, https://documents. uefa. com/v/u/_CJ2HRiZAu~Wo6ytlRy1~g.

〔2〕　See About AFC, https://www. the-afc. com/afc-home/about-afc/overview.

〔3〕　See AFC STATUTES Edition 2020.

〔4〕　See CAF History, https://www. cafonline. com/about-us/caf-history.

（5）南美洲足球联合会（CONMEBOL）章程　　CONMEBOL 是南美洲足球事务的管理机构，成立于 1916 年，由 10 个国家协会组成。[1]CONMEBOL《章程》第 62 条第 1 款规定，CONMEBOL 承认总部位于瑞士洛桑的 CAS 的管辖权；第 2 款规定，CAS 可作为上诉机构受理所有 CONMEBOL 决定的上诉，或者作为一个普通仲裁院受理不属于 CONMEBOL 或 FIFA 管辖范围的争议；第 3 款规定，CAS 的裁决具有终局性，对各方均有约束力[2]。

（6）北美和中美洲及加勒比海足球联合会（CONCACAF）章程　　CON-CACAF 成立于 1961 年，由中美洲和加勒比海足球联合会（CCCF）和北美足球联合会（NAFC）合并而成，由三个子区域组成：北美区域实体北美足球联盟（NAFU）的 3 个成员协会、中美洲区域实体中美洲足球联合会（UNCAF）的 7 个成员协会和加勒比区域实体加勒比海足球联盟（CFU）的 31 个成员协会[3]。CONCACAF《章程》第 50 条规定，会员协会应在其章程或规则中插入禁止将协会内部争议或影响联赛、俱乐部、球员和官员的争议诉诸普通法院，应规定将此类争议提交由 CONCACAF 或会员协会承认的独立仲裁庭或 CAS；第 51 条规定，CONCACAF 承认 CAS 的管辖权；第 52 条规定了 CAS 作为普通仲裁庭对以下争议具有管辖权：a）CONCACAF 与会员协会、联盟、俱乐部、球员和官员之间的争议；b）会员协会、联盟、俱乐部、球员和官员之间的争议，以及不属于 CONCAAF 或 FIFA 机构的管辖范围的争议，CAS 只能以普通仲裁庭的身份进行干预。第 53 条规定了 CAS 有权审理对 CONCAAF 通过的最终决定提出的上诉，除了兴奋剂相关决定可能由世界反兴奋剂机构（WADA）向 CAS 提起上诉，其他争议只有直接受决定影响的当事人才可以向 CAS 上诉[4]。第 54 条规定了 CAS 不能处理的共同条款，包括纯体育规则有关的事项，自然人被禁赛最多 4 场或最多 3 个月的决定、处以 20 万美元以下罚款的决定以及由独立公正的仲裁庭就因适用成员协会章程或规则而产生的国家层面的争议作出裁决。

---

〔1〕　See CONMEBOL La institucion, https://www.conmebol.com/la-institucion/.

〔2〕　See CONMEBOL ESTATUTOS, https://cdn.conmebol.com/wp_content/upload/2018/12/Estatutos_Conmebol-2020-esp.pdf.

〔3〕　See Concacaf History, https://www.concacaf.com/inside-concacaf/history/

〔4〕　See STATUTES OF THE CONFEDERATION OF NORTH, CENTRAL AMERICA AND CARIBBEAN ASSOCIATION FOOTBALL, https://stconcacafwpool.blob.core.windows.net/media/ooulwfgn/concacaf-statutes-eng_05-29-2024.pdf.

（7）大洋洲足球联合会（OFC）章程　OFC 是大洋洲足球事务的管理机构，于 1966 年由澳大利亚、新西兰和斐济共同创办，共有 14 个会员协会[1]。OFC《章程》第 F 章争议解决载有关于 CAS 管辖权的规定，其中第 44 条第 1 款规定，会员协会应承认 CAS 为独立的司法机构并确保其会员、附属联盟、俱乐部和官员遵守 CAS 通过的决定。同样的义务也适用于中介机构和持牌赛事经纪人。第 45 条第 1 款规定，OFC 承认 CAS 解决 OFC 与其他联合会、会员协会、联盟、俱乐部、球员、官员、中介和持牌赛事经纪人之间的争议；第 3 款规定，CAS 应适用 OFC 的各项规定，以及新西兰相关法律。第 47 条第 1 款规定，排斥普通法院和其他仲裁机构，CAS 以普通仲裁机构的身份处理以下争议：a）OFC 与其会员协会、联盟、俱乐部、球员或官员之间的争议；b）国际层面的会员协会、联盟、俱乐部、球员或官员之间的争议。如果争议不属于 OFC 的职权范围，CAS 只能以普通仲裁机构的身份介入。第 48 条第 1 款规定，OFC 作出的所有最终决定，排斥普通法院和其他仲裁机构，只能向 CAS 提起上诉[2]。

上述各国际足球组织分别就各自争议的 CAS 管辖权作出了明确规定，并在其章程中明确规定了 CAS 作为普通仲裁庭和上诉仲裁庭具有特定争议的管辖权，这些规定作为国际职业足球争议的特殊仲裁条款为 CAS 仲裁管辖权奠定了基础。

2.2.2.2 参赛表格

在职业足球中，运动员与足球组织在本质上属于隶属型法律关系，运动员必须遵守足球组织的章程、规则。为了参加比赛，运动员往往被要求填写参赛表格，而这些参赛表格包含了相关争议向 CAS 提起上诉的仲裁条款，这些包含仲裁条款的许可合同对于每位签订参赛表格的运动员均具有约束力。这对 CAS 而言，则获得了具有强制性的争议管辖权。在 CAS 2011/O/2574 案中[3]，在当事方签署的欧洲足球联赛（UEL）2011/2012 登记表中规定：（a）承诺遵守欧洲足联章程和规则关于比赛作出的指令和决定；（b）承诺承

---

　[1]　See About OFC, https://www.oceaniafootball.com/about-ofc/.

　[2]　See OFC Statutes, edition September 2020.

　[3]　See CAS 2018/A/5782 DNN Sports Management LDA v. Baniyas Football Sports Club Company, http://jurisprudence.tas-cas.org/Shared%20Documents/5782.pdf.

认 CAS 管辖权；（c）同意适用《体育仲裁条例》和承认 CAS 发布的指示，同意就上述任何涉及比赛资格、参赛或排除提出的任何争议通过 CAS 解决；（d）确认球员或官员遵守（a）至（c）项所列义务。这些条款与 UEL 规章第 2.07 条和第 32.01 条以及欧足联《章程》第 59 条，构成了 CAS 仲裁管辖权的仲裁条款，因此 CAS 具有管辖权。此外，依据仲裁条款确认管辖权则需要一些前提条件，如 CAS 2018/A/5782 案中[1]，仲裁庭指出：当事人未订立具体仲裁协议的，CAS 适用于当案的章程、规则确立的向 CAS 上诉的权利，只有在上诉人向 CAS 仲裁庭上诉之前已经穷尽了内部救济机制，方可行使管辖权。也即在上诉程序中，仲裁条款作为 CAS 管辖权依据生效须先"穷尽内部救济机制"。

2.2.3 国际职业足球争议的可仲裁性

2.2.3.1 可仲裁性的法律基础

可仲裁性涉及公法问题，实际上是国家对仲裁范围施加的一种限制。一些争议可以通过仲裁解决，而另一些争议不能通过仲裁解决。一般而言，确定某一争议的可仲裁性，可能涉及或遵守仲裁协议的准据法、仲裁地法、裁决执行地法[2]。根据仲裁地法原则，仲裁地为瑞士的争议的可仲裁性应根据瑞士 PILA 第 177 第 1 款确定，没有适用其他国家法律的空间。PILA 第 177 条第 1 款规定：所有与金钱相关的申诉均可提交仲裁，这可解释为涉及经济利益的任何争议或涉及财产的任何争议。换言之，如果争议涉及任何经济利益主张，则可仲裁，即至少有一方当事人在争议中有某种经济利益关系就构成了可仲裁性，对此唯一的限制是公共政策。瑞士法律对国际仲裁广泛开放的意愿，对可仲裁性的定义是开放的和具有深远影响的。CAS《体育仲裁条例》第 R27 条通过援引与体育相关的原则事项或"经济性质事项"进一步定义了体育仲裁的客体，要求一个经济性质的纠纷至少需要一方当事人满足利益或经济性的要求。

---

〔1〕　See CAS 2011/O/2574 Union des Associations Europeennes de Football （UEFA） v. FC Sion/Olympique des Alpes SA, https://jurisprudence.tas-cas.org/Shared%20Documents/2574.pdf.

〔2〕　参见宋连斌：《国际商事仲裁管辖权研究》，法律出版社 2000 年版，第 132-133 页。

2.2.3.2 国际职业足球争议的"经济性"

一般来说，国际职业足球涉及合同、侵权、公司法或知识产权等有关争议的经济性是毋庸置疑的。但是，国际职业足球争议还涉及与筹备、组织和运行比赛、锦标赛、竞赛等有关体育性质的事项，那么这些具有"纪律性"和"体育性"的争议可否仲裁？SFT 明确表示，根据 PILA 第 177 条第 1 款，如果争议不涉及严格意义上的比赛规则（rules of play），而是涉及协会的活动或比赛参与，且处罚对个人或实体产生财务后果，那么，体育组织实施的纪律处罚是可以仲裁的。换言之，PILA 第 177 条规定的经济性考虑的是争议的经济后果而不是争议的经济特性。在 CAS 2004/A/593 案中，[1]针对威尔士足协反对欧足联决定的争议，仲裁庭认为，如果一个决定的后果是允许一个国家足球队参加 2004 年欧洲杯最后阶段的比赛，那么威尔士足协将失去欧足联支付给 16 名决赛选手每人 750 万瑞郎的奖金以及其他利益如球队的声誉、信誉、该队球员的市场价值等，因此根据案情以及考虑到它的影响，有争议的决定对于双方当事人具有经济性，该决定显然具有严重的财政影响。根据 UEFA《章程》第 62 条，CAS 有权审理针对金钱性质决定提起的上诉。此外，瑞士法对"经济性"的宽泛理解，也在 SFT 的判决中被反复确认。就纪律性决定上诉的可仲裁性而言，仅要求被提出异议的决定满足违反法律或规则的要求。[2]SFT 认为，取消运动员资格或其他施加给运动员的处罚在 PILA 第 177 条下是可仲裁的。因此，请求一个取消资格的决定无效是可以用金钱表示的法律利益，那么这个申诉就具有了经济性。此外，瑞士法对"经济性"的宽泛理解在 SFT 关于兴奋剂案件的判决中也得到反复确认。

2.2.3.3 国际职业足球争议与公共政策

另一个影响国际职业足球争议的可仲裁性的因素是公共政策。在 CAS 实践中，主要涉及瑞士公共政策和是否违反《欧洲人权公约》以及适用其他国家强制性法律的情况。在公共政策方面，PILA 第 19 条第 2 款规定，仲裁庭对

---

〔1〕　See CAS 2004/A/593 Football Association of Wales（FAW）v. Union des Associations Européennes de Football（UEFA），http://jurisprudence. tas-cas. org/Shared%20Documents/593. pdf.

〔2〕　See CAS 2007/A/1392 Federación Panameña de Judo（FPJ）& Federación Venezolana de Judo（FVJ）v. International Judo Federation（IJF），http://jurisprudence. tas-cas. org/Shared%20Documents/1392. pdf.

于瑞士法律概念作出适当的决定必须审议公共政策问题。根据瑞士法律，人格权是 SCC 第 28 条明确规定予以保护的基本权利。瑞士法认为，一个人通过合同只能放弃其部分自由，但不能毁灭其自由或将其降低到危及其自由存在的基础；协会的处罚限于不侵犯成员人格权的范围内，只有在协会利益远远大于其对成员人格权的侵害时，才可能允许体育协会采取严重损害个人经济发展的措施[1]。否则，SFT 不仅会从滥用权力的角度考察协会处罚的效力，而且会审查处罚是否具有正当性。

对于国际足球争议的可仲裁性，SFT 进一步指出，对于从事职业构成的处罚，不可能严重到建立刑事处罚，即使一些兴奋剂案件的处罚类似于刑事处罚，在符合《欧洲人权公约》（ECHR）第 6 条的程序性要求的情况下，也是可仲裁的。根据瑞士法律和 CAS 判例，任何仲裁条款的一方，只要受到裁决影响并在案件中拥有合法或足够利益的人都有资格提出上诉[2]。体育联合会或协会的决定可受到这些协会或联合会成员的质疑而不受地点和身份的限制，也不受任何国家法律的限制，这也是适用于跨国体育领域的"体育法"（Lex Sportiva）的一般原则。此外，在评估争议的可仲裁性时，SFT 还考虑当事一方可能无法在有关国家执行仲裁裁决的风险，瑞士立法者在颁布 PILA 第 177 条时接受了裁决可能无法在特定辖区执行的风险，因此这一可能的风险也不会改变瑞士法律规定争议的可仲裁性[3]。

2.3 国际职业足球争议 CAS 仲裁管辖权的权限

仲裁管辖权的权限是指仲裁庭或仲裁员行使仲裁权的职能范围。国际职业足球 CAS 仲裁管辖权的权限，不仅基于仲裁规则的规定，还须考虑国际足球组织的章程或规则的相关规定以及判例中的一般原则。

---

〔1〕 See Laurence Burger, "For the first time, the Supreme Court sets aside an arbitral award on grounds of substantive public policy", *ASA Bulletin*, Vol. 30, No. 3, 2012, pp. 603-610.

〔2〕 See Swiss International Arbitration Decisions. 4A_558/2011, https://www.swissarbitrationdecisions. com/sites/default/files/27%20mars%202012%204A%20558%202011. pdf.

〔3〕 See CAS 2012/A/3007 Mini FC Sinara v. Sergey Leonidovich Skorovich, http://jurisprudence. tas-cas. org/Shared%20Documents/3007. pdf.

2.3.1 仲裁庭的审查权

一般行政法院的审查范围通常以最低审查标准为特点，主要是程序性审查，不得以自己的判决取代行政机关的判决，只能控制前一程序的公正性和正确性、作出决定的方式、作出决定的理由、作出决定的机构的权限等。CAS体育仲裁庭的审查权与前者不同，根据 CAS《体育仲裁条例》第 R57 条的规定，CAS 仲裁庭享有充分审查事实和法律的权力。这一规定意味着，针对体育组织所作出决定向 CAS 提起的上诉，不限于决定机构的裁决作出是否正确或对当事人的主张是否作出独立的裁决，还必须重新审查案件的是非曲直。相比之下，CAS 仲裁庭在上诉仲裁程序中不局限于评估先前程序和决定的正确性，而是负责任地独立裁定上诉人和被申请人的论点在案情中是否正确[1]。CAS 的重审（de novo）机制可以使协会内部程序中的缺陷通过向 CAS 上诉被纠正。事实上，CAS 判例法表明，CAS 上诉仲裁允许在正当程序的保障下对案件进行全面的重新审理，不仅使当事各方有机会提交书面上诉状和各类证据，而且便于在听证会期间广泛听取和质询证人或专家。因此，CAS 仲裁庭不必分析发出上诉决定的体育组织可能侵犯正当程序权利的行为，可以着手全面审查当事人提交的事实和法律论点，并在此基础上对案件的是非曲直作出明确裁决[2]。

2.3.2 自裁管辖权

2.3.2.1 自裁管辖权理论及其依据

仲裁庭自裁管辖权原则（英语 Competence-Competence，德语 Kompetenz-Kompetenz），又称为管辖权/管辖权原则，是指仲裁庭有权判断自己的管辖权，包括对仲裁协议存在或效力等问题作出裁定的权力而不需要事先的司法决定[3]。目前，"自裁管辖权"已成为国际仲裁中公认的一项原则，被认为

---

〔1〕　See CAS 2015/A/3959CD Universidad Católica & Cruzados SADP v. Genoa Cricket and Football Club, http://jurisprudence. tas-cas. org/Shared%20Documents/3959. pdf.

〔2〕　See CAS 2018/A/5800 Samir Arab v. Union Européenne de Football Association（UEFA）, http:// jurisprudence. tas-cas. org/Shared%20Documents/5800. pdf.

〔3〕　参见刘晓红：《国际商事仲裁协议的法理与实证》，商务印书馆 2005 年版，第 98-99 页。

是仲裁协议自主权原则的必然结果。一般来说，自裁管辖权包括两个方面的内容：一方面是仲裁庭或仲裁员拥有裁决自己是否对某一案件享有管辖权的权力；另一方面，由于裁定仲裁管辖权是否成立的权力在于仲裁庭或仲裁员，只要当事人之间存在仲裁协议，法院就须将争议交付仲裁。因此，只要有表面证据（prima facie）证明存在仲裁协议，法院就应给予仲裁庭优先管辖权（priority jurisdiction）。这意味着在时间顺序上让仲裁庭优先，使仲裁庭成为管辖权异议的首先裁定者。瑞士学界也认为，如果在仲裁庭行使管辖权之前有争议，瑞士法律优先考虑由仲裁庭决定自己的管辖权，由仲裁庭决定是否受仲裁协议约束[1]。Müller 认为，瑞士法律赋予仲裁庭优先在其管辖权受到异议时决定其管辖权，由仲裁庭审查提交的争议是否属于自己的管辖权或是普通法院的管辖权，决定被传唤的人是否受到仲裁协议的约束[2]，是仲裁庭自身而不是国家法庭首先决定其管辖权。因此，仲裁庭享有优先权也即所谓的"自裁管辖权"[3]。

2.3.2.2 CAS 自裁管辖权的规定

自 2012 年起，CAS 在程序规则中明确规定了自裁管辖权。2012 年修订版 CAS《体育仲裁条例》第 R39 条规定：不论当事人是否已就同一争议实体提交至国家法院或其他仲裁庭，仲裁庭应基于自己的管辖权裁定，除非有特别的理由要求暂停程序。对于提出 CAS 管辖权的异议，CAS 秘书处或仲裁庭（如果已经组建），应当邀请双方当事人提交 CAS 管辖权方面的书面材料。总之，仲裁庭在初步裁定书或裁决书中对其管辖权进行裁定。第 R55 条关于上诉程序也载有上述关于 CAS 自裁管辖权的条款。这些规定为 CAS 自裁管辖权提供了直接依据。

一般认为，完整的自裁管辖权包含两个方面：一是仲裁庭自身享有确认仲裁协议效力以及管辖权的固有权力，通常被称为自裁管辖权的"积极效力"。CAS《体育仲裁条例》第 R39 条和第 R55 条关于自裁管辖权的规定体现

〔1〕 See CAS 2009/A/1910, Telecom Egypt Club v. Egyptian Football Association（EFA），http://jurisprudence. tas-cas. org/Shared%20Documents/1910. pdf.

〔2〕 See Müller Ch., *International Arbitration - A Guide to the Complete Swiss Case Law*, Schulthess, 2004, pp. 115-116.

〔3〕 See Berti S. et al., *International arbitration in Switzerland : an introduction to and a commentary on Articles 176-194 of the Swiss Private International Law Statute*, Kluwer Law International, 2000.

了自裁管辖权的"积极效力"。这种自裁管辖权在一定程度上使仲裁庭摆脱了对司法机关的依赖，保障了 CAS 仲裁裁决的终局性[1]。二是在仲裁庭就其管辖权作出裁决之前，法院对仲裁庭管辖权的审查应受到限制，也即自裁管辖权的"消极效力"。除了认可自裁管辖权的积极效力外，瑞士法也认可自裁管辖权的消极效力。《瑞士联邦国际私法法典》第 7 条规定：对于当事人已签订仲裁协议的争议，法院无管辖权，除了以下几种情况：（1）被申请方未就管辖权提出异议的；（2）法院认定仲裁协议无效、失效或不能实行的；（3）明显由于被申请人的原因而无法组庭的。根据上述对仲裁管辖权审查条件和对《瑞士联邦国际私法法典》第 186 条的解释，瑞士联邦高等法院限制司法介入，确认了对于仲裁地在瑞士的仲裁管辖权异议，在仲裁庭作出裁决之前，法院仅对协议的有效性作表面审查。

2.3.3 仲裁庭审查的限制

上述 FIFA 和各洲际足球联合会的章程和规则对 CAS 管辖作了明确的规定。就上诉管辖而言，除了南美洲足球联合会，其他联合会都规定了 CAS 管辖的例外情况。虽然在具体的规定上仍有差别，但主要包含尊重比赛规则、尊重足球协会自治和尊重独立和正式仲裁机构的裁决等原则。

2.3.3.1 尊重比赛规则（rules of the game）

对联盟、协会等体育组织的争议限制在于 CAS 管辖权在"法律纠纷"（legal disputes），而不是所有性质的纠纷，比赛规则争议就不在管辖范围内。比赛规则争议被认为是不能由国家法庭和仲裁机构处理的纠纷。在理论上，比赛规则满足 PILA 第 177 条第 1 款和 CAS《体育仲裁条例》第 R27 条设置的条件，具有可仲裁性。但是，基于国家法庭认为不能处理此类的纠纷，国家法庭和仲裁机构都无法对他们进行审查。SFT 认为，比赛规则相关特有的纠纷，不属于法律规则，不能被国家法庭和仲裁机构重审。比赛不得因向法官上诉而经常中断，因此，比赛规则不受法官的控制。

由于体育组织规则的条款具有不同的目标，比赛规则和法律规则的区分

---

〔1〕 参见张春良：《论国际体育仲裁协议的自治性——特别述及国际体育仲裁院之规则与实践》，载《天津体育学院学报》2011 年第 6 期。

并不清晰。一些比赛规则严格限制为技术规则，而一些规则针对的是对违反规则的制裁决定，还有一些是与体育组织和内部报告、竞赛组织及结果评定等相关的第三类规则。那么，如何评判哪些是法律规则，哪些是比赛规则呢？区分比赛规则和法律规则可根据客观标准和问题的性质。CAS 判例表明，比赛规则决定了比赛必须如何进行以及由谁来裁判比赛结果，如比赛用球的重量就不能建立可仲裁性争议，不管比赛用球的重量是否符合规则或者运动员采用了非法的措施，都是不可仲裁的。仲裁庭认为其涉及纯技术性规则的适用，是不可审查的。CAS 2015/A/3880 案[1]的仲裁庭认为，裁判用黄牌处罚在比赛中行为不端的球员属于"比赛规则"。原则上，裁判在赛场上作出的纪律处分决定是最终的、不可撤销的，除非在有录像记录的情况下，裁判没有看到球员的严重不当行为且球员被罚出场外。

如果一个足球组织对其成员的处罚影响了比赛，虽然也造成了影响比赛的后果，但是这个处罚与比赛规则无直接关系，而是俱乐部或参与者的一般义务。例如，在职业足球运动中，对俱乐部延迟支付费用实施减少锦标赛积分的处罚就不属于比赛规则，因此具有可仲裁性。还有一些情况需要具体判断，除了目前比赛规则本身规定的以外，裁判是否真诚地行使其判断力或自由裁量权是不可置疑的。CAS 判例认为，体育的强大正是基于比赛领域的规则，包括终审的必要性和确保裁判员和比赛官员的权威性。由于仲裁员缺乏运动技术专长，对比赛规则的判断不可避免带有主观性因素，为避免比赛不断被中断以及放开审查及事后重写记录和结果的困难，与比赛有关的决定最好留给赛场官员，因为他们受过专门训练，能够主持特定的运动项目，并且在现场最有能力解决与此相关的任何问题[2]。

尊重赛场决定的原则是体育法（Lex Sportiva）的一个重要特征，是一项专门针对体育运动的规则在基本层面指导许多体育比赛的原则。如果对长期以来被认为与赛场相关的裁判人员事项进行更全面的审查，可能会破坏体育法的基本结构。因此，比赛官员所作的决定享有"资格豁免权"，而 CAS 必须在这个决定是错误的或是一个没有理智的人能够作出的决定的情况下，才

---

〔1〕 See CAS 2015/A/3880 FC Steaua Bucuresti v. Gabriel Muresan, http://jurisprudence. tas-cas. org/Shared%20Documents/3880. pdf.

〔2〕 See CAS 2015/A/4208 Horse Sport Ireland（HSI）& Cian O'Connor v. Fédération Equestre Internationale（FEI）, http://jurisprudence. tas-cas. org/Shared%20Documents/4208. pdf.

能审查一个比赛现场的决定。换言之，对赛场决定不允许进行是非曲直的实体审查。只有当请求审查的人确定某一运动领域的决定受到欺诈、不诚实、偏见、任意性或腐败玷污时，CAS 才可以干预。CAS 判例认为[1]，仲裁员不审查裁判员或其他负责执行"比赛规则"的官员在赛场上所作的决定，除非此类决定是在恶意情况下执行的，如由于贿赂、腐败。如果仲裁员碰到这样的事件，CAS 仲裁员只是旁观者，而不能作为法官审判此事。此外，无论指控欺诈、不诚实、任意性还是腐败，要求审查的人必须提出对某一特定团队或个人有偏爱或偏见的证据。在实践中，CAS 仲裁庭早期的判例也有对产生经济和财务的职业体育或精英体育以及个人权利相关案件建立比赛规则的适用，这些比赛规则的适用通常具有经济后果，还有一些临时特别仲裁庭接受了涉及比赛规则的争议。通常认为，审查限于法律方面，纯技术规则不能由 CAS 重审，即 CAS 不能对赛场决定的是非曲直进行判断。

2.3.3.2 尊重足球协会自治

瑞士法律赋予协会广泛的自由裁量权，其中包括决定其成员和其他受规则约束的人的义务并施以其认为必要的处罚，以执行这些义务。根据瑞士法律，只要满足以下几个条件协会就能够实施处罚：第一，违反该协会必须遵守的规章制度；第二，该协会的章程或规则中有足够明确规定的处罚依据；第三，处罚程序必须保障被听证的权利。[2]FIFA 作为瑞士法下的一个协会，在一定范围内有权决定其处罚，也有权决定是否对相关争议采取管辖权。根据《国际足联章程》第 67 条第 3 款 b 项的规定，CAS 不能处理因最多 4 场比赛禁赛而产生的上诉。换言之，4 场或少于 4 场禁赛的处罚，不应上诉到 CAS，CAS 对此没有管辖权。在 CAS 2012/A/2948 案中，上诉仲裁庭庭长指出，根据 FIFA 规则，CAS 对于 FIFA 纪律委员会对教练禁赛 4 场的处罚而产生的争议明显没有管辖权。因此，上诉仲裁庭庭长发布命令，CAS 对此争议

---

〔1〕　See Arbitration CAS ad hoc Division (O. G. Sydney) 00/013 Bernardo Segura / International Amateur Athletic Federation (IAAF), http://jurisprudence. tas‒cas. org/Shared%20Documents/OG%2000‒013. pdf.

〔2〕　See CAS 2005/A/1001 Fulham FC (1987) Ltd v. Fédération Internationale de Football Association (FIFA), http://jurisprudence. tas‒cas. org/Shared%20Documents/1001. pdf.

无管辖权，驳回上诉人提出的临时保全措施申请，终止程序[1]。

2.3.3.3 尊重独立和正式仲裁机构的裁决

FIFA《章程》第 67 条第 3 款 c 项规定的例外情况是协会和联合会可能指定另一个独立、正式组成的仲裁庭，其目的是在原则上确保所有有关足球的决定都可以在一个独立和正式组成的仲裁庭提起上诉。这也为各国足球协会在国内事务司法体系中提供了一定的自由裁量权，让他们可以决定除了 CAS 以外是否承认另一个仲裁庭来处理国内争议[2]。根据 FIFA 第 1010 号通知，"独立"和"正式"组成要求仲裁庭符合最低程序标准，其中包括仲裁庭的平等原则、独立和公正程序权利、公平听证原则、平等对待原则等。2008 年 1 月 1 日生效的《国际足联国家争议解决分庭标准规则》详细规定了这些基本程序权利，涉及国家仲裁庭组成的要求、仲裁程序的形式和行为、证据的产生和审查、委员会成员的审议、仲裁庭及其决定的形式和内容等。CAS 在判例中也强调这一例外情况，在 CAS 2014/A/3613 案中[3]，《希腊足球协会章程》第 2（3）（A）（1）条未规定向 CAS 上诉，而是规定"另一个独立、公正的仲裁庭"。据此，《希腊足球协会章程》第 2（3）（A）（1）条所涵盖的争议，只能提交给 CAS 以外的另一个独立公正的仲裁庭。CAS 仲裁庭认为，如果一个国家协会的规则没有规定 CAS 或一个独立、公正仲裁庭的管辖权，就不能默认产生 CAS 管辖权。如果 FIFA 认为国家协会不符合《国际足联章程》，它可以对国家协会采取必要的措施。即使《欧洲足联章程》第 61 条第 1 款明确规定 CAS "普通仲裁庭身份"的管辖权，但是，在没有其他依据的情况下，CAS 不能仅仅根据这一规定确认其上诉管辖权。

在 CAS 2012/A/2983 案中[4]，希腊俱乐部 ARIS 与巴西籍球员在双方的

〔1〕 See CAS 2012/A/2948 Claudio Daniel Borghi Bidos v. Fédération Internationale de Football Association (FIFA), http://jurisprudence. tas-cas. org/Shared%20Documents/2948. pdf.

〔2〕 See CAS 2010/A/2170 Iraklis Thessaloniki FC v. Hellenic Football Federation (HFF) and CAS 2010/A/2171 OFI FC v. Hellenic Football Federation (HFF), http://jurisprudence. tas-cas. org/Shared%20 Documents/2170,%202171. pdf.

〔3〕 See CAS 2014/A/3613 PAOK FC v. Hellenic Football Federation (HFF) & Panathinaikos FC, http://jurisprudence. tas-cas. org/Shared%20Documents/3613. pdf.

〔4〕 See CAS 2012/A/2983 ARIS Football Club v. Márcio Amoroso dos Santos & Fédération Internationale de Football Association (FIFA), http://jurisprudence. tas-cas. org/Shared%20Documents/2983. pdf.

合同中已约定，一旦发生争议，争议由希腊足协财务争议解决委员会（PEEOD）一审解决，并由希腊足协仲裁庭（HFFAC）负责二审。双方因合同违约引发争议后，ARIS 向 PEEOD 提起申诉，PEEOD 作出了决定，但球员没有理会审理结果继续上诉至 HFFAC，最终因被诉人不出席被驳回。球员退役后，向 FIFA DRC 提起申诉，FIFA DRC 作出了部分支持球员申诉的决定。在 CAS 上诉程序中，仲裁庭指出，因 FIFA 在无有效传票以及由此未能在程序过程中提供陈词机会，不能得出"PEEOD 和 HFFAC 没有构成保证公平程序和公正裁决的独立仲裁庭与尊重球员和俱乐部平等代表的原则"的结论，因此 FIFA DRC 无权审理和决定球员对俱乐部提出的申诉，而由 PEEOD 作为初审审理。CAS 判例法进一步指出，国际层面的雇佣关系争议能够由 FIFA DRC 以外的机构审理须满足以下要求：第一，国家没有设立独立仲裁庭；第二，该独立仲裁庭的管辖权源自雇佣合同的明确引用；第三，该独立仲裁庭应保证公平的程序并尊重球员和俱乐部平等代表原则，即符合 FIFA 第 1010 号通知和《国际足联国家争议解决分庭标准规则》的要求，其中国际性是基于当事人的国家身份，而不是争议的国家身份[1]。

2.4 国际职业足球争议 CAS 仲裁管辖权异议及其确认

根据仲裁规则的一般要求，CAS 仲裁程序开始后，申请人或被申请人，如果对 CAS 或仲裁庭、仲裁员的全部或部分管辖权有异议，应及时提出，否则就构成默认或弃权。当事人及时抗辩管辖权的权利，无疑有助于仲裁程序在尊重当事人的意愿和法律规定的基础上进行，也有利于仲裁庭及时确认管辖权，避免当事人浪费无谓的时间、精力和金钱。CAS《体育仲裁条例》第 R39 条和第 R55 条明确规定，当对 CAS 管辖权提出异议时，CAS 办公室或仲裁庭应邀请当事人对 CAS 管辖权提交书面呈词。根据 CAS《体育仲裁条例》的规定和《瑞士联邦国际私法法典》第 190 条第 2 款 b 项的规定，任何反对 CAS 管辖权的情况应在此阶段提出，或者最晚在对案件的实体法律问题抗辩之前，否则，就被看作当事人接受了 CAS 管辖权即被诉人提交案件答辩书意

---

〔1〕　See CAS 2018/A/5659 Al Sharjah Football Club v. Leonardo Lima da Silva & Fédération Internationale de Football Association（FIFA），http://jurisprudence. tas-cas. org/Shared%20Documents/5659. pdf.

味着接受管辖权，且被诉人无权因管辖权对裁决向瑞士联邦高等法院提起上诉。由于管辖权关涉问题是程序性问题，而不是法律关系产生的义务性质，对管辖权的抗辩应在实体抗辩之前提出。CAS 2019/A/6131 案[1]的仲裁庭明确指出：管辖权抗辩必须在实体抗辩之前提出，适用《瑞士民法典》第 2 (1) 条的"诚信"原则。因此，在处理可仲裁事项的仲裁程序中，当事人对争议实体详细陈述实际上是通过结论性行动承认了仲裁庭的管辖权，并最终丧失对仲裁庭提出管辖权异议的权利。也就是说，如果对管辖权存在异议，抗辩书应准确包含对管辖权的异议，而不仅是描述争议事实。针对当事人在程序中提出的管辖权异议，根据自裁管辖权原则，仲裁庭将对争议是否具有管辖权作出初步裁决。根据 CAS 判例法，国际足球仲裁管辖权异议和确认主要涉及仲裁协议、援引仲裁（arbitration by reference）、上诉决定三个方面。

2.4.1 仲裁协议有效性异议及其确认

2.4.1.1 缺乏仲裁协议或仲裁条款

仲裁协议或仲裁条款是 CAS 管辖权的基石，其核心作用就是确立和保障 CAS 仲裁管辖权。缺乏有效的仲裁协议或仲裁条款，将直接导致 CAS 对争议无管辖权。TAS 2002/O/422 案，当时国际足联尚未规定有利于 CAS 的仲裁条款。在 Besiktas 提交上诉状时，《国际足联章程》或《国际足联球员身份与转会规定》没有任何规定赋予 CAS 处理国际足联与其任何成员或任何其他第三方之间争议的管辖权[2]。无论是按照国际足联的规定，还是根据国际足联对 CAS 管辖权的承认，对于国际足联在 2002 年 11 月 11 日之前的决定都不能构成有利于 CAS 的仲裁条款，因此 CAS 对这些争议不具有管辖权。

仲裁协议是当事人同意由仲裁庭根据有关程序规则解决现有或未来争议的协议，因此排除国家法院的管辖权。如果仲裁协议不能确定排除国家法院

---

〔1〕 See CAS 2019/A/6131 Archad Burahee v. Equatorial Guinea Football Federation，http://jurisprudence. tas-cas. org/Shared%20Documents/6131. pdf.

〔2〕 See TAS 2002/O/422 Besiktas/Fédération Internationale de Football Association（FIFA）& SC Freiburg，http://jurisprudence. tas-cas. org/Shared%20Documents/422. pdf.

管辖权，CAS 也不能据此协议获得的管辖权。CAS 2012/A/3007 案[1]，在上诉人提交的材料中，除了合同第 9 条第 3 款和第 12 条第 2 款所规定的"法律选择条款"外，第 9 条第 2 款规定："双方同意，因本雇佣合同产生的任何争议在俄罗斯足球联合会（RFU）和五人制超级联赛（MFAR）法律机构通过调解解决，如果双方未能通过谈判或在 RFU 或 MFAR 法律机构解决争议，应适用俄罗斯联邦法律解决。"仲裁庭通过分析条款内容提出，雇佣合同下的相关规定并未提供足够明确的意图，没有适用功利（utility）或仁爱（benevolence）原则的空间，可以认为双方不想排除国家法院的管辖权，因此，CAS 对此争议不具有管辖权。SFT 在判例中指出，在评估是否达成有效的仲裁协议时，首先必须分析缔约各方是否已达成由仲裁庭解决其争议而排斥法院的共识。如果不能达成这种共识，则必须按照诚信（good faith）原则解释合同[2]。如果已经确定双方同意将争议排除在国家法院之外，双方仅对仲裁程序存在分歧，那么应遵循功利（utility）或仁爱（benevolence）原则以尊重和维持仲裁协议[3]。

此外，如果仲裁协议明确规定选择其他仲裁机构，那么就不能构成向 CAS 上诉的仲裁协议。CAS 2017/A/5065 案，当事双方雇佣合同的第 6.3 条是关于管辖权问题的规定，其中规定："如果官员或教练对马来西亚足协（FAM）身份委员会的结果不满意，官员可以将其案件提交 FAM 上诉委员会，如果决定仍然不令人满意，那么官员和成员必须根据 1952 年《仲裁法》提交仲裁委员会，由双方同意的仲裁员仲裁。仲裁员的决定应是最终的、决定性的，对有关各方都有约束力。[4]"双方明确同意争议提交仲裁委员会，而不是 CAS。如果各当事方明确同意将争议提交国内仲裁机构，那么根据全国联合会的章程或规则引起的 CAS 管辖权问题就没有实际意义。因此，CAS 对此争议不具有管辖权。

----

〔1〕　See CAS 2012/A/3007 Mini FC Sinara v. Sergey Leonidovich Skorovich, http://jurisprudence. tas-cas. org/Shared%20Documents/3007. pdf.

〔2〕　See Swiss International Arbitration Decisions. 4A_627/2011, https://www. swissarbitrationdecisions. com/sites/default/files/8%20mars%202012%204A%20627%202011. pdf.

〔3〕　See Swiss International Arbitration Decisions. 4A_244/2012, https://www. swissarbitrationdecisions. com/sites/default/files/17%20janvier%202013%204A%20244%202012. pdf.

〔4〕　See CAS 2017/A/5065 Jacksen Ferreira Tiago v. Football Association of Penang & Football Association of Malaysia（FAM），http://jurisprudence. tas-cas. org/Shared%20Documents/5065. pdf.

2.4.1.2 瑕疵仲裁条款（pathological clauses）

一项有效的仲裁协议是 CAS 取得仲裁管辖权的依据。一般认为，构成实质有效的仲裁协议应包含对当事人的强制效果、排除国家法院对争议的干预、授权仲裁庭解决当事人之间可能产生的争议，以及规定了能在快速有效的条件下作出仲裁裁决并能得到执行的仲裁程序。当事人所达成的不完善、不能完全满足其有效成立的仲裁协议，也被称为瑕疵仲裁条款。通常认为，瑕疵仲裁条款具备以下特征之一：第一，该条款在管辖权方面含糊不清或模棱两可，或包含相互矛盾的条款；第二，它没有准确地提到将任命当事各方选定的仲裁机构；第三，它在发生争议时没有对当事各方产生程序上的强制性后果；第四，它没有排除国家法院在解决争端方面的干预，或者至少在发出仲裁令之前裁决；第五，没有授予仲裁员解决当事各方之间可能产生的争议；第六，不允许在效率和速度最佳的条件下建立一个便于作出易于执行裁决的程序[1]。在 CAS 实践中，如何根据有瑕疵的仲裁条款确定管辖权？

在 CAS 判例中，一家俱乐部和一个足球代理机构在 2003 年就球员转会达成了协议，该协议包含"本协议的争议主管机构是 FIFA 委员会或 UEFA 委员会"的条款，显然该条款不能满足有效仲裁条款的标准，是有瑕疵的仲裁条款。双方于 2008 年因球员转会的财务后果产生了分歧，向 FIFA 球员身份委员会提起争议解决。FIFA 球员身份委员会（PSC）以当事方是代理机构而非个人为由拒绝了该案的管辖权。2010 年 5 月，该案上诉到 CAS。仲裁庭认为，当事方具有将其争议提交仲裁的共同意图，没有任何迹象表明因 FIFA 拒绝审理争议当事方不会选择仲裁，而是当事方有意提交给位于瑞士的体育仲裁机构，因此，确认了 CAS 对此案具有管辖权[2]。之后，当事方以 CAS 错误地接受管辖权为由将该案的裁决上诉到瑞士联邦高等法院（SFT）。SFT 认为，当事方协议中对 FIFA 和 UEFA 的指定表明，双方希望由一个熟悉足球转会业务的机构来决定他们在转会合同下可能发生的争议。上诉人也承认，如果

---

〔1〕 See Benjamin G. Davis, "Pathological Clauses: Frédéric Eisemann's Still Vital Criteria", *Arbitration International*, Vol. 7, No. 4, 1991, p. 65.

〔2〕 See Swiss International Arbitration Decisions. 4A_246/2011, https://www.swissarbitrationdecisions.com/sites/default/files/7%20novembre%202011%204A%20246%202011.pdf.

FIFA 球员身份委员会接受对本案的管辖权，则可以对其决定向 CAS 提起上诉。基于此，SFT 认为，必须假设双方当事人已经将 2003 年 2 月 19 日的转会协议中可能产生的争议提交给了 CAS。因此，CAS 在决定双方之间转会争议管辖权时并没有违反联邦法律。事实上，为了便于通过 CAS 这类专门仲裁庭有效地解决争议，SFT 审查仲裁协议有效性必须满足的要求是"宽容"的，仅通过提交就达成有效仲裁协议。总体而言，在处理瑕疵条款引起的管辖权问题时，基于有瑕疵的仲裁条款对 CAS 管辖权的确认仲裁庭需要确认，两个方面的问题：第一，双方当事人是否就达成仲裁协议的客观关键点达成了相互同意，包括双方当事人将其争议提交仲裁庭具有约束力的决定的意图和提交给仲裁员的争议对象的特殊性以及根据双方的共同同意认为对缔结仲裁协议至关重要的任何其他问题；第二，如果缔结了有效的协议，是否可以解释为赋予 CAS 管辖权。

2.4.2 援引条款有效性异议及其确认

援引条款（reference clause）又被称为结合条款（incorporation clause）。[1] 一般认为，因合同提及或援引的有关文件是合同的组成部分，双方当事人一致同意的合同内容也即同意该文件所包含的仲裁条款，因而当事人存在仲裁协议，这种援引或提及就是援引条款。在实践中，这种援引条款是否达到有效仲裁协议或条款的标准，是对 CAS 管辖权抗辩的重要理由之一。

2.4.2.1 全局性援引

全局性援引（global reference）是指当事人合同中并未明确包含仲裁条款，通过援引其他包含仲裁条款的文件，从而接受其他文件的约束，其中包含仲裁条款。鉴于国际足球"金字塔"式管理结构，在当事人所属的足球协会或联盟，通常在其章程或规则中援引较高层级的足球联合会的章程或规则，仲裁条款就可能通过这种援引条款的方式存在。如前文所述，SFT 对待体育仲裁协议的有效性是"宽容"的，但是在实践中，确定这种全局性援引的有效性又需要哪些具体的条件呢？援引 FIFA《章程》或其他洲际联合会章程是

---

〔1〕　参见刘晓红：《国际商事仲裁协议的法理与实证研究》，华东政法学院 2004 年博士学位论文。

否能构成有效的全局性援引呢？在 CAS 2011/A/2430 案中，[1]当事人辩称，服务合同援引了 FIFA《章程》，应据此构成 CAS 的管辖权。但是仲裁庭指出，根据 CAS 一致的判例法，FIFA《章程》本身并不构成 CAS 的管辖权，那么就没有理由将提及 FIFA《章程》视为一项具体的仲裁协议。因此，仅仅在整个合同中援引 FIFA《章程》不足以构成 CAS 对争议的管辖权。

在国家层面，如果国家足协没有发布被异议的决定，也不是导致被异议决定的程序的一方，适用的规则中也没有规定国家足协接受 CAS 具有反对其相关决定的管辖权，则不存在约束国家足协的仲裁条款。[2]即使涉及兴奋剂争议，在国家（national）足协章程对反兴奋剂规则的一般性援引（general reference）也不足以构成国家足协接受 CAS 管辖权的理由。这种援引目的在于约束球员遵守《反兴奋剂条例》的规定，但它不能成为国家足协将其非当事方的争议提交仲裁的义务。

综上所述，为使 CAS 拥有审理上诉的管辖权，作出上诉决定足球相关机构的章程或规则必须明确承认 CAS 是仲裁上诉机构。CAS《体育仲裁条例》要求直接援引向 CAS 上诉的体育组织必须在其章程或规则中载明向 CAS 上诉的规定。仲裁庭强调，CAS 并没有综合性管辖权（omnibus jurisdiction），只有在章程或规则中明确规定赋予 CAS 管辖权的情况下，CAS 才有权裁决争议，含糊不清是不够的[3]。SFT 在判决中提出，对于"全局性援引"的分析适用诚实信用（good faith）原则，由于当事人签署了相关的文件，并对此条款没有提出异议，就可以认定达到了仲裁条款的书面形式要求。据此可以合理推断，仲裁协议的签署是当事人真实意思的表达。但是，如果根据诚信原则不能推定当事人是基于自愿签署的仲裁协议，就不能认定此类条款有效。

2.4.2.2 国内（domestic）职业足球争议的管辖权

CAS 是国际体育仲裁的权威机构，主要受理国际性争议，但并没有明确

---

[1] See CAS 2011/A/2430 Football Club Apollonia v. Albanian Football Federation (AFF) & Sulejman Hoxha, http://jurisprudence. tas-cas. org/Shared%20Documents/2430. pdf.

[2] See CAS 2013/A/3147 Khaled Mohammad Sharahili v. Saudi Arabian Football Federation (SAFF), http://jurisprudence. tas-cas. org/Shared%20Documents/3147. pdf.

[3] See CAS 2008/A/1571 Nusaybindemir SC v. Turkish Football Federation (TFF) & Sirnak SC, http://jurisprudence. tas-cas. org/Shared%20Documents/1571. pdf.

规定排斥国内层面争议。根据援引仲裁原则，国内足球争议是否可以获得 CAS 的管辖权？在目前 CAS 发布的足球裁决中，有多个判例关于援引（reference）条款涉及国内足球争议管辖权问题。国家（national）足协能否通过援引获得 CAS 管辖权呢？CAS 2011/A/2472 案被认为是 CAS 对此问题具有里程碑意义的判例。该案的仲裁庭认为，FIFA《章程》中没有任何强制性规定要求全国性联合会或联盟允许对其决定向 CAS 提起上诉，FIFA《章程》第 59 条至 61 条、FIFA 第 827 号通知以及 FIFA 2002 年 12 月 12 日和 2003 年 10 月 19 日新闻稿均不能解释为规定了这种强制性上诉权[1]。仲裁庭进一步指出，如果 FIFA《章程》强制要求国家联合会或联盟规定对其决定的上诉权，那么国家联合会或联盟必须在其章程或规则中对这一权利作出规定，否则也不存在向 CAS 上诉的权利。此外，在任何情况下，对于国家足协是否可以通过仲裁条款赋予 CAS 管辖权，并不完全取决于全国联合会或联盟的意愿，还受到这些机构所在国的法律约束。

这一判例原则在之后的职业足球判例中反复得到确认。在 CAS 2013/A/3199 案中[2]，仲裁庭指出，FIFA 或 UEFA 章程和规则仅规定建议规定 CAS 仲裁，本身并不授权 CAS 对国家联合会或联盟通过的决定提出的上诉的管辖权。因此，在没有提交 CAS 的具体仲裁协议的情况下，CAS 不具有审理西班牙俱乐部和西班牙足协之间争议的管辖权。CAS 2018/A/6052 案的仲裁庭认为，上诉决定不是由国际足联的任何委员会或机构发布的，而是由根据肯尼亚法律设立的国内争端解决机构（SDT）发布的，与国际足联任何委员会或法律机构发布的最终和有约束力的决定不同，《国际足联章程》没有规定国内决定可以直接向 CAS 提起上诉[3]。虽然《国际足联章程》第 58（1）条规定：对国际足联法律机构通过的最终决定和反对联合会、会员协会或联盟通过的决定的上诉，应在收到有关决定后 21 天内提交 CAS。但是，针对 SDT 发布的决定，球员不能直接援引这一规定来确定 CAS 管辖权。《国际足联章程》

---

〔1〕　See CAS 2011/A/2472 Al-Wehda Club v. Saudi Arabian Football Federation（SAFF），http://jurisprudence. tas-cas. org/Shared%20Documents/2472. pdf.

〔2〕　See CAS 2013/A/3199 Rayo Vallecano de Madrid SAD v. Real Federación Española de Fútbol（RFEF），http://jurisprudence. tas-cas. org/Shared%20Documents/3199. pdf.

〔3〕　See CAS 2018/A/6052 Maqbull Abdi Karim v. Gor Mahia Football Club，http://jurisprudence. tas-cas. org/Shared%20Documents/6052. pdf.

第58 (1) 条［原《国际足联章程》第67 (1) 条］本身并不授予国际足联作为国内事务终审的管辖权。《国际足联章程》第58 (1) 条仅在该条款构成国内足联颁布的规则的组成部分的情况下直接适用。肯尼亚足协《章程》第13 (1) (a) 条规定成员必须遵守《国际足联章程》这一事实,但没有赋予这些成员直接援引《国际足联章程》第58 (1) 条的权利,肯尼亚足协《章程》不包含向 CAS 提起上诉的仲裁条款,因此,CAS 对该案没有管辖权。

CAS 也并非完全排斥对国内层面足球争议的管辖权。在一定的条件下,CAS 可受理国内层面足球争议。在 CAS 2011/A/2604 案中[1],职业运动员通过巴西足球联合会 (CBF) 的注册行为,在合同上同意遵守 CBF 规则。根据 CBF《章程》第1条第2款的规定,除其他外,所有运动员必须遵守 FIFA 规则。此外,巴西法律加强了国际体育规则在巴西体育体系中的地位。《贝利法》第1条第1款明确规定,巴西的官方体育实践受国家和国际规则约束,各国家联合会接受各类体育实践规则的约束。《贝利法》第3条第 III 款规定,从事职业体育的运动员,除遵守《贝利法》和国家体育规则外,还应遵守国际体育规则。因此,国际体育规则直接适用于巴西体育,在巴西某个联合会注册的任何运动员都直接受该联合会接受的国际规则的约束,包括其中赋予 CAS 管辖权的条款,正如 FIFA《章程》第61条赋予 FIFA 向 CAS 上诉的权利一样,国内联合会可以上诉至 CAS。因此,对于国内足球争议,除了要求全国性联合会规则明确承认 CAS 管辖权外,还必须有国家法律的支持。

综上所述,《国际足联章程》第63条或第58 (1) 条［原第67 (1) 条］本身并不授予 CAS 作为国内 (domestic) 事务终审法院的管辖权,也没有要求国家联合会的规则赋予 CAS 对国内争议的上诉权[2]。FIFA《章程》第63条和 UEFA《章程》第59条以及各洲际联合会的章程规定的主要目的是确保其足球相关的决定可以上诉到 CAS。但是,FIFA 和 UEFA 等联合会规则仅仅是一项指令,旨在引入一项规定 CAS 仲裁的规定,而不是授予 CAS 对国家联

---

〔1〕 See CAS 2011/A/2604 Fédération Internationale de Football Association (FIFA) v. Confederação Brasileira de Futebol (CBF), Superior Tribunal de Justiça Desportiva do Futebol (STJD) & Tarcisio France da Silva, http://jurisprudence. tas-cas. org/Shared%20Documents/2604. pdf.

〔2〕 See CAS 2013/A/3058 FC Rad v. Nebojša Vignjević, http://jurisprudence. tas-cas. org/Shared%20Documents/3058. pdf.

合会或联盟通过的决定提出上诉的管辖权。为适用于国内事务，需要在国家（national）足协规则中逐字对接每一个具体明确的援引[1]。此外，能否通过一项赋予仲裁庭管辖权的仲裁条款，并不完全取决于国家联合会或联盟的意愿，因为它还受有关机构所在国法律的约束。如果全国联合会或联盟章程或规则明确规定 CAS 管辖权，并且得到其国家法律的支持，那么 CAS 也可受理国内职业足球争议。

2.4.3 国际职业足球上诉决定可仲裁性异议及其确认

根据 CAS《体育仲裁条例》第 S20 条的规定，提交给 CAS 仲裁程序的案件由 CAS 办公室分配给适当的部门，当事人不得对这种分配提出异议，也不将其作为违规原因提出。只有在仲裁程序中情况发生变化，CAS 办公室在经由仲裁庭协商后，才可将程序委托给其他部门[2]。因此，CAS 上诉程序不得转为 CAS 普通程序，且由 CAS 办公室分配。实际上，就国际足球争议而言，FIFA 规则明确规定上诉程序的管辖，欧足联、亚足联、北美和中美洲及加勒比海地区足联、南美洲足联、大洋洲足联明确区分了 CAS 的普通管辖和上诉管辖，那么 CAS 对足球争议的上诉管辖和普通管辖是较为明确的。根据 CAS《体育仲裁条例》第 R47 条的规定，构成 CAS 上诉仲裁程序管辖权应满足三个条件：第一，双方必须同意 CAS 仲裁即同意仲裁；第二，必须有一个联合会、协会或其他有关体育机构的决定即存在决定；第三，在向 CAS 提起上诉之前，必须用尽内部救济措施即用尽内部救济机制。

（1）是否同意（consent）仲裁　根据 CAS《体育仲裁条例》第 R47 条，未经同意不得仲裁，可通过书面形式表示仲裁协议；关于体育有关机构所作决定的争议，如果该机构的章程或规则规定有权向 CAS 提起上诉，则同意仲

---

〔1〕 See CAS 2010/A/2170 Iraklis Thessaloniki FC v. Hellenic Football Federation（HFF）and CAS 2010/A/2171 OFI FC v. Hellenic Football Federation（HFF），http://jurisprudence. tas－cas. org/Shared%20 Documents/2170,%202171. pdf.

〔2〕 See CAS 2013/A/3254 PT Liga Prima Indonesia Sportindo（LPIS），PT Persibo Football Club, Persebaya Football Club, Persema Football Club, PSM Makassar Football Club, Arema Football Club, Persipasi Football Club, Farid Rahman, Tuty Dau, Widodo Santoso, Sihar Sitorus, Bob Hippy, Mawardy Nurdin and Halim Mahfudz v. Fédération Internationale de Football Association（FIFA），Asian Football Confederation（AFC），Football Association of Indonesia（PSSI）and Johar Arfin Husin, http://jurisprudence. tas－cas. org/Shared%20 Documents/3254. pdf.

裁。换言之，对联合会的决定提起上诉而引起的仲裁要求各方同意仲裁。一般来说，在国际足球领域，联合会在其章程或规则中规定，任何争议应通过仲裁解决，球员通过签署各自的声明或仅通过参加联合会组织的比赛接受要约。同意仲裁是指，在俱乐部、国家联合会和国际联合会之间的关系中，等级较低的组织作为成员加入较高的组织，从而接受后者"提议"进行仲裁。确定当事各方是否真正"同意仲裁"，是确认管辖权的重要一环。CAS 2009/A/1947 案中，[1]双方当事人并未订立具体的仲裁协议，加纳足协（GFA）《章程》第 2.6 条规定：GFA 是国际足联成员……因此，它自身有义务遵守国际足联规则，仲裁庭认为，2009 年版 FIFA《章程》第 63 条本身不能通过援引构成有约束力的仲裁条款。只有各国联合会将《国际足联章程》纳入各自的章程中，才能认定 CAS 拥有管辖权。除此之外，仲裁庭指出，当事方还可以上诉材料中表明提交仲裁的观点，通过仲裁庭就管辖权事项的审议，以确认当事方同意仲裁，从而确定管辖权。但在该案中，当事方未就管辖权事项提出任何论点和请求，未能达成当事方同意仲裁。因此，CAS 无权管辖。

（2）是否存在"决定"（decision）　根据 CAS《体育仲裁条例》第 R47 条的规定，构成国际足球争议 CAS 仲裁管辖权的另一条件是存在一个"决定"。FIFA 章程和规则没有对"决定"一词作出定义。根据瑞士联邦高等法院的定义，决定是对个人的一种主权行为，通过具体的行政法关系以强制性和约束性的方式构成或说明法律状况，对当局和接受决定的一方都具有直接的约束力。[2]简言之，决定是一种发给一个或多个确定的接收者的单方面行为，意在产生法律效力。CAS 判例法认为，"决定"是实质性而非形式性的，是一种能够影响法律状况的意愿声明，也即它必须包含一项旨在影响收件人或其他当事方的法律状况的裁决。[3]根据瑞士法律原则和 CAS 判例法，"决定"具有以下特征：第一，书信的形式与确定是否存在一项"决定"无关，

---

〔1〕 See CAS 2009/A/1947 Tema Youth FC v. Ghana Football Association（GFA），http://jurisprudence. tas-cas. org/Shared%20Documents/1947. pdf.

〔2〕 See CAS 2004/A/659 Galatasaray SK v. Fédération Internationale de Football Association（FIFA）& Club Regatas Vasco da Gama & F. J.，http://jurisprudence. tas-cas. org/Shared%20Documents/659. pdf.

〔3〕 See CAS 2005/A/899 FC Aris Thessaloniki v. FIFA & New Panionios N. F. C，http://jurisprudence. tas-cas. org/Shared%20Documents/899. pdf.

以信函的形式作出也不能排除构成可上诉"决定"的可能性[1]。第二，原则上，为使书信成为一项"决定"，该书信须载有一项裁决，据此，作出决定的机构倾向于影响该决定的收件人或其他当事方的法律状况。[2]第三，决定是一种单方面行为，发给一个或多个确定的接收者，意在产生法律效力。第四，体育协会或联合会可上诉的决定通常是该协会向一方发出的通知，其依据是"决意"（animus decidendi），即该协会的一个机构对某事项作出决定的意图。不能满足这些条件的一般通信不能作为构成 CAS 管辖权的"决定"。在 CAS 2005/A/899 案中，[3]仲裁庭认为，本信函没有影响上诉人法律状况的裁定，只包含哪个协会或机构有资格处理上诉人请求的信息，并不影响向上诉主管机构寻求救济的选择，因此不构成可向 CAS 上诉的"决定"。不包含任何"裁定"（ruling）的信息不能被视为"决定"。CAS 可以就请求的可否受理作出裁定，但不涉及请求的是非曲直。

　　一项"决定"的存在并不取决于发布的形式，以信函形式发出的通信也可构成一项可向 CAS 提起上诉的"决定"。被视为一项决定的信函，应载有发给一个或多个收件人并倾向于影响其收件人或其他当事方法律状况的单方面裁定。在 CAS 2009/A/1781 案中，独任仲裁员认为，尽管 FIFA DRC 通知双方的裁决没有涉及裁决理由，但它清楚地显示了 CAS《体育仲裁条例》第 R47 条意义上"裁决"的所有形式和实质特征。在实质层面，它显示了有关球员培训补偿的审议结果，文本内容旨在影响收件人法律身份的单方面行为。在形式上，这封信的标题为"决定"，实由 FIFA DRC 通过，并由 FIFA 副秘书长签署，因此该信函是一个"决定"。

　　（3）是否存在拒绝司法（denial of justice）　CAS《体育仲裁条例》第 R47 条规定要求存在由体育联合会、协会或组织作出的决定，这一概念除了"存在决定"外，还包括"没有决定"。在没有决定的情况下，允许上诉是拒绝形式正义，如果足球管理机构无理由拒绝作出决定或拖延决定致超过合理期限，

---

〔1〕　See CAS 2009/A/1781 FK Siad Most v. Clube Esportivo Bento Gonçalves, http://jurisprudence. tas-cas. org/Shared%20Documents/1781. pdf.

〔2〕　See CAS 2015/A/4213 Khazar Lankaran Football Club v. Fédération Internationale de Football Association（FIFA）, http://jurisprudence. tas-cas. org/Shared%20Documents/4213. pdf, §49.

〔3〕　See CAS 2005/A/899 FC Aris Thessaloniki v. FIFA & New Panionios N. F. C. , http://jurisprudence. tas-cas. org/Shared%20Documents/899. pdf.

则可以对"拒绝司法"（denial of justice）提起上诉。[1] "拒绝司法"原则旨在保护当事人和阻止国际单项体育联合会滥用 CAS 的重审制度和故意违反程序，故意地拖延"决定"作出的时间，同时通过用尽内部救济措施阻止当事方向 CAS 提起上诉。但是，并不是所有没有构成"决定"的通信都构成"拒绝司法"。在 CAS 2008/A/1633 案中，[2] 仲裁庭指出，如果一封信中没有 FIFA 某个机构的任何正式决定，而只是行政部门纯粹信息性的意见，并且不影响 FIFA 任何决策机构今后可能就有关事项或类似事项作出的任何决定，这本身不构成一项可上诉至 CAS 的决定。FIFA 在信件中声明，它不能以俱乐部提交的方式干预俱乐部提交的事项，但如果向其机构适当地提出申请，就为处理该案件敞开了大门。对此，仲裁庭认为，这与最终向 CAS 提起上诉的严格"拒绝司法"不同，这些信件既不是对当事双方法律状况有重大影响的"决定"，也不构成"拒绝司法"。CAS 在判例中进一步指出，构成可向 CAS 上诉的"拒绝司法"，还需要存在"缺乏决定对于俱乐部或接收者的利益造成严重或致命的影响"，以及需要平衡裁决机构调查申诉和发布裁决的权力[3]。因此，本书认为，"拒绝司法"原则旨在防止联合会、协会滥用 CAS 的审查制度和故意违反程序，但是也易引起俱乐部、球员等相关当事方滥用"拒绝司法原则"，以联合会、协会"拒绝司法"为由频繁向 CAS 提起上诉，因此 CAS 在发展的判例中逐渐增加构成"拒绝司法"的条件。

（4）是否穷尽内部救济机制　用尽内部救济机制是一般司法原则。《瑞士民法典》第 75 条要求，协会成员在外部法庭对协会提出异议之前须用尽所有内部救济措施。根据 CAS《体育仲裁条例》第 R47 条，在当事人没有订立具体仲裁协议的情况下，CAS 只有根据适用该案的章程、规则向 CAS 提起上诉的权利，并且上诉人在 CAS 提起上诉之前已用尽内部救济措施的情况下，才能行使管辖权。FIFA《章程》第 58 条第 2 款规定，只有在穷尽内部救济机制

---

〔1〕 See CAS 2015/A/4213 Khazar Lankaran Football Club v. Fédération Internationale de Football Association（FIFA），http://jurisprudence. tas-cas. org/Shared%20Documents/4213. pdf，§ 49.

〔2〕 See CAS 2008/A/1633 FC Schalke 04 v. Confederação Brasileira de Futebol（CBF），http://jurisprudence. tas-cas. org/Shared%20Documents/1633. pdf，§ 31.

〔3〕 See CAS 2017/A/5460 Iván Bolado Palacios v. Fédération Internationale de Football Association（FIFA），Bulgarian Football Union（BFU）& PFC CSKA Sofia, http://jurisprudence. tas-cas. org/Shared%20Documents/5460. pdf.

后，才能诉诸 CAS。这一规定旨在为联合会的内部救济机构提供机会，确保适用于所涉案件的所有相关规则得到充分遵守，补救所指称的违反本条例的行为并阻止向 CAS 提出上诉。换言之，为了获得 CAS 管辖权，不仅需要有一个"决定"，而且这种决定是"最终的"。因此，CAS 审查所提交争议是否穷尽内部救济机制是确定其管辖权的重要内容。

在当事人缺乏具体的仲裁协议的情况下，仲裁庭只能适用该案的章程规则确定向 CAS 提起上诉的权利，并且按照该章程规则，上诉人已穷尽了内部救济机制。在 CAS 2018/A/5782 案中[1]，阿联酋足协（UAE FA）的章程和规则没有规定就其球员身份委员会（PSC）的决定向 CAS 上诉的权利，阿联酋足协的决定为最终决定，不得提出上诉。亚足联章程同样没有规定直接就 PSC 的决定向 CAS 上诉的权利。

用尽内部救济不是形式上的，而应具有实质意义。在 CAS 2014/A/3703 案中[2]，俱乐部要求因 UEFA 所作的决定造成的损害进行赔偿。UEFA 辩称，该索赔不属于提交较低一级机构的争议的一部分，因此尚未用尽内部救济措施，不能提交 CAS。仲裁庭驳回了 UEFA 的异议，认定损害赔偿属于民事纠纷，本身不是纪律性问题，因此不能仅仅为了用尽内部救济措施而要求俱乐部先向联合会提出此类索赔。但是，如果俱乐部向联合会索赔，必然遭到联合会的驳回，进一步确定用尽内部救济措施的义务只涉及有效的而不是虚幻的救济措施，也不是形式上的措施。在 CAS 2008/A/1699 案中，[3] 苏丹足协高等上诉委员会将事项发回组委会，表面上看，争议提交苏丹足协后似乎还没有用尽内部救济措施。仲裁庭认为，将该事项交给组委会的目的是执行决定，且组委会无权审查或修改具有最终约束力的决定，因此上诉人将争议提交 CAS 之前已用尽内部救济措施。

综上所述，穷尽内部救济机制是 CAS 受理反对足球联合会决定的前提条件，但穷尽内部机制应是实质上的而不是形式上的。

---

〔1〕　See CAS 2018/A/5782 DNN Sports Management LDA v. Baniyas Football Sports Club Company, http://jurisprudence. tas-cas. org/Shared%20Documents/5782. pdf.

〔2〕　See CAS 2014/A/3703 Legia Warszawa SA v. Union des Associations Européennes de Football (UEFA), http://jurisprudence. tas-cas. org/Shared%20Documents/3703. pdf.

〔3〕　See CAS 2008/A/1699 Nile Sports Club (Hasaheisa) Sudan v. Sudanese Football Association (Appeals High Committee) & Al-Hilal Sports Club, http://jurisprudence. tas-cas. org/Shared%20Documents/1699. pdf.

2.5 对中国职业足球体育仲裁管辖权的分析与启示

1995 年《体育法》第 33 条规定了竞技体育纠纷由体育仲裁解决，然而多年来国内体育仲裁制度的"缺席"导致许多体育纠纷救济无门，成为我国体育法治之殇。2022 年 6 月 24 日，第十三届全国人民代表大会常务委员会第三十五次会议通过了新修订的《体育法》，其中增设了"体育仲裁"章节，明确规定国家建立体育仲裁制度。2023 年 2 月 11 日，根据新修订的《体育法》，中国体育仲裁委员会在北京设立，正式拉开了我国体育仲裁制度建设的序幕。就体育仲裁的管辖权依据而言，根据新修订的《体育法》第 92 条的规定，当事人申请体育仲裁的依据包括仲裁协议、体育组织章程、体育赛事规则等。就体育仲裁管辖范围来说，新修订的《体育法》第 92 条规定的受案范围包括：（一）对体育社会组织、运动员管理单位、体育赛事活动组织者按照兴奋剂管理或者其他管理规定作出的取消参赛资格、取消比赛成绩、禁赛等处理决定不服发生的纠纷；（二）因运动员注册、交流发生的纠纷；（三）在竞技体育活动中发生的其他纠纷。《中华人民共和国仲裁法》规定的可仲裁纠纷和《中华人民共和国劳动争议调解仲裁法》规定的劳动争议，不属于体育仲裁范围。各界对于第 92 条最后的排除条款产生了争议，尤其是关于具有劳动性质的球员合同是受劳动仲裁管辖还是体育仲裁管辖成为争论的焦点。本书认为，球员合同不仅具有劳动性质，还有体育行业特殊性，将球员合同争议提交体育仲裁更符合足球纠纷解决的专业性、行业性要求。

在新《体育法》实施之前，我国足球纠纷主要是通过足球协会仲裁委员会（于 2023 年 10 月 16 日改为纠纷解决委员会）解决，且其决定为最终裁决。2023 年中国足球协会《关于调整〈中国足球协会仲裁委员会工作规则〉部分条款的通知》规定：将《中国足球协会仲裁委员会工作规则》第 4 条"仲裁委员会处理纠纷案件实行一裁终局制度"改为"中国足球协会管辖范围内发生的相关纠纷，可以依法向中国体育仲裁委员会申请仲裁。"自此，为职业足球纠纷通过体育仲裁解决建立了通道。值得注意的是，目前中国体育仲裁委员会对足球纠纷的管辖权依据主要来自前述通知，尚未在中国足协的章程和规则中建立体育仲裁条款，有待进一步修订章程和规则并作出明确规定。具体而言，应根据足球争议的实际情况设定相应的范围和规定，如《中国足球协会章程》第 14 条规定："承认并接受本会仲裁委员会和国际足联争议解决机构对行业内纠纷的管辖权。"应增加承认中国体育仲裁委员会的管辖权。此外，鉴于反兴奋剂争议的特殊性，应对足球反兴奋剂争议的管辖权作出单独规定。

本章小结

历经多年发展，CAS 在管辖权方面取得了全面扩展和强化。不仅所有奥运会国际单项联合会和一些非奥运会国际单项联合会接受了 CAS 的管辖，CAS《体育仲裁条例》也在不断演进中加强了 CAS 的管辖权。国际职业足球争议 CAS 管辖权具有 CAS 管辖权的一般特性，同时依托国际职业足球规则和组织体系具有自身特点。在管辖权基础方面，国际足球组织章程和规则规定构成了 CAS 对国际职业足球争议管辖权的特殊仲裁条款。在仲裁庭审查的权限方面，虽然根据 CAS《体育仲裁条例》，CAS 有权全面审查案件的事实和法律，但对国际职业足球争议的审查也存在一定的限制，尤其是纪律性争议，只有在处罚与规则的违反严重不相称时，CAS 才能重审或修改决定，否则仅限于程序性审查。国际足球规则和 CAS 判例法已形成了尊重"赛场规则"、尊重行业自治、尊重独立正式仲裁机构裁决的一般原则。在管辖权异议的确认方面，CAS 判例法形成了对仲裁协议和援引条款有效性的确认标准，对上诉仲裁需要确认是否同意仲裁、是否存在"决定"、是否拒绝司法以及是否穷尽内部救济机制。

对于 CAS 仲裁可能的中国当事方来说，为更好地维护自身权益，首先应按照 CAS 上诉仲裁期限、形式等各项要求申请仲裁；其次按照 CAS 仲裁协议的形式和实质要求起草协议；最后为论点的抗辩提供充分的论据。就国内职业足球争议而言，根据新修订的《体育法》建立的体育仲裁委员会，为其提供了救济通道。中国足球协会已采用通知的形式接受了中国体育仲裁委员会对其争议的管辖权，还需参考国际做法调整有关章程和规则，进一步形成行业内部机制与体育仲裁机制的有效衔接。体育仲裁委员会也应参考 CAS 的做法结合国内的实际情况完善程序规则和开展体育仲裁实践。

国际体育仲裁院职业
足球争议仲裁法律适用

国际职业足球争议 CAS 仲裁的法律适用是仲裁庭在裁决争议时的核心问题。它不仅涉及当事双方订立的仲裁协议的有效性，还涉及仲裁程序的公正性、合法性以及当事双方的实质性权利义务和仲裁裁决的可执行性。[1]国际职业足球 CAS 仲裁的法律适用除了具有仲裁法律适用的一般特性外，还具有自身的特殊性，这种特殊性不仅来源于 CAS《体育仲裁条例》的规定，还来自国际足球规则的规定。根据 CAS《体育仲裁条例》的规定，CAS 仲裁的法律适用主要包括仲裁程序的法律适用、普通程序的实体法律适用和上诉程序的实体法律适用，本章将按照此三个方面探讨国际职业足球 CAS 仲裁的法律适用问题。

3.1 国际职业足球争议 CAS 仲裁程序的法律适用

3.1.1 CAS 仲裁规则

CAS《体育仲裁条例》第 R27 条至第 R70 条规定了仲裁程序规则，其中第 R27 条规定：双方当事人一致同意将体育争议提交 CAS 时，方适用本程序规则。这些援引可能是由合同、规则中的仲裁条款或订立的仲裁协议提交至 CAS（普通仲裁程序），还可能是由于联盟、协会、体育机构的章程、规则规定或对决定不服的具体协议（上诉仲裁程序）。此类争议可能涉及与体育有关的原则问题或与体育运动的实践或发展有关的金钱利益或其他利益，一般而

---

〔1〕 参见黄进、陈卫佐：《国际商事仲裁的法律适用》，载《法学评论》1993 年第 4 期。

言可包括与体育有关的任何活动或事项。第 R27 条的法律适用条款包含对规则的具体说明，阐述了对于提交到 CAS 仲裁程序的情况。该条款包含两个仲裁适用的法律适用：其一是在 CAS 普通仲裁程序中，CAS 规则的适用需要在合同条款或当事人的规则中插入仲裁条款或达成仲裁协议；其二是在上诉程序中，有条款支持反对体育联合会的决定上诉到 CAS。

3.1.2 CAS 普通仲裁程序和上诉仲裁程序的区分

CAS《体育仲裁条例》第 R27 条规定了两种类型的仲裁程序即普通程序和上诉程序。1994 年第一版 CAS《体育仲裁条例》的普通程序保留了争议的纯商业性，而上诉程序专门针对纪律性质的案件。但是，体育争议比较复杂，尤其是当争议既不是纯商业性也不是纯纪律性，这种以争议类型区分普通程序和上诉程序还是存在一些问题。如在 ΓAS 98/199 案[1]，仲裁庭指出，基于标准或个案分析评估争议类型是一种权力，但如果争议性质存在争议，则应由 CAS 在个案中确定争议是体育性质还是商业性质。在混合性质的争议中，必须根据所涉争议的影响等因素来评估纠纷的主导性质。2004 年版 CAS《体育仲裁条例》规定，分配到普通仲裁分院和上诉仲裁分院的案件是基于程序类型而不是争议性质，由 CAS 办公室根据行政性质决定适用普通程序还是上诉程序以及相应的程序规则。也就是说，原则上，程序的选择不受当事人观点左右，行政办公室也不会对此说明理由，也没有针对这种行政决定的上诉。但是，如果双方当事人达成共识特别要求 CAS 把他们的争议提交到其他分庭也是可能的。CAS 办公室可根据 CAS《体育仲裁条例》第 S20 条第 2 段，在程序中根据情况变化把案件分配到其他分庭。重新分配是基于咨询 CAS 仲裁庭的意见，在不影响仲裁庭的构成或者程序的有效性以及决定或秩序的情况下进行。2019 年修订版 CAS《体育仲裁条例》强调上诉程序适用于"由国际联合会或体育机构作出的纪律性决定提出的上诉，不适用于对因经济性纠纷而实施制裁的有关决定提出上诉"，对普通程序和上诉程序的争议分配似乎又回到最初的按照争议类型分配的模式。

如前文所述，按诉因可将争议分为 6 种类型，就其性质而言，CAS 主要

---

〔1〕 See ΓAS 98/199 Real Madrid / Union des Associations Européennes de Football（UEFA），http://jurisprudence.tas-cas.org/Shared%20Documents/199.pdf.

受理两种类型的争议：第一类是商业性质的纠纷，主要涉及与合同执行有关的纠纷，如与赞助、出售电视转播权、举办体育赛事、球员转会以及球员或教练与俱乐部和/或代理人之间的关系（雇佣合同和代理合同）相关的纠纷。与民事责任问题相关的纠纷也属于这一范畴如体育竞赛期间运动员发生意外事件的纠纷，这一类争议通常是通过普通程序解决；第二类争议是纪律性质的纠纷，其中包括兴奋剂相关案件，由一些单项联合会内部机构处理再上诉至 CAS 或由 CAS 反兴奋剂仲裁庭初审，还有其他各类纪律性案件，如赛场上的暴力、裁判员的权力滥用等，这类纪律性案件通常最先由体育组织进行处理，随后才会向 CAS 进行上诉进行终审。[1]

对于国际职业足球而言，由于 FIFA 和各洲际足球联合会章程对 CAS 普通程序和上诉程序作了明确的区分规定。例如，UEFA《章程》第 61 条规定，CAS 普通仲裁庭享有专属管辖权的争议主要包括：a）欧足联与其协会、联盟、俱乐部、球员或官员之间的争议；b）协会、联盟、俱乐部、球员、或官员之间的欧洲范围内的争议；c）不属于欧足联的职权范围内的争议。第 62 条规定了由 UEFA 作出的决定只能上诉至 CAS。虽然 FIFA《章程》没有明确规定 CAS 普通程序或上诉程序受理争议，但根据 FIFA《章程》必须穷尽内部救济机制的规定，且 FIFA 的"司法机构"包含上诉委员会、纪律委员会和道德委员会，[2]这些机构作为一审程序受理了绝大部分与 FIFA 有关的争议，而 CAS 是作为上诉机构受理 FIFA 相关争议。事实上，根据 CAS 发布的统计数据显示：自 1986 年至 2020 年，CAS 受理普通程序案件 1253 个，受理上诉案件 6281 个[3]。在 CAS 公布的 1145 个足球判例中，仅 15 个为普通仲裁程序，1130 个为上诉仲裁程序，1 个为咨询程序（该程序在 2012 年被废除）。

3.1.3 仲裁程序法和仲裁规则的适用

3.1.3.1 仲裁程序法的适用

仲裁地法理论认为，当事人通过缔结具有法律作用的协议来创设法律管

---

〔1〕 See History of the CAS, http://www.tas-cas.org/en/general-information/history-of-the-cas.html.

〔2〕 See JUDICIAK BODIES, https://www.fifa.com/who-we-are/committees/.

〔3〕 See CAS STATISTICS, https://www.tas-as.org/fileadmin/user_upload/CAS_statistics_2020_.pdf.

理和义务。这种法律权利和义务并不能存在于真空之中，它必须存在于适宜处理诸如合同的效力、适用和解释，且能用以补充其明示规定的某一法律体系中。这一理论依据的是司法权理论即国家具有控制和管理发生在其管辖权领域内的所有仲裁的权力。换言之，仲裁庭根据当事人间的有效仲裁协议受理争议并作出有约束力的裁决，取决于特定国法律的授权和认可。因此，仲裁地国法与仲裁程序具有不可分割的联系，仲裁程序应受仲裁地国法约束，仲裁地是决定仲裁程序法适用的决定性连结因素[1]。

适用仲裁地国法在国际仲裁实践中也得到了广泛承认，并得到了 1923 年《日内瓦仲裁条款议定书》和 1958 年《纽约公约》采纳。1989 年瑞士 PILA 第 176 条第 1 款规定：本章条款适用于仲裁地位于瑞士且至少一方当事人没有住所或居住在瑞士的仲裁。根据 CAS《体育仲裁条例》第 R28 条的规定，CAS 的仲裁地为瑞士，且不论是在瑞士进行听证和裁决，还是在瑞士以外的其他地方进行听证和裁决，都属于瑞士裁决。由于 CAS 仲裁可能涉及完全与仲裁地国无关的争议，那么在这种情况下，也要适用仲裁地法吗？在 2000 年澳大利亚新南威尔士上诉法院的拉格兹（Raguz）案中，拉格兹认为，仲裁程序是在悉尼举行，那么澳大利亚法院可以根据澳大利亚《商事仲裁法》对该仲裁进行审查。新南威尔士法院认为，根据 CAS《体育仲裁条例》，该案由 CAS 悉尼分院仲裁裁决，应视为 CAS 总部瑞士作出，应适用瑞士法律而不是澳大利亚法律，最终确认了适用仲裁地法原则[2]。换言之，即使是在奥运会上由 CAS 临时特别仲裁庭进行的仲裁，其仲裁地也为瑞士。这一原则也在 CAS《奥运会临时仲裁庭仲裁规则》中得到确认，该规则第 7 条规定，无论特设分院和各仲裁庭在奥林匹克运动会举办地或任何其他地方，仲裁地始终为瑞士洛桑，受瑞士 PILA 第 12 章管辖[3]。因此，不论 CAS 的听证或裁决是在 CAS 悉尼或纽约分部、纽约分部，还是在 CAS 的上海、阿布扎比、吉隆坡、开罗听证中心及各大赛事临时特别仲裁庭均为瑞士仲裁。

CAS 位于瑞士，根据瑞士法，位于瑞士的仲裁机构无论其裁决是在瑞士还是瑞士之外的地方作出都受瑞士仲裁法管辖。因此，CAS 仲裁的程序法就

---

〔1〕　参见朱克鹏：《国际商事仲裁的法律适用》，法律出版社 1999 年版，第 84-85 页。

〔2〕　参见郭树理：《CAS 体育仲裁若干问题探讨》，载《比较法研究》2004 年第 5 期。

〔3〕　See Court of Arbitration for Sport: Arbitration Rules for the Olympic Games, https://www.tas-cas.org/fileadmin/user_upload/CAS_Arbitration_Rules_Olympic_Games_July2021.pdf.

是瑞士法，也即 CAS《体育仲裁条例》第 R27 条所规定的程序规则应基于瑞士法律。根据瑞士 PILA 第 176 条第 1 款规定：本章条款适用于仲裁地位于瑞士且至少一方当事人没有住所或居住在瑞士的仲裁。国际性案件受瑞士 PILA 管辖。如果双方当事人为瑞士籍或都居住在瑞士，则适用《瑞士联邦民事诉讼法》（CCP）第 351-397 条。在 CAS 2011/O/2574 案中，[1] 锡永俱乐部（FC Sion）是位于瑞士的一家俱乐部，UEFA 是根据瑞士法成立的位于瑞士尼翁的一个协会，因此为国内仲裁，受 CCP 第 353 条管辖，如果在当事双方都同意的情况下，也可以适用瑞士 PILA。

仲裁程序法固定为瑞士法，显然背离了仲裁领域公认的当事人意思自治原则。但由于国际体育运动的国际性，争议当事方可能来自基于不同法律的任何一个国家，尤其是临时仲裁庭具有极大的流动性，仲裁地固定为瑞士，对于 CAS 仲裁具有多方面的优势：第一，使国际体育仲裁具有统一的程序机制，程序上的一致性，有助于提高程序的可预测性；第二，固定的法律框架是法律安全的一个要素；第三，无论国籍、住所或相关体育联合会的所在地是哪里，或争议的发生地在哪里，这有利于保证当事人之间平等的程序性待遇；[2] 第四，仲裁地固定为瑞士，也是 CAS 仲裁效率的保障[3]。

仲裁地法还决定了 CAS 仲裁必须遵守所在国的公共政策和其他国家的强制性法律。基于法学基本理论，如果一国颁布的法律应在其境内效力，那么各国仲裁法适用于在各该国进行的仲裁。由于仲裁地国法赋予该国仲裁的法律效力，一些国家的强制性立法禁止将涉及本国社会公共秩序的事项提交仲裁解决，如某些劳动争议、证券交易、知识产权等。对国际体育仲裁来说，必须遵守瑞士公共政策和其他国家强制性法律，这在职业足球争议的 CAS 仲裁实践中应验了这一理论。在 CAS 2009/A/1956 案的裁决中[4]，仲裁庭认为，当案件首先适用 FIFA 规则，辅以适用瑞士法，除了仲裁地法的强制性规

---

〔1〕 See CAS 2011/O/2574 Union des Associations Européennes de Football（UEFA）v. FC Sion/Olympique des Alpes SA, http://jurisprudence. tas-cas. org/Shared%20Documents/2574. pdf.

〔2〕 Despina Mavromati, Matthieu Reeb, *The Code of the Court of Arbitration for Sport: Commentary, Cases and Materials*, Wolters Kluwer Law & Business, 2015, p. 74.

〔3〕 See Laurence Boisson de Chazournes, Ségolène Couturier, "CAS procedures and their efficiency", *CAS Bulletin*, Vol. 2, 2019, pp. 7-17.

〔4〕 See CAS 2009/A/1956 Club Tofta Itróttarfelag, B68 v. R. , http://jurisprudence. tas-cas. org/Shared%20Documents/1956. pdf.

则，已经没有适用其他国家法律的空间了。在 CAS 2008/A/1485 案裁决中〔1〕，仲裁庭指出，为了适用欧盟法规定的主张，必须证明欧盟法相关条款是根据仲裁地法即瑞士法具有的强制性。此外，在任何情况下，赋予仲裁庭适用法律的自由都受到公共政策的限制。

综上所述，国际职业足球争议 CAS 仲裁程序规则受仲裁地法管辖即瑞士法管辖。其中，国际争议主要受瑞士 PILA 管辖，国内争议主要受瑞士 PILA 管辖。

3.1.3.2 仲裁规则的适用

依当事人意思自治原则决定适用的程序规则，是普遍认可的原则。各国仲裁法一般都承认当事人有权选择适当的程序规则。瑞士 PILA 第 182 条第 1 款规定：将争议提交至仲裁机构的当事人可以选择程序规则。但是，对于 CAS 仲裁来说，当事人却不能选择程序规则。当仲裁协议选择 CAS 仲裁将导致自动适用 CAS《体育仲裁条例》的程序规则。在实践中，当事人基于 CAS《体育仲裁条例》第 27 条选择了 CAS，也就意味着接受 CAS 全面审查（full review）〔2〕。因此，体育联合会在其章程中插入支持 CAS 的仲裁条款或当事人签订选择 CAS 的仲裁协议，就表示选定了 CAS 程序规则。

就国际职业足球争议而言，CAS 程序规则还受各足球联合会规则的限制。如 2019 年版 FIFA《章程》第 57 条第 2 款明确规定，仲裁程序适用 CAS《体育仲裁条例》的规定，没有任何适用当事人选择的空间。UEFA《章程》第 63 条第 2 款规定：CAS 仲裁程序应根据 CAS《体育仲裁条例》进行。其他洲际足球联合会章程也有类似的规定，如非洲足联（CAF）《章程》第 48 条第 2 款、北美和中美洲及加勒比海地区足球联合会（CONCACAF）《章程》第 53 条第 4 款以及大洋洲足球联合会（OFC）章程第 45 条第 3 款等。在程序规则适用版本方面，一般来说，有必要适用在所涉事实发生时生效的法律、条例或规则。瑞士法律也确立了禁止追溯适用法律的规定〔3〕。

---

〔1〕　See CAS 2008/A/1485 FC Midtjylland A/S v. Fédération Internationale de Football Association（FIFA），http://jurisprudence. tas-cas. org/Shared%20Documents/1485. pdf.

〔2〕　See CAS 2007/A/1273 Trabzonspor SK v. Fédération Internationale de Football Association（FIFA）& Sporting Clube de Portugal, http://jurisprudence. tas-cas. org/Shared%20Documents/1273. pdf.

〔3〕　See M. Arroyo ed. , *Arbitration in Switzerland：The Practitioner's Guide*, Wolters Kluwer, 2013, p. 1039.

3.2 国际职业足球争议 CAS 普通仲裁实体法适用

仲裁适用的实体法是确定争议双方当事人权利义务、判定争议是非曲直的主要法律依据，对争议的最终裁决结果具有决定性意义[1]。根据 CAS《体育仲裁条例》第 S20 条规定，CAS 设置了普通程序和上诉程序，自 2019 年又新增了反兴奋剂程序，还有临时特别仲裁程序。不同仲裁程序的实体法适用存在差异，本书仅探讨国际职业足球争议主要救济程序的法律适用即普通程序和上诉程序的实体法适用。

CAS《体育仲裁条例》第 R45 条为普通程序实体法适用的规定，其中规定：仲裁庭应当根据双方当事人选择的法律规则裁定争议，如无选择则适用瑞士法律。双方当事人可授权仲裁庭以公平善意原则裁定。根据该款规定，普通仲裁程序的实体法律适用包括三个层面：首先，支持当事人的法律选择；其次，在缺乏法律选择的情况下，仲裁庭将根据瑞士法决定争议；最后，仲裁庭根据双方当事人的授权按照公平善意（ex aequo et bono）的原则处理争议，这是基于瑞士 PILA 第 187 条第 2 款，基于当事人授权这样做的假设。

3.2.1 当事人选择仲裁实体法

3.2.1.1 当事人意思自治原则

依照当事人意思自治原则选择仲裁适用的实体法是国际社会普遍接受的原则[2]。CAS《体育仲裁条例》第 45 条所规定的"仲裁庭首先适用当事人选择的法律"，符合一般原则，也符合瑞士 PILA 第 187 条第 1 款所规定的"仲裁庭应根据当事各方选择的法律作出裁决"。

在国际职业足球 CAS 普通程序仲裁实践中，当事各方就实体法律适用达成一致时，CAS 首先尊重当事人的意愿。如 CAS 2006/O/1055 案的仲裁庭

---

〔1〕 See CAS 2002/O/410 The Gibraltar Football Association（GFA）/Union des Associations Européennes de Football（UEFA），http://jurisprudence.tas-cas.org/Shared%20Documents/410.pdf.

〔2〕 参见朱克鹏：《国际商事仲裁的法律适用》，法律出版社 1999 年版，第 122 页。

认为[1]，根据 CAS《体育仲裁条例》第 R45 条的规定，按照双方合同的第 8 款规定的"双方选择法律适用瑞士法律，以及在争议执行时适用 UEFA 和 FIFA 规则"仲裁庭确认争议适用瑞士法律、UEFA 和 FIFA 规则。在 TAS 2007/O/1310 案中[2]，双方在 2005 年 11 月 30 日的合同中明确规定："本合同受法国法律管辖。"因此，根据 CAS《体育仲裁条例》的规定，仲裁庭确定适用法国法律解决争议。

在双方当事人就法律适用存在分歧时，仲裁庭倾向于选择适用瑞士法律。CAS 2010/O/2132 案中[3]，协议的第 1 条第 2 款规定："本协议是一种特殊形式的劳动协议，受乌克兰法律管辖，在符合乌克兰法律的范围内，受 FIFA《国际足联球员身份与转会规定》（RSTP，2005 年版）和瑞士法律的约束。"上诉人提出，根据本协议第 1 条第 2 款，在与乌克兰法律、FIFA RSTP 和瑞士法律兼容的范围内争议适用乌克兰法律，且乌克兰法律与瑞士法律在本程序中讨论的事项并无冲突，因此应适用乌克兰法律。被诉人则认为，尽管本协议第 1 条 2 款规定可以适用乌克兰法律，但争议具有国际性，应适用 FIFA 规则，辅以适用瑞士法律。仲裁庭认为，由于本争议所涉及的事项在乌克兰法律、FIFA 规则和瑞士法律的规定都不冲突，且球员对申诉人提议表示异议并提倡适用 FIFA 规则和瑞士法律，因此应根据 FIFA 规则和瑞士法律解决本争议。在 CAS 2017/O/5264，5265 & 5266 案中[4]，上诉人提出，应根据 FIFA 规则、北、中美洲和加勒比足球联合会（CONCACAF）和美国足球联合会（USSF）以及瑞士法律解决争议。FIFA 则认为，应适用 FIFA 规则，辅以适用瑞士法律，但反对适用《瑞士卡特尔法》。CONCACAF 反对适用瑞士法，认为争议应按照 CONCACAF、FIFA 和 USSF 规则进行裁定，如果需要外部指导，

---

[1]　See CAS 2006/O/1055 Del Bosque, Grande, Miñano Espín & Jiménez v. Beşiktaş, http://jurisprudence. tas-cas. org/Shared%20Documents/1055. pdf.

[2]　See TAS 2007/O/1310 Bruno Heiderscheid c. Franck Ribéry, http://jurisprudence. tas-cas. org/Shared%20Documents/1310. pdf.

[3]　See CAS 2010/O/2132 Shakhtar Donetsk v. Ilson Pereira Dias Junior, http://jurisprudence. tas-cas. org/Shared%20Documents/2132. pdf.

[4]　See CAS 2017/O/5264, 5265 & 5266 Miami FC & Kingston Stockade FC v. Fédération Internationale de Football Association (FIFA), Confederation of North, Central America and Caribbean Association Football (CONCACAF) & United States Soccer Federation (USSF), http://jurisprudence. tas-cas. org/Shared%20Documents/5264,%205265,%205266. pdf.

则应遵循美国法律或巴哈马法律。最终仲裁庭认为，根据 CAS《体育仲裁条例》第 R45 条和 FIFA《章程》第 57 条第 2 款，争议首先适用 FIFA 规则，辅以适用瑞士法律。

综上所述，CAS 普通程序尊重当事人意思自治，优先适用当事人选择的法律，符合国际仲裁的一般要求，也增强了裁决结果的稳定性和可预见性。但在当事人的法律选择不一致时，仲裁庭仍倾向于适用国际足球规则，辅以适用瑞士法律。

3.2.1.2 当事人选择法津的方式

不同于仲裁协议，法律适用的选择不受任何形式要求的约束。[1]当事人的法律选择可以是明示的即双方当事人就法律选择问题进行直接的、明确的约定，也可以是默示的，特别是当事方服从仲裁规则时，仲裁规则本身就载有指定适用法律的规定。

（1）明示的法律选择　明确地排除一个具体的法律或规则并不能构成有效和选择法律的表达，当事人应说明意愿，选择法律应当根据争议实体事件表述清晰，如当事人在合同条款里规定了具体的法律。ΓAS 2007/O/1310 案，[2]当事方的合同明确规定了"本合同受法国法律管辖"。因此，仲裁程序受 CAS《体育仲裁条例》约束，争议实体则受法国法律管辖。在 CAS 2006/O/1055 案中，[3]根据合同第 8 条，双方选择的法律规则为"瑞士法律和在发生任何可能争议时所涉及的 UEFA 规则和 FIFA 规则"，因此仲裁庭适用瑞士法律和 UEFA 和 FIFA 规则。总之，仲裁庭在普通程序的实体法律适用时，首先尊重当事人明示的法律选择。

（2）默示的法律选择　在当事人未作明示法律选择时，仲裁庭应根据案件的具体情况，查明或推定当事人默示法律选择的意图，并适用当事人默示选择的法律判定争议，这一推定方法源于"选择了法院即选择了法律"（qui

---

〔1〕　See CAS 2006/A/1024 FC Metallurg Donetsk v. Leo Lerinc, http://jurisprudence. tas-cas. org/Shared%20Documents/1024. pdf.

〔2〕　See ΓAS 2007/O/1310 Bruno Heiderscheid c. Franck Ribéry, http://jurisprudence. tas-cas. org/Shared%20Documents/1310. pdf.

〔3〕　See CAS 2006/O/1055 Del Bosque, Grande, Miñano Espín & Jiménez v. Beşiktaş, http://jurisprudence. tas-cas. org/Shared%20Documents/1055. pdf.

indicem forum elegitius)〔1〕。CAS 2003/O/527 案,〔2〕双方当事人并没有就任何其他特定法律的适用达成一致意见,仅在程序中提及 FIFA 规则。仲裁庭认为,这是一种默示的法律选择,应首要适用 FIFA 规则,补充适用瑞士法律。在 ΓAS 2003/O/530 案中,〔3〕虽然当事人没有明确的法律选择,但是各方都直接或间接地接受了 FIFA 章程。因此,仲裁庭认为,案件应适用 FIFA 章程和规则。此外,合同的当事人通常可以通过所有案件的元素推断为默认选择法律,如当事人住所、争议的标的、合同语言以及其他与具体国家相关联的因素。在 CAS 2017/O/5025 案中〔4〕,国际美式足球联合会(IFAF)是根据法国法律建立的国际联合会,双方当事人在其相关问题中只提及法国法律,且根据《国际美式足球联合会章程》第 13 条规定"法国法律应适用于所有争议事项……",仲裁庭确认,法国法律是管辖本争议的法律,并适用当时生效的2014 年版的《国际美式足球联合会章程》。

3.2.1.3 当事人选择法律规则的范围

根据 CAS《体育仲裁条例》第 R45 条规定,适用当事人选择的法律规则(rule of law)。"法律规则"意味着当事人法律适用的选择是广泛的,不限于选择一个具体的国家法,可以自由选择非国家规则如一般法律原则和体育联合会发布的各种体育规则、体育法原则(Lex Sportiva)等。事实上,这与瑞士 PILA 第 187 条第 1 款所规定的"法律规则"一脉相承。瑞士学者认为,瑞士 PILA 关于"法律规则"的规定意味着允许适用国内法律的同时还应允许适用跨国规则、贸易惯例、商事习惯规则以及具有补充或修正性质的跨国公共秩序规则。〔5〕总之,CAS 仲裁普通程序,允许当事人享有广泛的法律选择的

---

〔1〕 参见李双元主编:《市场经济与当代国际私法趋同化问题研究》,武汉大学出版社 1994 年版,第 480 页。

〔2〕 See CAS 2003/O/527 Hamburger Sport-Verein e. V. v. Odense Boldklub, http://jurisprudence. tas-cas. org/Shared%20Documents/527. pdf.

〔3〕 See ΓAS 2003/O/530 AJ Auxerre c. FC Valence & S, http://jurisprudence. tas-cas. org/Shared% 20Documents/530. pdf.

〔4〕 See CAS 2017/O/5025 International Federation of American Football, USA Football, Football Canada, Japanese American Football Association, Panamanian Federation of American Football & Richard MacLean v. Tommy Wiking, http://jurisprudence. tas-cas. org/Shared%20Documents/5025. pdf.

〔5〕 See M Blessing, "The New International Arbitration Law in Switzerland: A Significant Step Touards Liberalism", *Journal of International Arbitration*, Vol. 5, No. 2, 1988, pp. 9-88.

自由。

（1）各国法律　职业足球争议涉及的任何实体问题都可以基于相应的国家法律，那么在争议发生时，解决争议的实体也可以适用相应的国家法律。在上述 CAS 2017/O/5025 案中，根据 IFAF 的规定：法国法律应适用于所有争议事项……，仲裁庭确认了适用法国法。CAS 2007/O/1310 案，[1]2005 年 11 月 30 日的调解合同第 10 条规定："本合同受法国法律管辖。"因此，仲裁庭认为，如果仲裁程序受 CAS《体育仲裁条例》约束，则该争议必须根据法国法律解决。

（2）各类足球组织规则　通常来说，不管涉及 CAS 普通仲裁程序，还是上诉仲裁程序，国际职业足球争议都会与相应的足球组织规则存在联系，其法律适用也必然涉及相关足球组织规则。CAS 2005/O/985 案，[2]根据转会协议第 9 条规定：本协会应根据 FIFA《国际足联球员身份与转会规定》进行解释……仲裁确认本争议适用 FIFA《国际足联球员身份与转会规定》。

（3）一般法律原则　一般法律原则是一个抽象、模糊的概念，学界至今没有统一的解释。《国际法院规约》第 38 条第 1 款规定：一般法律原则为文明各国所承认，是国际法院裁判应依据的主要法律渊源之一。米歇尔·维拉利（1986）认为，一般法律原则通常是判案遇到困难的法官的"救生圈"。这些原则都是笼统的大框架，使人们能把他们适用于不同的案情。当法官需要时，很容易找到一条解决问题的一般原则，也可以援引来适用各种不同的情况[3]。仲裁庭在适用一般法律原则时，既可将其定性为国际法原则，也可将其定性为一个独立的概念。Hanessian（1989）指出，仲裁庭适用的"一般法律原则"是作为一个独立于任何国内法的自治规范体系发挥作用的[4]。McLaren（2001）认为，一般法律原则具有模糊性，这种模糊性有利于将体育联合会、协会的章程规则存在的不规范、不完善转变为法律解释和"造法"，

---

[1]　See CAS 2007/O/1310 Bruno Heiderscheid c. Franck Ribéry, http://jurisprudence. tas-cas. org/Shared%20Documents/1310. pdf.

[2]　See CAS 2005/O/985 Feyenoord Rotterdam N. V. v. Cruzeiro Esporte Club, http://jurisprudence. tas-cas. org/Shared%20Documents/985. pdf.

[3]　参见 [法] 米歇尔·维拉利：《国际商事法——第三种法律秩序的理论探讨》，李泽锐译，载《环球法律评论》1986 年第 6 期。

[4]　See Hanessian, "'General Principles of Law' in the Iran-U. S Claims Tribunal", *Columbia Jouranl of Transnational Law*, Vol. 27, No. 2, 1989, pp. 270-309.

也体现了仲裁庭的自由裁量权〔1〕。正是由于体育组织的章程规则存在文本不完善、前后逻辑不一致等问题，使得仲裁庭不得不依赖一般法律原则，从而推动体育法的统一化和全球化。

就国际职业足球争议而言，CAS 判例法认为，尽管 FIFA 是一个私权利机构，但 FIFA 作为体育最高管理机构所拥有的特殊权力伴随着特殊的责任，它必须尊重法律的一般原则，特别是那些对立法者和公共行政部门具有普遍约束力的原则〔2〕。CAS 在判例中解释道：由于体育竞赛的跨国性，各国体育界都会受到国际联合会的行为和行动的影响。所有体育机构，特别是所有国际联合会，必须遵守一般法律原则〔3〕。因此，国际职业足球争议 CAS 仲裁适用的一般法律原则，是指国际联合会应遵守的实质性和程序性规则，不能仅限于其自身的章程和规则以及联合会成立地或总部所在国的法律，还应适用有约必守原则、诚实信用原则、程序公正原则、法不溯及既往原则、相称性原则以及在通过体育法律实践形成的 "Lex Sportiva" 等。

（1）有约必守原则（principle of pacta sunt servanda）　有约必守是一切协定法的基础规则。缔结协议的各当事方都应当执行协议，有效的协议对各当事方皆有约束力。国际职业足球尤其强调有约必守原则。FIFA《国际足联球员身份与转会规定》第 17 条的目的就在于加强合同的稳定性，即通过反对单方面合同违约的威慑作用，加强国际足球领域遵守 "有约必守原则"。〔4〕CAS 2014/A/3858 北京国安俱乐部案的仲裁庭指出，有约必守原则是足球制度的基础，它为合同关系的稳定提供了法律基础。如果雇佣合同各方都能轻易地摆脱其承担的义务，那么合同的稳定性将受到严重的危害，进而危害到整个足球制度〔5〕。

---

〔1〕　See Richard H. McLaren, "The Court of Arbitration for Sport: An Independent Arena for the World's Sports Disputes", *Valparaiso University Law Review*, Vol. 35, No. 2, 2001, pp. 379-405.

〔2〕　See CAS 2014/A/3776 Gibraltar Football Association (GFA) v. Fédération Internationale de Football Association (FIFA), http://jurisprudence. tas-cas. org/Shared%20Documents/3776. pdf.

〔3〕　See CAS 98/200 AEK Athens and SK Slavia Prague / Union of European Football Associations (UEFA), http://jurisprudence. tas-cas. org/Shared%20Documents/200. pdf.

〔4〕　See CAS 2018/A/6029 Akhisar Belediye Gençlik ve Spor Kulübü Derneği v. Marvin Renato Emnes, http://jurisprudence. tas-cas. org/Shared%20Documents/6029. pdf.

〔5〕　See CAS 2014/A/3858 Beijing Guoan FC v. Fédération Internationale de Football Association (FIFA) André Luiz Barreto Silva Lima & Club Esporte Clube vitória, http://jurisprudence. tas-cas. org/Shared%20Documents/3858. pdf.

（2）诚实信用原则（principle of good faith）　诚实信用原则是指所有人都应当以忠诚、坦率的方式来行事，这是一种义务。诚实信用原则是瑞士法定的原则，在职业足球争议 CAS 仲裁判例中应用广泛，不仅适用于合同解释，还适用于合同违约问题。CAS 判例法认为，根据《瑞士债法典》第 18 条，对合同条款进行解释的目的是确定双方在订立合同时的真正共同意图。在无法证明事实上的协商一致意见的情况下，缔约方的声明必须根据"诚实信用"原则加以解释，解释时应考虑措辞、上下文以及所有情况，使其能够而且应当得到理解[1]。针对职业足球的违约问题，《瑞士债法典》第 337 条规定："用人单位和劳动者有正当理由可以随时解除劳动关系，解除劳动关系立即生效，一方当应当按照对方当事人的要求说明理由，特别是善意事由是指发出通知的一方在'诚实信用'原则下继续雇佣关系不合理的任何情况。"[2]CAS 2014/A/3706 案的仲裁庭指出[3]，根据诚实信用原则的规定，如果一方当事人明确表示愿意依赖已签署的合同履行其义务，那么另一当事方可以合理地期望对方当事人诚实信用地行事，并尽最大努力履行该合同。俱乐部一系列无视球员要求的行为，显然不诚实。

（3）程序公正原则（principle of fair procedure）　程序公平是指裁判过程的公平和法律程序的正义。程序公平是普遍接受的法律原则，适用于 CAS 仲裁。根据 CAS 判例，程序公正原则肯定是国际联合会必须遵守的体育法不成文原则之一。体育机构与受其管辖的机构之间关系的程序公正，尤其在比赛资格和准入方面，是体育法最重要的原则。

（4）法不溯及既往原则（principle of non-retroactivity）　法不溯及既往是一项基本的法治原则，系指法律文件的规定仅适用于法律文件生效以后的事件和行为，对于法律文件生效以前的事件和行为不适用[4]。法不溯及既往原则认为：第一，关于什么构成应受处罚的违反规则行为以及由此可施加何种处罚的任何决定，必须根据据称应受处罚行为发生时的有效法律来确定；第

---

〔1〕　See CAS 2016/A/4858 Delfino Pescara 1936 v. Envigado CF, http://jurisprudence. tas-cas. org/Shared%20Documents/4858. pdf.

〔2〕　See CAS 2017/A/5182 Akhisar Belediye Gençlik ve Spor Kulübü Dernegi v. Ivan Sesar, http://jurisprudence. tas-cas. org/Shared%20Documents/5182. pdf.

〔3〕　See CAS 2014/A/3706 Christophe Grondin v. Al-Faisaly Football Club, http://jurisprudence. tas-cas. org/Shared%20Documents/3706. pdf.

〔4〕　参见曹康泰主编：《中华人民共和国立法法释义》，中国法制出版社 2000 年版，第 203 页。

二，新的规章制度对生效前发生的事实不具有追溯效力；第三，任何程序规则一经生效即立即适用，并管辖任何后续的程序行为，即使是在与事先发生的事实有关的程序中；第四，诉讼时生效的任何新的实质性规则不适用于在该规则发布之前发生的行为，除非从轻（lex minor）原则规定有必要[1]。作为既定惯例，FIFA 避免在非纪律环境中追溯适用其实质性规定，如在与球员身份和转会有关的事项上。此外，FIFA DRC 和 FIFA 球员身份委员会（PSC）的决定一贯适用不追溯原则，不允许追溯适用实质性规则。CAS 2006/A/1181案的仲裁庭认为：首先，禁止发布具有追溯效力的规则是一种一般法律原则的表达，这种原则不局限于国家立法；其次，FIFA 作为一个垄断性的联合体，正在行使类似国家立法者的颁布法规的自主权[2]。总体上的原则是，任何在最新规定生效前提交至 FIFA 的案件，应根据先前的规定进行审查。这一原则在 FIFA 规则中也有明确的表述，如 RSTP 第 26 条第 1 款规定，在本规则生效前已提交 FIFA 的所有案件应根据先前的规则进行评估。《球员身份委员会和争议解决委员会程序规则》第 21 条第 2 款规定，这些规则适用于生效之后提交 FIFA 的程序。

（5）相称性原则（principle of proportionality）　相称性原则指一项处罚必须与罪行相适应，且该处罚是处罚机构为达到所追求的目标所必需的。一般认为，相称性原则包含适当性原则、必要性原则和狭义的比例原则。相称性原则是指导体育协会对其管辖的人实施纪律处罚的基本原则[3]。根据瑞士法律，协会特别是体育协会，有权通过对其直接或间接成员具有约束力的行为规则，以及在遵守一般法律原则的前提下，对不遵守这些规则的成员实施纪律处罚。CAS 判例法要求在职业足球纪律处罚争议中，仲裁庭必须审查处罚是否与违反成比例。如果处罚明显和严重不成比例，仲裁庭可撤销处罚[4]。此外，尊重合同自由决不能损害根据相称性原则重新分配当事人权利的原则。

---

[1]　See CAS 2017/A/5086 Mong Joon Chung v. Fédération Internationale de Football Association（FIFA），http://jurisprudence. tas-cas. org/Shared%20Documents/5086. pdf.

[2]　See CAS 2006/A/1181 FC Metz v. FC Ferencvarosi, http://jurisprudence. tas-cas. org/Shared%20Documents/1181. pdf.

[3]　See TAS 2018/A/5501 Christian Constantin & Olympique des Alpes SA（OLA）c. Swiss Football League（SFL），http://jurisprudence. tas-cas. org/Shared%20Documents/5501. pdf.

[4]　See CAS 2019/A/6345 Club Raja Casablanca v. Fédération Internationale de Football Association（FIFA），http://jurisprudence. tas-cas. org/Shared%20Documents/6345. pdf.

（6）体育法原则（Lex Sportiva）　体育法（Lex Sportiva）被认为是体育领域内自成一类（sui generis）的特殊规则[1]，学界至今没有统一的概念，但大部分研究认为，通过 CAS 判例形成的特殊规则是 Lex Sportiva 的重要组成部分。CAS 明确不遵循先例（stare decisis）[2]，但是 Lex Sportiva 在很多职业足球 CAS 判例中明确适用。CAS 98/200 案的裁决指出[3]，多年来体育法得到了发展和巩固，特别是通过仲裁解决争端，这是一套不成文的法律原则，即一种体育商业法，或者国家和国际体育联合会必须遵守的体育规则法（lex ludica），无论这些原则是否存在于其自身的规则或任何适用的国家法律中，但不得与适用于特定案件的任何国家"公共政策"规定相冲突。CAS 2011/A/2462 案的仲裁庭认为[4]，在相关情况下，根据 Lex Sportiva 原则并辅以适用瑞士法律来解决争议是适当的。CAS 2011/A/2360 & 2392 案的仲裁庭指出[5]，根据 CAS《体育仲裁条例》第 R58 条，仲裁庭有权适用瑞士法律和它认为适当的任何其他法律规则，特别是体育法的一般惯例（Lex Sportiva）。

总之，根据 CAS《体育仲裁条例》第 R45 条，当事人选择的"法律规则"的范围是宽泛的，不仅包括国家法律规定，还包括足球组织章程规则以及一般法律原则。

3.2.2 缺乏当事人法律选择的法律适用

3.2.2.1 瑞士法律的适用

根据 CAS《体育仲裁条例》第 R45 条规定，在缺乏法律选择的前提下，CAS 仲裁庭将决定适用瑞士法。在 CAS 实践中，仲裁庭首先根据当事人是否明

---

〔1〕参见［英］米歇尔·贝洛夫等：《体育法》，郭树理译，武汉大学出版社 2008 年版，第 4 页。

〔2〕See Despina Mavromati, Matthieu Reeb, *The Code of the Court of Arbitration for Sport: Commentary, Cases and Materials*, Wolters Kluwer Law & Business, 2015.

〔3〕See CAS 98/200 AEK Athens and SK Slavia Prague/Union of European Football Associations (UEFA), http://jurisprudence.tas-cas.org/Shared%20Documents/200.pdf.

〔4〕See CAS 2011/A/2462 FC Obolon Kyiv v. FC Kryvbas Kryvyi Rig, http://jurisprudence.tas-cas.org/Shared%20Documents/2462.pdf.

〔5〕See CAS 2011/A/2360 & 2392 English Chess Federation & Georgian Chess Federation v. Fédération International des Echecs (FIDE), http://jurisprudence.tas-cas.org/Shared%20Documents/2360,%202392.pdf.

示或默示争议的法律选择，如果没有，则适用瑞士法律。CAS 98/200 案的裁决认为[1]，即使双方未就其适用达成有效协议，根据 CAS《体育仲裁条例》第 R45 条和 UEFA《章程》第 59 条的规定，在各方面均受瑞士法律管辖，争议适用瑞士法律是确定的。此外，鉴于在瑞士开庭的仲裁庭有义务根据瑞士 PILA 第 18 条考虑任何有关任何强制性规则，因此，瑞士竞争法的适用也是确定的。CAS 2003/O/486 案[2]，当事双方没有就适用其他特定的法律达成一致意见，也没有具体说明瑞士法可以适用于案情，只考虑参照 FIFA 的规定。因此，仲裁庭认为，首先适用 FIFA 规则，辅以适用瑞士法律。CAS 2003/O/527 案裁决对法律适用的表述为：双方仅提及 FIFA 规则，没有同意适用任何其他特定法律。因此，首要适用 FIFA 规则，辅以适用瑞士法律[3]。

在当事方法律选择意见不一致时，适用瑞士法律。在 CAS 2017/O/5264，5265 & 5266 案中[4]，申请人认为，应适用 FIFA、北、中美洲和加勒比足球联合会（CONCACAF）和美国足球联合会（USSF）章程和规则以及瑞士法律。第一被诉方反对瑞士卡特尔法的适用。第二被诉人认为，应完全按照 CONCACAF、FIFA、和 USSF 的章程和规则处理争议，如果需要外部指导，还应遵循美国法律和巴哈马法律。然而，仲裁庭认为，USSF 在其提交的材料中没有任何适用法律的具体内容，那么，这些意见依赖瑞士法律解释。因此，仲裁庭认为，根据 CAS《体育仲裁条例》第 R45 条的规定，争议适用 FIFA 章程和规则，辅以适用瑞士法律。总体来看，在缺乏当事人选择或当事人选择不一致的前提下，瑞士法几乎是自动适用。

3.2.2.2 最紧密联系原则的适用

最密切联系原则通常被看作是符合当事人合法权益的期望，是瑞士法律

---

〔1〕　See CAS 98/200 AEK Athens and SK Slavia Prague / Union of European Football Associations (UEFA), http://jurisprudence.tas-cas.org/Shared%20Documents/200.pdf.

〔2〕　See CAS 2003/O/486 Fulham FC/Olympique Lyonnais, http://jurisprudence.tas-cas.org/Shared%20Documents/486.pdf.

〔3〕　See CAS 2003/O/527 Hamburger Sport-Verein e.V. v. Odense Boldklub, http://jurisprudence.tas-cas.org/Shared%20Documents/527.pdf.

〔4〕　See CAS 2017/O/5264, 5265 & 5266 Miami FC & Kingston Stockade FC v. Fédération Internationale de Football Association (FIFA), Confederation of North, Central America and Caribbean Association Football (CONCACAF) & United States Soccer Federation (USSF), http://jurisprudence.tas-cas.org/Shared%20Documents/5264,%205265,%205266.pdf.

规定的原则。根据瑞士 PILA 第 187 条第 1 款的规定："仲裁庭应适用当事人选择的法律，在当事人没有选择的情况下，适用跟争议最紧密联系的法律。" CAS 仲裁的瑞士法律适用，促进了国际司法解决问题和难题，有利于确保 CAS 仲裁的一致性和连贯性。但是，瑞士法几乎自动适用，显然不符合第 187 条的最紧密联系原则，剥夺了最密切联系原则适用的空间。[1]如果当事人的雇佣合同受另一法律管辖，在当事人没有选择法律情况下，根据 CAS《体育仲裁条例》第 R45 条适用瑞士法律解决争议，似乎不合理，也不符合国际私法始终如一地寻求将一种情况提交与之关系最密切的法律的原则。这也受到了学界的诟病和批评。CAS 在晚近的实践中适用了最紧密联系原则[2]，如 CAS 2017/O/5025 案，仲裁庭根据最紧密联系原则，适用了法国法律和《国际美式足球联合会章程》[3]。

3.2.3 适用公平善意原则

CAS《体育仲裁条例》第 R45 条规定了适用公平善意（ex aequo et bono）原则，但在公布的国际足球仲裁普通程序的裁决中，虽有在一些上诉程序中提及适用公平善意原则，但尚无适用公平善意原则的判例。以下对公平善意原则适用的分析主要来自职业足球上诉程序和篮球争议的比较。

3.2.3.1 公平善意原则

依公平善意（ex aequo et bono）原则解决国际争议最早见于 1907 年《关于和平解决国际争端的日内瓦公约》，后被广泛适用于国际商事争议[4]。授权仲裁员依公平善意作出裁决，意味着仲裁员解除了严格适用法律规则解决争议的责任。对当事人来说，授权仲裁庭友好仲裁，意味着他们愿意接受并

---

〔1〕 See Ulrich Haas, "Applicable law in football-related disputes: The relationship between the CAS Code, the FIFA Statutes and the agreement of the parties on the application of national law", *CAS Bulletin*, Vol. 2, 2015, pp. 7-17.

〔2〕 Corina Louise Haemmerle, "Choice of law in the court of arbitration for sport: overview, critical analysis and potential improvements", *The International Sports Law Journal*, Vol. 13, 2013, pp. 299-328.

〔3〕 See CAS 2017/O/5025 International Federation of American Football, USA Football, Football Canada, Japanese American Football Association, Panamanian Federation of American Football & Richard MacLean v. Tommy Wiking, http://jurisprudence.tas-cas.org/Shared%20Documents/5025.pdf.

〔4〕 参见朱克鹏：《国际商事仲裁的法律适用》，法律出版社 1999 年版，第 194-197 页。

非排他地适用实体规则解决争议的后果。授权仲裁员基于公平善意裁决，无疑赋予了仲裁员广泛的自由裁量权。根据 CAS《体育仲裁条例》第 R45 条规定，仲裁庭可依据公平善意原则来获得当事人的授权。这一规定类似于瑞士 PILA 第 187 条第 2 款"当事人可以授权仲裁庭以公平善意的方式作出裁决"。人们普遍认为，仲裁员根据公平善意原则作出裁决，而不考虑法律规则，接受"一项完全基于衡平法作出决定的授权，但事实上他/她必须坚持案件的具体情况，而不是适用一般和抽象的规则"。[1]

3.2.3.2 适用公平善意原则的条件

根据 CAS《体育仲裁条例》第 R45 条的规定，当事人"授权"是适用公平善意原则的前提，也即强调当事人双方授权是仲裁规则决定适用"公平善意原则"的重要条件，其他仲裁规则适用公平善意原则通常也会规定这一条件。国际商会（ICC）规则的第 21 条第 3 款规定："只有当当事人同意授权时，仲裁庭才有权充当友好调停或按照公平善意原则决定。"《瑞士仲裁规则》（SRIA）第 33 条规定："它可能决定'（……）只有当事人明示授权仲裁机构才能按照公平原则'"。

在 CAS 实践中，普通仲裁程序按公平善意原则处理并不常见。当事人根据 CAS《体育仲裁条例》第 R45 条授权仲裁庭按公平善意原则处理案件时，仲裁庭只受法律约束且只考虑当案按其所认为的公平和公正处理。在具体的案件中考虑公平和公正，仲裁庭应考虑一般法律原则，如有约必守原则（pacta sunt servanda）和善意原则（bona fides）。

在国际篮球争议的上诉案件中，适用公平善意的情况比较常见。一方面是由于国际篮球仲裁机构（BAT）规则第 15.1 条规定："除非双方另有约定，仲裁员应在不参考任何特定国内法或国际法的情况下，运用公正和公平的，以公平善意原则对争议作出裁决。"另一方面，在篮球的仲裁条款中插入"仲裁员和 CAS 在处理上诉时应以公平善意原则裁决争议"。在国际篮球争议 ΓAS 2016/A/4851 案中，该合同第 12 条规定仲裁员和 CAS 上诉程序应在公平善意原则的基础上裁定争议，因此，仲裁庭适用"公平善意原

---

[1] See CAS 2009/A/1921 Non-Profit Partnership Women Basketball Club "Spartak" St. Petersburg v. Tigran Petrosean, http://jurisprudence.tas-cas.org/Shared%20Documents/1921.pdf.

则"〔1〕。CAS《体育仲裁条例》第 R45 条不同于第 R58 条的规定,前者认为仲裁庭适用规则是必要的,且需要给这样的决定说明理由,而后者更为突出阐明争议的紧密联系而不是争议"公平善意原则"的表达,以便于仲裁员在实践中选择争议所适用的法律。这些条款的区别主要是由于上诉程序通常是运动员反对联合会,且运动员在规则面前平等,对于运动员或俱乐部反对联合会的争议就不适合平等原则,这些更多的是纪律性案件。因此,在当事人之间的合同或体育联合会的规则中插入授权条款决定争议"公平善意原则",在普通程序中非必要,而在上诉程序中则是必要的。在新疆广汇篮球俱乐部上诉程序中,〔2〕独任仲裁员根据协议第 2 段载有"仲裁员和上诉仲裁庭应按照公平善意原则裁决争议"的规定,以及在听证会上双方都确认按照公平善意原则裁定,根据瑞士 PILA 第 187 条第 2 款规定的当事人可以授权仲裁庭按照"公平善意原则"裁决,确认该案适用"公平善意原则"。

在国际职业足球争议中,因缺乏仲裁协议或规则规定,尚无案件适用"公平善意原则"。在 CAS 2014/A/3836 案中〔3〕,尽管双方当事人已授权独任仲裁员根据"公平善意原则"作出裁决,但后者认为,CAS《体育仲裁条例》第 R58 条没有授权仲裁庭根据"公平善意原则"作出裁决的规定,因而拒绝适用该原则。CAS 2015/A/4346 案,仲裁庭驳回了上诉人按照"公平善意原则"作出裁决的请求,并指出,这一规则是根据 CAS《体育仲裁条例》第 R45 条确立的,仅适用于普通仲裁,不适用于上诉仲裁〔4〕。

综上所述,对于国际足球争议 CAS 仲裁程序,适用公平善意原则的条件包括:第一,双方当事人的授权;第二,双方的协议中插入"授权适用公平善意原则"的条款,这两个条件缺一不可。事实上,国际足球争议也缺少适用"公平善意原则"的传统,如果 FIFA 和其他国际足球组织没有通过规则确认对这一原则的适用,也很难在 CAS 仲裁实践中适用这一原则。

---

〔1〕 See ΓAS 2016/A/4851 Club Ittihad Riadi de Tanger de Basket-ball c. Danilo Mitrovic, http://jurisprudence. tas-cas. org/Shared%20Documents/4851. pdf.

〔2〕 See CAS 2013/A/3126 Xinjiang Guanghui Basketball Club Ltd. v. C. , http://jurisprudence. tas-cas. org/Shared%20Documents/3126. pdf.

〔3〕 See CAS 2014/A/3836 Admir Aganovic v. Cvijan Milosevic, http://jurisprudence. tas-cas. org/Shared%20Documents/3836. pdf.

〔4〕 See CAS 2015/A/4346 Gaziantepspor Kulübü Derneği v. Darvydas Sernas, http://jurisprudence. tas-cas. org/Shared%20Documents/4346. pdf.

3.3 国际职业足球争议 CAS 上诉仲裁实体法适用

国际足球联合会、协会或其他足球组织的章程规则都载有向 CAS 提起上诉的规定，且根据 CAS《体育仲裁条例》的规定，除当事人另有约定的情况外，上诉程序通常是公开披露的。因此，CAS 发布的职业足球判例中，以上诉程序居多，在 CAS 当前发布的 1181 个足球判例中有 1140 个是上诉程序。根据 CAS《体育仲裁条例》第 R47 条的规定，CAS 上诉程序的争议满足以下三个条件：第一，反对体育联合会、协会或体育相关机构的决定；第二，相关体育组织的章程、规则规定或当事人缔结了仲裁协议；第三，根据体育组织章程或规则穷尽了内部救济机制。在法律适用方面，CAS《体育仲裁条例》第 R58 条规定："仲裁庭应按照可适用的体育规则，辅以适用当事人所选择的法律裁决纠纷。如当事人无选择，则应适用作出被上诉决定的联盟、协会或体育组织所在地国的法律，或者根据仲裁庭认为合适的法律规则裁定纠纷，后者，仲裁庭应当说明裁定理由。"这一规定阐述了上诉程序的实体法律适用的层级：第一，适用体育规则；第二，适用当事人选择的法律和规则；第三，被诉决定的联合会、协会或体育组织所在地国法律；第四，仲裁庭认为合适的法律。

3.3.1 上诉程序法律适用的规则演进

自 CAS《体育仲裁条例》颁布实施以来，第 R58 条经历了多次修改。1999年修订版 CAS《体育仲裁条例》第 R58 条增加了"决定受到异议的机构所在地法"，这一规定致使体育联盟、协会或体育相关机构所在地的国家法可能适用。上诉程序主要处理的是对"决定的异议"，在缺乏当事人法律适用选择协议的情况下，与上诉程序有着紧密的联系的是体育机构发布决定所在地的国家法律，因此这样的考虑是必要的。2003 年版 CAS《体育仲裁条例》在第 R58 条插入"仲裁庭适用认为合适的法律规则"，其目的在于遵守瑞士 PILA 的一般规则。2010 年修订版《体育仲裁条例》增加了条款的标题"to the merits"，目的在于明确表示第 58 条是关于实体法的适用而不是程序法。2013 年版 CAS《体育仲裁条例》第 R58 条增加了"subsidiarily"一词，进一步表明上诉程序的实体法优先适用体育规则。晚近版本的 CAS《体育仲裁条例》赋予了 CAS 仲裁庭更多的灵活性，也使仲裁庭拥有选择认为合适的法律规则的权力，只要仲裁庭对这样的选择作出理由说明。根据 2020 年版 CAS《体育仲裁条例》第 R58 条的规定，国际足球争议上诉程序的实体法适用包括：国际足球规则、当事人选择的法律或规则、足球组织所在地国家的法律、仲裁庭认为合适的法律。

3.3.2 国际足球规则的首要适用

3.3.2.1 CAS 程序规则的规定

一般来说，仲裁机构的规则不希望限制当事人的自主权，但是 CAS 上诉仲裁程序的情况并非如此。根据 CAS《体育仲裁条例》第 R58 条的规定，不论双方同意选择了什么法律，只要希望争议由 CAS 裁决，则优先"适用规则"。这里的"适用规则"是指作出初审决定并在上诉仲裁程序中受到异议的体育组织的规则。CAS 在判例中解释道，在体育领域，强调当事人能够对超越特定国家法律的追诉权具有重要意义，这种灵活性符合体育组织的特定需求。在职业足球领域，作为各方选择的法律规则，国际足球规则的适用确实满足了确定世界足球规则的合理性、安全性和可预见性的需要。[1]国际足球具有超越国界的性质，因此在国际层面拥有统一和一致的足球规则，其不仅是积极的，还是不可或缺的。只有参与国际足球活动的每一个人适用同样的规则和条件，才能保证足球竞赛的完整性和机会平等[2]。上诉程序涉及体育组织的决定，优先适用规则具有合理性。国际职业足球上诉争议优先适用国际足球规则，正如 CAS 2014/A/3626 案裁决的表述[3]，由于上诉针对的是 FIFA 发布的决定，因此根据 CAS《体育仲裁条例》第 R58 条的"适用规则"应优先适用 FIFA 规则。

---

〔1〕 See CAS 2006/A/1123 Al-Gharafa Sports Club v. Paulo Cesar Wanchope Watson & CAS 2006/A/1124 Paulo Cesar Wanchope Watson v. Al-Gharafa Sports Club, http://jurisprudence.tas-cas.org/Shared%20Documents/1123,%201124.pdf.

〔2〕 See CAS 2014/A/3626 Carmelo Enrique Valencia Chaverra v. Ulsan Hyundai Football Club, http://jurisprudence.tas-cas.org/Shared%20Documents/3626.pdf.

〔3〕 See CAS 2014/A/3626 Carmelo Enrique Valencia Chaverra v. Ulsan Hyundai Football Club, http://jurisprudence.tas-cas.org/Shared%20Documents/3626.pdf.

3.3.2.2 国际足球组织章程与规则

除了 CAS《体育仲裁条例》第 R58 条所规定的优先"适用规则"外，这一理念在国际足球组织规则中的也得到了很好的应用和体现，如 FIFA 章程第 62 条第 2 款规定："……将在程序中适用 CAS《体育仲裁条例》的规定。CAS 仲裁庭首先应适用各种 FIFA 规则，其次是瑞士法。"非洲足联（CAF）《章程》第 48 条第 2 款规定：仲裁程序按照 CAS《体育仲裁条例》进行仲裁。在争议的实体方面，CAS 应适用 CAF 和 FIFA 的各项规定，或国家协会、会员、联盟和俱乐部的各项规定，最后辅以适用瑞士法律。这些规定不仅确认了对于提交到 CAS 的程序适用 CAS《体育仲裁条例》第 R58 条关于程序规则的适用，且定义了实体法的适用，首先是各种 FIFA 规则，以及辅助适用瑞士法。

3.3.3 当事人选择的法律和规则

根据 CAS《体育仲裁条例》第 R58 条的规定，适用规则留下的空白部分将由当事人选择的法律和规则来补充。

3.3.3.1 对当事人意思自治的限制

（1）CAS《体育仲裁条例》第 R58 条的限制　一般来说，仲裁机构的规则不希望任何限制当事人的自主权，但在 CAS 上诉程序中，情况并非如此。不同于其他仲裁机构的规定，CAS《体育仲裁条例》第 R58 条具有强制性，旨在限制当事人的意思自治。换言之，当事人的意思自治只存在于 CAS《体育仲裁条例》规定的范围内，只要当事人将争议提交 CAS 处理，那么他们只能在 CAS《体育仲裁条例》允许的法律框架内减损其意愿。在 CAS 2008/A/1518 案裁决中[1]，仲裁庭指出，如果将争议提交 CAS 的当事人是 FIFA 或其附属机构，并且他们在提交仲裁规则时默许选择了法律，则当事人受 FIFA 规则约束。因此，仲裁庭应适用 FIFA 规则和瑞士法。事实上，不管各方当事人的意愿如何，对于国际足球争议的上诉程序都是优先考虑"适用足球规则"。对此，CAS 判例法认为，将针对国际体育组织的决定的上诉集中于 CAS 的目

---

[1] See CAS 2008/A/1518 Ionikos FC v. L. , http://jurisprudence. tas-cas. org/Shared%20Documents/1518. pdf.

的，不仅是希望确保所有直接或间接成员受同样的规则约束，而且同等地适用这些规则，而只有对核心问题采用统一标准才能确保这一点。这正是 CAS《体育仲裁条例》第 R58 条所致力于确保的，正如 CAS 2017/A/5111 案裁决中的表述[1]，第 R58 条规定首要适用作出决定的体育组织（即争议的主体）的章程和规则，当事人选择的法律规则只是辅助适用，那么即使改变被上诉决定所依据的法律根据，也具有充分理由。因此，CAS《体育仲裁条例》第 R58 条下的"适用规则"优先于任何其他法律选择条款，也是对当事人法律规则的限制。

（2）国际足球组织章程与规则的限制　除了 CAS《体育仲裁条例》第 R58 条对上诉程序的当事人意思自治的限制，国际足球组织章程和规则的规定也对足球争议的当事人意思自治具有一定限制作用。如 FIFA《章程》第 66 条第 1 款规定："CAS 应首要适用 FIFA 的各项规定，其次适用瑞士法律。"据此，所有反对 FIFA 裁决机构的上诉应适用 FIFA 规则以及瑞士法律。CAS 在判例中解释道：国际足球是一种全球现象，需要全球统一的标准。只有对参加有组织的（organised）每个人都适用同样的条款和条件，才能保证足球竞赛的完整性和机会平等。此外，各当事方具有受 FIFA《章程》第 66 条约束的"能力"（capacity），是因为各当事方都直接或间接地隶属于 FIFA，他们不仅受各自国家协会的章程和规则约束，作为 FIFA 的成员，有遵守 FIFA 章程和规则的义务。

国际足球组织在其章程和规则中规定了特定的行业标准，如 FIFA RSTP 就是关于球员身份和球员参加有组织足球的资格以及他们在属于不同协会的俱乐部之间转会的全球性、有约束力的规则。FIFA、UEFA 等国际足球组织是在瑞士注册的协会，其章程和规则的起草都是基于瑞士法律，因此每当出现有关章程和规则解释问题时，仲裁庭将诉诸瑞士法律。CAS 2017/A/5465 案的仲裁庭指出[2]，确定足球争议实体法律适用的出发点是仲裁法，通过将争议提交 CAS，双方选择遵守 CAS《体育仲裁条例》第 R58 条的法律冲突规则。由于该规定本意是强制限制当事人选择法律的自由，那么"适用规则"始终

---

〔1〕　See CAS 2017/A/5111 Debreceni Vasutas Sport Club（DVSC）v. Nenad Novakovic，http://jurisprudence. tas-cas. org/Shared%20Documents/5111. pdf.

〔2〕　See CAS 2017/A/5465 Békéscsaba 1912 Futball v. George Koroudjiev，http://jurisprudence. tas-cas. org/Shared%20Documents/5465. pdf.

优先于双方明确（直接或间接）的法律选择，双方对法律的选择只能在第 R58 条框架内辅助适用。

对于 FIFA《章程》第 66 条法律适用规定，CAS 在判例中解释道：FIFA《章程》第 66 条第 2 款的"附加"援引瑞士法律，只是为了使 RSTP 更加具体，援引瑞士法律绝不意味着在 RSTP 与瑞士法律发生冲突时必须优先考虑后者，而是为了澄清 RSTP 是基于一种规范化的先入为主的观念，这种观念源自对瑞士法律的审视。因此，在 FIFA 章程中援引瑞士法律的目的是确保对行业标准的统一解释，通过附属援引国家法律来填补可能的空白。如果 FIFA 的规则已明确规定一个问题，就没有必要寻求瑞士法律规定来解决。

事实上，国际足球规则涉及大量法律问题和法律概念，这些法律问题和法律概念都需要援引相关法律进行界定或解释，如受 FIFA RSTP 管辖争议，关于当事人起诉或被诉资格问题，尽管 FIFA RSTP 第 22 条提及了这一问题，但并未定义，因此，该问题必须根据"附加"（additionally）适用瑞士法律予以解释。争议中提出"书面合同"的问题，书面合同的定义就必须参照瑞士法律[1]。关于在什么条件下可以假定"正当理由"的问题，仲裁庭也必须参照瑞士法律。关于 FIFA RSTP 第 17 条损害赔偿计算方面，计算损失或其他用于确定是否以及在何种程度上应因分担过失而减少损害金额等[2]。

3.3.3.2 上诉程序当事人的法律选择方式

同普通程序一样，上诉程序当事人选择法律的协议，可以是明示的，也可以是默示的。

（1）明示的法律选择　大多数仲裁机构的规则中没有限制当事人意愿的规定，因此，通常认为，当事人对准据法的明确选择必然优先于仲裁机构规则所载的默示或间接选择。这种合意可以源于当事各方在仲裁程序中采取的一致态度，即当事各方在提交给仲裁庭意见书中提及同一法律。在 CAS 2004/A/678 案中[3]，合同明确规定根据 2755/99 号法律即《希腊体育法》，这是

---

〔1〕　See CAS 2013/A/3207 Tout Puissant Mazembe v. Alain Kaluyituka Dioko & Al Ahli SC, http://jurisprudence. tas-cas. org/Shared%20Documents/3207. pdf

〔2〕　See CAS 2014/A/3640 V. v. Football Club X. , http://jurisprudence. tas-cas. org/Shared%20Documents/3640. pdf.

〔3〕　See CAS 2004/A/678 Apollon Kalamarias F. C. v. Davidson Oliveira Morais, http://jurisprudence. tas-cas. org/Shared%20Documents/678. pdf.

各方明确选择法律管辖。因此，仲裁庭认为，应适用希腊法律，但必须首要考虑遵守公共政策。CAS 2016/A/4539 案的独任仲裁员指出，在合同的规定中明确提及俄罗斯联邦立法，构成了当事方对争议实体管辖的明确法律选择。因此，独任仲裁员认为，解决此争议同时适用俄罗斯法律、FIFA 规则和俄罗斯足协规则[1]。

　　当事人法律选择的修改或完成可以发生在任何时候，包括在程序中。如 CAS 2007/A/1322 案[2]，双方当事人在口头审理中明确选择了法律。这一选择行为完全是按照罗马尼亚足协规则、FIFA《章程》和规则以及 UEFA 规则来决定的。根据瑞士仲裁法，这种在仲裁程序中作出的法律选择是完全合法的。但是，诸如仲裁地、当事人居住地或国籍、程序规则的协议并不构成本身默认（per se a tacit）的法律选择，法律选择也不能从当事人所谓的假设意图派生出来。如果适用的规则中提到了一项国家法律即瑞士法律，而合同当事人选择的法律又涉及另一国家法律，则适用规则中援引的国家法律适用的范围必须从当事人选择的法律中划定。

　　（2）默示的法律选择　　在没有明确选择任何具体法律的情况下，对于 FIFA 发布的决定提起的上诉，是根据 CAS《体育仲裁条例》第 R58 条和 FIFA《章程》第 60 条第 2 款规定的一种默示和间接的法律选择。根据瑞士法律，这种默示和间接的法律选择被认为是有效的，符合瑞士 PILA 第 187 条第 2 款的规定。因此，这种"默示或间接的法律选择"所产生的问题应根据 FIFA《章程》和规则进行解释，补充适用瑞士法律，其他任何国家的法律都不适用[3]。在 CAS 2006/A/1024 案中[4]，当事双方缔结的关于纪律处罚和奖金协议中没有关于法律适用的明确规定，也没有任何证据表明当事双方就法律适用达成任何明确的协议，那么就产生了当事人是否默许适用具体法律

---

〔1〕　See CAS 2016/A/4539 Dimitri Torbinskyi v. Football Union of Russia（FUR）& Rubin Kazan FC & CAS 2016/A/4545 Rubin Kazan FC v. Dimitri Torbinskyi & FUR, http://jurisprudence. tas-cas. org/Shared% 20Documents/4539,%204545. pdf.

〔2〕　See CAS 2007/A/1322 Giuseppe Giannini, Corrado Giannini & Pasquale Cardinale v. S. C. Fotbal Club 2005 S. A. , http://jurisprudence. tas-cas. org/Shared%20Documents/1322. pdf.

〔3〕　See CAS 2007/A/1351 SC FC Unirea 2006 SA v. Nenad Pavlovic, http://jurisprudence. tas-cas. org/Shared%20Documents/1351. pdf.

〔4〕　See CAS 2006/A/1024 FC Metallurg Donetsk v. Leo Lerinc, http://jurisprudence. tas-cas. org/ Shared%20Documents/1024. pdf.

规则的问题。仲裁庭指出，在没有任何明确的相反协议的情况下，当事人自愿向 FIFA 争议解决机构提交雇佣争议，意味着根据 FIFA RSTP 第 22 条放弃了诉诸国家法庭的选择，构成了当事方根据 FIFA《章程》和规则作出裁决的默示选择。为使法律选择具有《瑞士联邦国际私法法典》第 187 条第 1 款所规定的意图，当事各方必须意识到并愿意采纳这种法律选择。一旦仲裁庭确定了当事人的实际意图，就必须执行当事人的协议，而不必审查当事人选择的是非曲直，也不必猜测这种选择是否合法或适当。仲裁庭不得因为选定的法律在合同关系的情况下不完成或不公平而拒绝适用该法律。换言之，通过将其争议提交 CAS，当事人可以默示或间接地选择适用 CAS《体育仲裁条例》第 R58 条的法律冲突规则。

Ulrich Haas（2015）认为，如果当事各方就争议的 CAS 管辖权达成一致意见，那么就构成适用 CAS《体育仲裁条例》的默示选择[1]。对于同时出现合同中明确规定的法律选择和默示的法律选择的情况，那么如何根据 CAS《体育仲裁条例》第 R58 适用法律？在 CAS 2017/A/5465 案中[2]，上诉人辩称，雇佣合同受匈牙利法律管辖并援引 2012 年《匈牙利劳动法》第 I 号法案。被告辩称，应首要适用 FIFA RSTP，辅以适用瑞士法律。在庭审中，上诉人指出，《匈牙利劳动法》规定了被诉人对上诉人合同终止可能提起上诉，但被诉人没有按照法律规定去做，那么 FIFA 争议解决委员会（DRC）受理争议是"非法的"（unlawful）。仲裁庭认为，CAS《体育仲裁条例》第 R58 条的目的是强制限制当事人选择法律的自由，适用足球规则始终优先于当事人任何明确的法律选择。换言之，当事方对法律的任何选择均不优先于 CAS《体育仲裁条例》第 R58 条的规定，而是仅在第 R58 条的框架内影响辅助适用的法律。因此，争议首先适用 FIFA 规则，辅以适用瑞士法律。

3.3.3.3 当事人的法律选择与国际足球组织章程规则规定的冲突

CAS《体育仲裁条例》第 R58 条规定了在既定范围内的法律选择优先，

---

〔1〕 See Ulvch Haas, "Applicable law in football-related disputes: The relationship between the CAS Code, the FIFA Statutes and the agreement of the parties on the application of national law", *CAS Bulletin*, Vol. 2, 2015, pp. 7-15.

〔2〕 See CAS 2017/A/5465 Békéscsaba 1912 Futball v. George Koroudjiev, http://jurisprudence.tas-cas.org/Shared%20Documents/5465.pdf.

而国际足球组织规则如 FIFA《章程》第 66 条第 2 款规定的辅以适用瑞士法包含了当事人对法律的隐含选择，上诉程序假定以联合会规则为准，那么联合会规则也优先于当事双方在合同中的任何法律选择，这两项规定在措辞上存在冲突。在实践中，如果当事人选择的法律与足球规则规定适用的瑞士法不一致，那么如何确定适用的法律？

（1）拒绝适用当事人选择的法律　在一些判例中，当事人明确选择的法律被拒绝适用，仲裁庭的理由是，争议具有国际性，需要全球统一标准，只有所有的参赛者适用相同的规则和条件时体育竞赛的完整性和机会平等才能得到保证，因此应限制适用瑞士法以外的其他国家法律规定 [1]。在 CAS 2005/A/983 & 984 案中，[2] 仲裁庭认为，当事人根据联合会规则进行选举，除非另有说明，否则这意味着应遵守实质性规定而不是冲突规则，在以有利于国际联合会规则的方式进行选举时尤其如此。这些规则显然不是为了援引国家规则，而是为了以统一的方式实质性地解决这些规则所需处理的问题。有学者对此批评道，以争议的"国际性质"为由忽视当事人对法律的明确选择或使隐含的法律选择优先于明确的法律选择，是难以理解的，也没有任何法律依据 [3]。

（2）当事人的法律选择与国际足球组织规则规定同时适用　在另一些判例中，仲裁庭主张区别对待，当事人的法律选择与 FIFA《章程》第 66 条第 2 款共存。CAS 2006/A/1123 案，[4] 仲裁庭结论认为，CAS 首先适用 FIFA 2005 年版 RSTP 并根据瑞士法律解释这些规则，辅助适用卡塔尔法律。实际上，这样的法律适用体现了 CAS 首先适用 FIFA 规则并辅以适用瑞士法律，同时不能完全忽视当事人的法律选择。因此，除了国际足球各项规则和/或瑞士法律的

---

〔1〕 See CAS 2014/A/3742 US Città di Palermo S. p. A. v. Goran Veljkovic, http://jurisprudence. tas-cas. org/Shared%20Documents/3742. pdf.

〔2〕 See CAS 2005/A/983 & 984 Club Atlético Peñarol c. Carlos Heber Bueno Suarez, Cristian Gabriel Rodriguez Barrotti & Paris Saint-Germain, http://jurisprudence. tas-cas. org/Shared%20Documents/983,%20984. pdf.

〔3〕 See Ulrich Haas, "Applicable law in football-related disputes: The relationship between the CAS Code, the FIFA Statutes and the agreement of the parties on the application of national law", *CAS Bulletin*, Vol. 2, 2015, pp. 7-17.

〔4〕 See CAS 2006/A/1123 Al-Gharafa Sports Club v. Paulo Cesar Wanchope Watson & CAS 2006/A/1124 Paulo Cesar Wanchope Watson v. Al-Gharafa Sports Club, http://jurisprudence. tas-cas. org/Shared%20Documents/1123,%201124. pdf.

适用外，当事人的法律选择是一套独特的规则，也即除了适用足球规则，瑞士法律和当事人选择的法律都适用于争议[1]。

（3）瑞士法律适用的限制 不论是 CAS《体育仲裁条例》第 R58 条的规定，还是国际足球组织章程规定，瑞士法律的适用都是必须考虑的问题。在实践中，虽然对于当事人法律选择与国际足球组织规定的适用存在不同的观点，但在近年的判例中反复强调，足球组织规则规定的瑞士法律适用并不优先于当事人的法律选择。CAS 判例法认为[2]，FIFA《章程》第 62 条第 2 款规定的援引瑞士法是辅助地、次要地适用瑞士法，目的在于填补 FIFA 章程和规则的漏缺，即使在瑞士法适用为强制性的情况下，也必须优先适用 FIFA 规则。当事方排除诉诸国家法院，并自愿且明确地将争议提交 FIFA 争议解决机制，就构成了当事方根据 FIFA 规则裁定争议的选择[3]。换言之，FIFA《章程》第 62 条第 2 款并不包括对瑞士法律的全面援引，而是规定瑞士法律的"辅助"适用，瑞士法律只是填补了 FIFA 规则的空白。如果 FIFA 规则已明确涉及争议的相关问题，则没有必要寻求瑞士法律解决，即使瑞士法律的适用条款是强制性的，只要结果不损害瑞士法公认的基本价值如公共政策，也必须让位给 FIFA 规则。

晚近的判例更强调对瑞士法律适用的限制。在 CAS 2016/A/4539 案中[4]，合同中明确提及俄罗斯联邦法律，构成了当事方对争议实体管辖的明确法律选择。因此，独任仲裁员认为，解决此争议同时适用俄罗斯法律、FIFA 规则和俄罗斯足协规则。从而表明，瑞士法律并不优先于双方选择的法律，而是导致了适用规则、瑞士法律和当事人选择的法律并存。CAS 2017/A/5341 案的裁决则明确表示[5]，瑞士法律的适用仅用于使联合会规则更加具体并确保

---

[1] See CAS 2014/A/3527 Football Federation of Kazakhstan (FFK) v. Oliver Pelzer, http://jurisprudence. tas-cas. org/Shared%20Documents/3527. pdf.

[2] See CAS 2008/A/1705 Grasshopper v. Alianza Lima, http://jurisprudence. tas-cas. org/Shared%20Documents/1705. pdf.

[3] See CAS 2006/A/1180 Galatasaray SK v. Frank Ribéry & Olympique de Marseille, http://jurisprudence. tas-cas. org/Shared%20Documents/1180. pdf.

[4] See CAS 2016/A/4539 Dimitri Torbinskyi v. Football Union of Russia (FUR) & Rubin Kazan FC & CAS 2016/A/4545 Rubin Kazan FC v. Dimitri Torbinskyi & FUR, http://jurisprudence. tas-cas. org/Shared%20Documents/4539,%204545. pdf.

[5] See CAS 2017/A/5341 CJSC Football Club Lokomotiv v. Slaven Bilic, http://jurisprudence. tas-cas. org/Shared%20Documents/5341. pdf.

其统一解释的目的。根据 FIFA《章程》第 57 条第 2 款的规定，不受 FIFA 规则管辖的问题不应受瑞士法律管辖。如果 FIFA 规则不适用于争议，且双方就具体适用的国家法律达成一致，那么优先适用国家法律，瑞士法律没有附属适用的空间。

上述法律适用的变化，体现了 CAS 根据实际情况不断调整和完善法律适用的过程，从而实现适用一般法律原则和兼顾体育特殊性的平衡。

3.3.3.4 当事人选择"法律规则"的限制

根据上述第 R58 条的规定，辅以适用当事人选择的法律和规则，当事人法律适用的选择并不是遵守具体的法律，而是遵循"法治"（rules of law）原则，也就是说，当事方在选择法律适用方面的自由比普通法审理的案件更为广泛，除其他外，他们可以选择适用非国家规则如一般法律原则（如前文所述）或体育联合会发布的各种规则如 FIFA《章程》和规则，也可以选择有利于体育规则的国家法律，但也受到一定的限制，在实践中。这种限制主要包括公共政策、争议的适用和外国强制性法律。

（1）公共政策　公共政策（public policy）或公共秩序（order public）是一个普遍受到承认的法律概念，是构成特定国家社会结构和法律制度基础的一系列规范原则，是平衡当事人意思自治与国家法律的一种工具，包含国内性质和国际私法意义上的多种公共政策。[1]虽然根据 CAS《体育仲裁条例》第 R58 条，所选择的法律规则具有广泛性，但也受到一定的限制，对这种选择自由的限制来自对公共政策的保留。即使仲裁庭被授以公平善意原则裁定争议，也要受到公共政策的约束。这里所指的"公共政策"是指"真正的国际公共政策"（truly international public policy）。CAS 在判例中也强调，瑞士联邦高等法院根据瑞士 PILA 第 190 条第 2 款撤销裁决的公共政策，与仲裁庭依职权适用的强制性规则的概念不同，应当区分"真正的国际公共政策"和瑞士 PILA 第 187 条第 1 款规定的在确定裁决案件适用法律规则可视为国际公共政策的规则。[2]瑞士联邦高等法院判例将公共政策定义为：根据现行瑞士法律承认的基本价值或价值观，这些价值或价值观构成所有法律制度的

---

〔1〕参见朱克鹏：《国际商事仲裁的法律适用》，法律出版社 1999 年版，第 289-290 页。

〔2〕See CAS 2007/A/1273 Trabzonspor SK v. Fédération Internationale de Football Association（FIFA）& Sporting Clube de Portugal，http://jurisprudence.tas-cas.org/Shared%20Documents/1273.pdf.

基础。[1]

（2）争议自身适用的限制　当事人选择的法律和规则还受到争议本身适用的限制。如果当事人选择的法律规则不能适用于争议，那么也不能适用这样的法律选择。CAS 2009/A/1758 案，[2]根据 CAS《体育仲裁条例》第 R58 条的规定，按照当事各方的协议，应适用埃及法律和 FIFA 规则。但是，当事人的选择本身也要受到审查，如当事方不能要求仲裁庭适用与争端裁决无关的法律。本着这一精神，仲裁庭注意到，FIFA RSTP（2005 年版）第 1 条规定了"球员"而不是"教练"，且新版 FIFA《章程》不再包含 2001 年版《章程》第 33.4 条规定的"教练等同于球员"的条款，因此 FIFA RSTP 不适用于本争议。在 CAS 2014/A/3776 案中[3]，根据 2014 年版 FIFA《章程》第 66 条和第 67 条第 1 款的规定，有权向 CAS 提交争议的个人和实体限定为"FIFA 及其成员、联合会、联盟、俱乐部、官员、持牌比赛经纪人和球员代理人"。因此，仲裁庭认为，申请加入 FIFA 的人无权依据 FIFA《章程》第 66 条和第 67 条来确定 CAS 的管辖权。

（3）强制性国家法律规定　根据瑞士 PILA 第 19 条的规定，如果一方当事人的合法和明显主要利益需要适用国家法律，且争议的实体案情与该国家法律密切相关，则可以考虑适用国家强制性法律。在有充分理由的情况下，即使不构成"真正的国际公共政策"，也有必要适用强制性法律。CAS 判例法指出，适用强制性国家法律需要满足三个条件：第一，此类规则属于特殊性规范，不论适用于案情的法律如何，都必须适用；第二，争议的标的物与强制性规则生效地区的法律有着密切的联系；第三，根据瑞士法律理论和实践，强制性规则的目的必须是保护合法利益和关键价值，其适用必须导致作出适当的决定。CAS 98/200 案涉及的强制性法律满足了上述条件而得到了适用[4]。在该案中，首先，反垄断法通常被认为是强制性的；其次，《欧共体竞争法》

〔1〕　See Swiss International Arbitration Decisions. 4P. 278/2005, https://www. swissarbitrationdecisions. com/sites/default/files/8%20mars%202006%204P%20278%202005. pdf.

〔2〕　See CAS 2009/A/1758 Theo Bücker v. Ismailia SC, http://jurisprudence. tas-cas. org/Shared%20 Documents/1758. pdf.

〔3〕　See CAS 2014/A/3776 Gibraltar Football Association（GFA）v. Fédération Internationale de Football Association（FIFA）, http://jurisprudence. tas-cas. org/Shared%20Documents/3776. pdf.

〔4〕　See CAS 98/200 AEK Athens and SK Slavia Prague / Union of European Football Associations（UE-FA）, https://jurisprudence. tas-cas. org/Shared%20Documents/200. pdf.

在 15 个来自欧盟和 3 个来自欧洲经济区的 18 个欧洲国家具有直接效力，大多数实力强大的足球俱乐部都参加了欧足联的比赛，包括本案的一个国家索赔人；最后，《瑞士卡特尔法》与欧洲各国的竞争法一样，受到《欧共体竞争法》的影响并以欧共体竞争法为模式，受欧共体条款保护的利益和价值观受瑞士法律制度和多数欧洲法律体系的支持。因此，仲裁庭确认适用《欧共体竞争法》以及《罗马条约》。相反，如果不能满足上述条件，仲裁庭对于强制性法律的适用则持否定观点。在 CAS 2019/A/6345 案中[1]，上诉俱乐部主张，争议适用瑞士法律和《欧洲联盟运作条约》（TFEU）。被诉方 FIFA 认为，应适用 FIFA 规则，具体来说就是 2017 年版《国际足联纪律守则》，反对适用TFEU。独任仲裁员认为，本案是对 FIFA 机构所作的决定提起的上诉，该机构只援引了 FIFA 规则就其面对的问题作出决定，FIFA 机构没有规定遵守TFEU 的义务，因此也不适用 TFEU。

3.3.3.5 当事人选择的国内法律的适用

尽管 CAS《体育仲裁条例》第 R58 条限制了当事人选择适用的法律，该条款并不完全排斥当事人的意思自治。其中明确规定，除适用的规则和条例外，CAS 仲裁庭应适用当事人选择的法律。但这种选择的范围是有限的，只起到辅助作用，仅适用于体育联合会章程和规则没有规定利害关系的法律问题即在所涉及的问题在"适用规则"以外的情况。CAS 2013/A/3165 案的仲裁庭指出[2]，如果雇佣协议包含法律选择条款，根据该条款雇佣协议受国家法律管辖，但是法律选择的适用也同样适用 FIFA 规则，那么 FIFA 规则的适用优先于国家法律。但是，对于 FIFA 规则未涉及的问题即 FIFA 未制定足球行业统一标准的问题，则受到当事各方可能选择的法律管辖。

在 CAS 2017/A/5111 案中[3]，当事双方已达成法律选择的协议，其中规定援引《匈牙利劳工法》《匈牙利足球联合会规则》和 FIFA、UEFA 规则，但是，根据 CAS《体育仲裁条例》第 R58 条，协议所载法律选择的适用仅在

---

〔1〕 See CAS 2019/A/6345 Club Raja Casablanca v. Fédération Internationale de Football Association (FIFA), http://jurisprudence. tas-cas. org/Shared%20Documents/6345. pdf.

〔2〕 See CAS 2013/A/3165 FC Volyn v. Issa Ndoye, http://jurisprudence. tas-cas. org/Shared%20Documents/3165. pdf.

〔3〕 See CAS 2017/A/5111 Debreceni Vasutas Sport Club (DVSC) v. Nenad Novakovic, http://jurisprudence. tas-cas. org/Shared%20Documents/5111. pdf.

"适用规则"未涵盖的争议相关问题时，才可发挥作用，因此仲裁庭确认，将 FIFA 规则作为 CAS《体育仲裁条例》第 R58 条所规定的"适用规则"解决争议，并根据 FIFA《章程》第 57 条第 2 款，适用瑞士法律解释各 FIFA 规则，仅在"适用规则"未涵盖的问题考虑适用匈牙利法律。

　　针对各国法律规定的差异，CAS 在判例中指出，FIFA RSTP "遵守国内法"的规定，在不同国家法律中损害要素存在差异的情况下也会存在问题。在没有提及适用国内法的情况下，必须假定所考虑的损害标准反映了"任何适用的国内法"[1]。CAS 也在判例中解释道，根据"法庭之诉"（iura novit curia）原则即法庭理解或了解法律，位于瑞士的仲裁庭，包括 CAS 必须确定适用于案情的法律。但是，仲裁庭的这一职责并不是无限的，特别是当仲裁庭的仲裁员没有接受过有关外国法律的教育，且仲裁庭调查有关规则不成比例，仲裁庭可以要求当事各方合作确定适用于案情的有关法律内容。《瑞士联邦国际私法法典》第 16 条第 1 款规定，法庭可以要求当事人确定法律，在金钱索赔的情况下，法庭可将外国法律的举证责任强加于当事方。总之，CAS 判例法表明，国际职业足球争议上诉程序依据 CAS《体育仲裁条例》第 R58 条适用实体法，当事人选择国内法律的附属适用，仅限于国际足球组织章程和规则未涉及的其他问题，且选择国内法律的当事方需承担举证责任。

3.3.4　国际足球组织所在地国法律

　　根据 CAS《体育仲裁条例》第 R58 条规定，在有当事人没有法律选择或选择无效的情况下，体育组织所在地国法得到适用。这一规定符合《瑞士联邦国际私法法典》第 187 条第 2 款"最紧密联系原则"的规定。由于国际单项联合会成员国众多，国际单项联合会适用或考虑所有成员的国家法律非常困难[2]。第 R58 条明确规定考虑体育组织所在地国的权利，并不是为了倾向于受决定影响的成员国的国家法，而是为了适用体育法（lex sportiva）。即使如此，由于 FIFA、UEFA 等足球组织位于瑞士，足球组织所在地国法的适用

---

〔1〕　See TAS 2005/A/902 Philippe Mexès & AS Roma c. AJ Auxerre & TAS 2005/A/903 AJ Auxerre c. Philippe Mexès & AS Roma, http://jurisprudence. tas-cas. org/Shared%20Documents/902,%20903. pdf.

〔2〕　See TAS 2007/A/1424 Fedeación Española de Bolos（FEB）C. Fédération Internationale des Quilleurs（FIQ）& Federació Cataland de Bitlles i Bowling（FCBB）, http://jurisprudence. tas-cas. org/Shared%20Documents/1424. pdf.

也主要是瑞士法的适用。

在 CAS 2004/A/635 案中[1]，仲裁庭指出，双方当事人没有就法律选择达成协议，案件适用 FIFA 规则。由于 FIFA 是在瑞士注册的一个协会，根据 CAS《体育仲裁条例》第 R58 条 "发布被异议决定的联合会所在国的法律"，则应适应瑞士法律。在 CAS 2010/A/2289 案中[2]，上诉人声称，由于罗马尼亚的主管机构将根据 FIFA RSTP 得到承认，罗马尼亚足球联合会（RFF）和罗马尼亚职业足球联盟（PFL）的规定应具体适用于双方就合同终止争议提起的仲裁，且不仅应适用这些规则的程序性条款，还应适用当事方选定为准据法的实质性条款，最终适用《罗马尼亚民法》。仲裁庭指出，根据 FIFA《章程》（2010 年版）第 62 条第 2 款，CAS 适用 FIFA 规则，附加适用瑞士法律。首先，鉴于被异议的裁决是由位于瑞士苏黎世的 FIFA DRC 发布的；其次，上诉人是罗马尼亚足球联合会的成员，罗马尼亚足球联合会是 FIFA 的成员，那么上诉人也是 FIFA 成员；最后，被告是一名职业球员，曾在协会会员的俱乐部注册，所有成员都是 FIFA 的成员。因此，作为一般规则，仲裁庭应根据 FIFA 规则和瑞士法律决定整个争议。除了国际足球组织所在地为瑞士以外，也有一些适用非瑞士所在地国法的情况。CAS 2013/A3276 案[3]，双方没有就争议适用的法律达成协议，由于南非足球协会（SAFA）和国家足球联盟（NSL）是在南非注册的国际组织，仲裁庭确认争议首先适用 SAFA 和 NSL 规则，辅以适用南非法律。因此，适用足球组织所在地国法律并不等同于适用瑞士法律，还是取决于足球组织的所在地国。

3.3.5 仲裁庭认为合适的法律

根据 CAS《体育仲裁条例》第 R58 条，CAS 仲裁庭可在自由裁量权范围内适用 "仲裁庭认为适当的法律规则"。这种自由裁量权需要符合一项要求，

---

〔1〕 See CAS 2004/A/635 RCD Espanyol de Barcelona SAD v. Club Atlético Velez Sarsfield, http://jurisprudence. tas-cas. org/Shared%20Documents/635. pdf.

〔2〕 See CAS 2010/A/2289 S. C. Sporting Club S. A. Vaslui v. Marko Ljubinkovic, http://jurisprudence. tas-cas. org/Shared%20Documents/2289. pdf.

〔3〕 See CAS 2013/A/3276 Thanda Royal Zulu FC (Pty) Limited v. South African Football Association (SAFA), The National Soccer League, Chippa United FC, Santos FC, Mpumalanga Black Aces FC, Polokwane City FC, Adv. P. Pretorius SC N. O. & Adv. P. Mokoena SC N. O., http://jurisprudence. tas-cas. org/Shared%20Documents/3276. pdf.

即适用除足球组织所在地法律之外的任何法律规则必须提供理由。

在 ΓAS 2005/A/983 & 984 案中〔1〕，俱乐部与球员签署的各类合同是基于巴拉圭法，并且协议明确规定涉及巴拉圭公民和巴拉圭俱乐部之间的问题援引巴拉圭法律，因此仲裁庭确认就此问题适用巴拉圭法。由于瑞士法是FIFA 的所在地法，且巴拉圭球员与瑞士俱乐部签署的合同将为在瑞士足球联合会的俱乐部服务，因此，仲裁庭确认在争议的其他问题上适用 FIFA 规则和瑞士法律。在 CAS 2017/A/5341 案中〔2〕，FIFA 没有就俱乐部和教练之间就雇佣有关的争议作出实质性的规定。鉴于 FIFA RSTP 不适用于本案，且因双方明确选择"同意在发生任何争议的情况下，仅适用俄罗斯法律"，没有附属适用瑞士法律的余地。根据当事方提交的材料，俄罗斯法律与本争议具有最密切的联系。因此，仲裁庭认定，所涉争议的实体适用俄罗斯法律。因此，本书认为，"仲裁庭认为合适的法律"也是基于案件的实际情况，根据最密切联系等原则适用法律。

总体而言，就 CAS 仲裁法律适用问题，尤其是上诉程序的实体法律适用对于当事人意思自治的限制一直受到各种批评和诟病。本书注意到，CAS 在实践中也不断进行调整，包括增加对瑞士法律适用的限制和适用紧密联系原则等。

3.4 对中国职业足球仲裁法律适用的启示

随着职业足球的发展，涉中国当事方的争议上诉到 CAS 逐渐增多，目前CAS 官方网站公布的判例 9 个，涉及贵州仁和、青岛中能、北京国安等多家俱乐部。仲裁程序适用 CAS《体育仲裁条例》已经是一种共识，但实体法律的适用仍存在涉及依据中国法律签订的合同却适用 FIFA 规则和瑞士法律的疑问。在 CAS 2016/A/4704 辽宁俱乐部案中〔3〕，上诉人认为，根据双方签订的

〔1〕　See ΓAS 2005/A/983 & 984 Club Atlético Peñarol c. Carlos Heber Bueno Suarez, Cristian Gabriel Rodriguez Barrotti & Paris Saint-Germain, http://jurisprudence. tas-cas. org/Shared%20Documents/983,%20984. pdf.

〔2〕　See CAS 2017/A/5341 CJSC Football Club Lokomotiv v. Slaven Bilic, https://jurisprudence. tas-cas. org/Shared%20Documents/5341. pdf.

〔3〕　See CAS 2016/A/4704 Liaoning FC v. Wisdom Fofo Agbo & Chinese Football Association (CFA), http://jurisprudence. tas-cas. org/Shared%20Documents/4704. pdf.

协议，与雇佣合同有关的问题应考虑适用中国法律。仲裁庭认为，雇佣合同规定的"本合同受中国法律管辖，任何争议将协商解决。如果双方都无法解决的问题，请提交亚足联（AFC）和 FIFA 裁决"，这并不构成明确和直接的法律选择，且双方一致接受 FIFA 规则和 CAS 管辖权，根据 CAS 判例法，授予 CAS 管辖权的协议是瑞士 PILA 第 187 条第 1 款下备选条款含义范围内的隐含法律选择。此外，上诉人没有任何证据证明应适用中国法律而不是瑞士法律来处理雇佣合同的论点，也没有向仲裁庭提供任何资料，仲裁庭认为，争议适用 FIFA 各种规则，并辅以适用瑞士法律。在 CAS 2016/A/4875 辽宁俱乐部案中，[1] 上诉人在其上诉状中提到合同第 24 条规定了"本合同受中国法律管辖，任何争议将通过协商解决。如果无法解决，则将其提交亚足联（CFA）和 FIFA 裁决"。基于此，上诉人提出，双方通过明确的相互协议，确认将中国法律作为其劳动关系的准据法。被诉人认为，合同第 24 条仅提及中国法律的"管辖权"，不同于明确规定中国法律是合同实质适用的法律，也即没有明确的法律选择。仲裁庭要求上诉人对确认将中国法律作为适用于其劳动关系的准据法进行举证，上诉人没有充分履行举证责任。仲裁庭认为，合同第 24 条的措辞不构成明确的法律选择，因此争议解决首先适用 FIFA 的各项规则，其次适用瑞士法律。从前文对国际足球争议 CAS 仲裁法律适用的法理来看，依据中国法律签署的合同，在 CAS 仲裁中中国法律的适用仅限于 FIFA 规则不能涵盖的内容，且需要当事方在合同中明确规定中国法律的适用，并在仲裁程序中提出适用中国法律的论点，最后通过充足的证据证明必须适用中国法律。因此，即使是按照中国法律签署的合同，在 CAS 仲裁中适用中国法律的空间依然很小。

国内迄今尚未建立体育仲裁机制，《体育法》"体育仲裁"章节预示着即将建立国内体育仲裁机制，那么国内仲裁职业足球争议法律适用可参考 CAS 仲裁的法律适用，基于国内实际情况不断调整和完善。

本章小结

不同于其他仲裁规则，CAS《体育仲裁条例》限制了当事人法律适用的

---

〔1〕　See CAS 2016/A/4875 Liaoning Football Club v. Erik Cosmin Bicfalvi, http://jurisprudence.tas-cas.org/Shared%20Documents/4875.pdf.

自主权。在程序法适用方面，根据 CAS《体育仲裁条例》的规定，只要选择 CAS 仲裁，就适用 CAS 程序规则，而 CAS 程序规则受仲裁地法管辖即瑞士法管辖，其中国际争议受瑞士 PILA 管辖。就职业足球争议而言，国际足联及各区域足球联合会的章程和规则直接明确规定仲裁程序适用 CAS《体育仲裁条例》。

在普通程序实体法适用方面，CAS 尊重当事人意思自治，优先适用当事人选择的法律，符合裁决结果的稳定性和可预见性的一般国际仲裁要求。其中，当事人选择的法律和规则也具有广泛性，不仅包括国家法律，还包括足球组织章程规则、一般法律原则等。在缺乏当事人法律选择的情况下，仲裁庭仍倾向于首先适用国际足球规则，辅以适用瑞士法律。最后，适用 "公平善意原则"。值得注意的是，足球争议中缺乏适用的规则基础，即使一方当事人主张适用公平善意原则，CAS 也鲜有适用这一原则的判例。相比较之下，国际篮球争议相关仲裁条款和仲裁规则规定了适用 "公平善意原则"，因此在国际篮球争议中普遍适用 "公平善意原则"。

在上诉程序实体法适用方面，CAS 限制当事人的意思自治。就职业足球争议而言，首先适用足球组织章程与规则，这一适用不仅在 CAS《体育仲裁条例》中规定，还是国际组织的章程与规则明确规定的内容。其次适用当事人选择的法律和规则，当事人意思自治受到国际足球组织章程和规则的限制，还受到公共政策、强制性国家法律及争议自身适用的限制，因此当事人选择法律的空间极其有限。再次适用作出上诉决定的足球组织所在地国法律，由于 FIFA、UEFA 等主要国际足球组织的所在地国为瑞士，导致在国际足球争议中适用瑞士法律比较普遍。最后适用仲裁庭认为合适的法律，这一适用要求仲裁庭说明理由，在实践中仲裁庭通常适用 "最紧密联系原则"。

对于可能 CAS 仲裁的中国当事方而言，一方面应充分了解国际职业足球争议中 CAS 仲裁法律适用的法理以合理维护自身权益，另一方面应在合同草拟中明确法律适用，尤其是关于中国法律与国际足球规则或瑞士法律存在冲突的内容。对将来建立的体育仲裁机构而言，CAS 仲裁的法律适用提供了一个范本和参考。

国际体育仲裁院职业足球
争议仲裁裁决的承认与执行

CAS 仲裁裁决的承认与执行是 CAS 仲裁机制有效性的最终体现。当事人将争议提交 CAS 进行仲裁，目的是通过仲裁快速便捷地解决争议，而解决争议不仅仅是依靠一纸仲裁裁决，关键在于所作出的裁决能得到有效的承认和执行。一般来说，国际仲裁裁决主要依据《纽约公约》申请承认和执行。其中，承认是一种防御性程序，某一特定辖区在其他外国管辖区寻求承认，以阻止在该管辖区作出的外国仲裁裁决的撤销程序中涉及已决定问题的任何企图。执行则具有攻击性，是指在外国管辖区执行外国仲裁裁决过程中，裁决的法律强制力和效力得到承认，并将根据成员国法院的命令，通过适用现有的法律制裁来执行[1]。虽二者之间存在差异，但实际上通常是捆绑在一起的。不同于国际商事仲裁裁决的承认和执行，CAS 职业足球争议仲裁裁决的承认和执行，主要是依靠国际足球组织管理机构和 CAS 形成的内部执行体系完成，同时也可依据《纽约公约》得到承认和执行。

4.1 国际职业足球争议 CAS 仲裁裁决及其作出

4.1.1 CAS 仲裁裁决的概念和类型

根据 1958 年《纽约公约》第 1 条第 2 款对裁决作出的解释，"仲裁裁决"

---

〔1〕 See Marco van der Harst, "The Enforcement of CAS Arbitral Awards by National Courts and the Effective Protection of EU Law", in Paulussen. C. et al. , eds. , *Fundamental Rights in International and European Law*, Springer, 2016, pp. 279-307.

指由每一案件选定的仲裁员所作的裁决，及由常设仲裁机构经当事人提请而作出的裁决。1958 年的《联合国国际贸易委员会国际商事仲裁示范法》将"裁决"定义为："裁决"意指所有提交仲裁庭的事项而作出的最终裁决以及仲裁庭对任何实体问题所作出的最后确定，或者是仲裁庭对于本身的管辖权问题或其他程序问题所作出的决定。CAS 仲裁裁决是指 CAS 仲裁庭对所提交事项的所有实体性问题作出最终裁决或者自身管辖权及其他程序问题所作出的决定。CAS《体育仲裁条例》第 R46 条和第 R59 条均载有 CAS 裁决相关的条款。其中，第 R46 条规定了普通程序裁决，第 R59 条涉及上诉程序裁决。在形式上，第 R46 条和第 R59 条均规定了裁决必须以书面的形式，包含理由、日期和签名。在内容上，通常来说，CAS 裁决包括仲裁庭的组成、当事人及其代理人、相关事实简述、当事人的救济请求和一份请求摘要、简要的程序描述，还包括仲裁庭对可受理性的考量、管辖权和实体法的适用、针对当事人的救济的决定及理由及相关费用决定等。

4.1.1.1 CAS 裁决的类型

裁决的类型总体上可分为临时裁决（interlocutory awards）和最后裁决（final awards）。临时裁决只处理当事人提交的争议中的部分问题，而非所有问题。最后裁决则处理当事人提交的争议的全部问题或临时裁决后的剩余问题。根据瑞士 CCP 第 77 条和瑞士 PILA 第 190 条至 192 条，临时裁决和最终裁决均可上诉。[1]

4.1.1.1.1 临时裁决

一般来说，有关临时裁决的作出主要集中在有关仲裁庭管辖权和可适用的法律方面，仲裁庭一般都将这两个方面的问题作为预先问题通过临时裁决来解决。在临时裁决后，仲裁庭得以继续依据仲裁程序对当事人争议的问题作出裁决。在 CAS 仲裁实践中，临时裁决又包括初步裁决、部分裁决、管辖权裁决。

（1）初步裁决（preliminary awards）　初步裁决是指那些对实体或程序问题的一个或多个初步决定，如确定实体法律适用的裁决，根据诉讼时效驳回异议或决定责任原则等，此类裁决不是最终裁决，没有可执行性。如果上诉

---

〔1〕　See Swiss International Arbitration Decisions 4A_582/2009, https://www.swissarbitrationdecisions.com/sites/default/files/13%20avril%202010%204A%20582%202009.pdf.

人在仲裁庭组成之前和上诉状提交之前撤回上诉，CAS 终止令不是具有既判力（res judicata）效力和有约束力的决定[1]。初步裁决只能基于《瑞士联邦国际私法法典》第 190 条第 2 款所列的仲裁庭组成不当和缺乏管辖权向瑞士联邦高等法院提起诉讼，撤销诉讼必须马上提起，都将被视为放弃。

（2）部分裁决（partial awards） 部分裁决是指仲裁庭决定任何一方当事人所寻求救济的一项或多项主张，或依照当事方请求终止程序。部分裁决与最终裁决一样，均对当事人具有约束力，可以基于瑞士 PILA 第 190 条第 2 款向瑞士联邦高等法院提起诉讼。如 ΓAS 2004/A/791 案的裁决具有混合性质[2]。根据裁决执行部分第 1 点和第 2 点，裁决宣布被告对 FIFA DRC 于 2004 年 11 月 26 日作出的决定提出的上诉是可以受理的。它准许了部分上诉，并撤销了 FIFA DRC 宣布其根据培训协议对索赔作出裁决无管辖权的决定。这种裁决被视为处理程序事项的中间裁决。在该裁决书执行部分第 3 点和第 4 点关于申诉人可能欠被告的进一步赔偿的意见书中，2005 年 10 月 27 日的判罚决定了一个初步的实质性问题即球员对其前俱乐部的违约责任，并在对责任问题作出答复之后给出了程序指示。这里关于责任原则的决定，是一个初步裁决。

（3）管辖权裁决 管辖权裁决是指仲裁庭是否接受或拒绝管辖权的决定。如果仲裁庭拒绝管辖权，该裁决即为以程序理由结束程序的最终裁决和撤销程序。如果仲裁庭确认了管辖权，则根据瑞士 PILA 第 186 条第 3 款的规定，该裁决应被视为初步裁决，并且可以根据第 190 条第 2 款的仲裁庭组成不当和缺乏管辖权申请撤销该裁决。瑞士联邦高等法院认为，反对这一裁决的当事方不能等待最终裁决才对这一裁决提出异议。

4.1.1.1.2 最终裁决

最终裁决是指仲裁庭最终根据实体性或程序性理由处理当事人之间一项或多项争议问题所作出的决定。最终裁决的作出表明仲裁程序的终结，裁决成为对双方当事人具有约束力的法律文件。在 CAS 仲裁实践中，仲裁裁决可以根据瑞士 PILA 第 190 条第 2 款所列的所有理由向瑞士联邦高等法院提出上诉。正如 CAS 2012/A/2689 案裁决中所表述：一旦向瑞士联邦高等法院提出

---

[1] See CAS 2015/A/3959 CD Universidad Católica & Cruzados SADP v. Genoa Cricket and Football Club, http://jurisprudence. tas-cas. org/Shared%20Documents/3959. pdf.

[2] See ΓAS 2004/A/791 Le Havre AC c. Fédération Internationale de Football Association（FIFA）, Newcastle United & Charles N'Zogbia, http://jurisprudence. tas-cas. org/Shared%20Documents/791. pdf.

上诉的时间过期，CAS 的决定就成为最终决定，对双方都有约束力。[1]对 CAS 而言，最终裁决并不限于由仲裁庭作出的决定，拒绝受理或启动仲裁的体育组织行政决定也可被视为最终裁决。例如，CAS 上诉仲裁院副院长的命令指出，由于上诉人未能支付所有所需的费用预付款，上诉被视为撤回并结束程序。CAS 办公室通知双方当事人，由于申诉书没有在规定的时限内完成，根据 CAS《体育仲裁条例》第 R48 条第 3 款，上诉被视为撤回。这些裁决就构成了基于程序理由驳回案件受理的最终裁定，具有终局裁决的性质，而最终裁决适用第 190 条第 2 款 PILA 的所有理由[2]。

4.1.2. CAS 裁决的有效性

CAS 仲裁庭不仅要确保其作出的裁决的正确性，还要使裁决是有效和可执行的。由于裁决随时可能受到异议和追诉，因此，仲裁庭在起草裁决时，从形式到内容都须仔细斟酌，以确保作出有效的裁决。

4.1.2.1 形式有效性

裁决的形式要求，一般受仲裁协议和仲裁地法支配。按照瑞士 PILA 的要求，仲裁裁决的形式要件包括裁决是书面的、附具理由、写明日期并签署，且签署只要求首席仲裁的签字即可。[3]而根据 CAS《体育仲裁条例》的规定，如果没有首席仲裁员的签名，其他两名仲裁员签名即可。在实践中，CAS 裁决主要包含：仲裁员的姓名、当事人的名称、仲裁地点、当事人各方的意见或裁决的问题、事实及法律上的裁决理由以及裁决的公平合理性、实体问题的决定和仲裁金额及费用负担的裁定。关于裁决使用的语言，CAS 仲裁语言应当遵守 CAS《体育仲裁条例》的强制性规定。CAS《体育仲裁条例》规定了 CAS 的官方用语为英语和法语，2020 年适用的最新 CAS《体育仲裁条例》又将西班牙语新增为官方用语。

---

〔1〕　See CAS 2012/A/2689 SC Sporting Club SA Vaslui v. Fédération Internationale de Football Association（FIFA）, http://jurisprudence. tas-cas. org/Shared%20Documents/2689. pdf.

〔2〕　See Antonio Rigozzi, "Challenging Awards of the Court of Arbitration for Sport", *Journal of International Dispute Settlement*, Vol. 1, No. 1, 2010, pp. 217-265.

〔3〕　参见宋航：《国际商事仲裁裁决的承认与执行》，法律出版社 2000 年版，第 59-60 页。

4.1.2.2 内容有效性

仲裁裁决的内容也受仲裁协议和仲裁地法的支配。仲裁协议通常规定裁决是终局的、对双方当事人均有约束力。裁决的终局性是当事人一旦将争议提交仲裁庭仲裁后，仲裁裁决一经作出即具有终局性效力，不得就同一争议再重新提起仲裁或诉讼[1]。CAS《体育仲裁条例》第 R46 条和第 R59 条明确规定："裁决应为终局裁决，并对双方当事人有约束力"，且规定："如果当事人在瑞士没有住所、惯常居所或营业所，并且他们明确排除了仲裁协议或随后的协议中的所有撤销程序，则不得以撤销裁决的方式对其质疑，尤其是在仲裁开始时。"

此外，裁决不能指引当事人实施某项违法行为或者要求当事人作出与公共政策相抵触的行为，也不能包含任何超出仲裁庭的权限范围的指令。违反当事人程序权利的决定，不能根据《纽约公约》或瑞士 PILA 予以执行[2]。

4.1.2.3 CAS 裁决的既判效力

仲裁裁决的效力主要指它对于提交仲裁案件的既判力（res judicata），是指确定判决对诉讼标的判断对法院和当事人产生的约束力。既判力原则是瑞士程序性公共政策的一项基本原则。根据 SFT 判例法，如果一方当事人在瑞士的仲裁庭就一项索赔提起诉讼，该索赔在同一方当事人之间由国家法院或其他地方开庭的仲裁庭或可执行裁决中所裁定的索赔相同，在该外国判决或裁决可根据 PILA 第 25 条或第 194 条在瑞士得到承认的条件下，瑞士仲裁庭必须宣布该请求不可受理，否则将违反程序性公共政策[3]。一个具备了形式和内容上法律要求的最终裁决，就是一个有效裁决，即可构成定案效力。裁决的既判力，通常表现在三个方面：第一，在有关当事人之间的现有争议裁决的效力；第二，在有关当事人在后来争议的裁决效力；第三，有关第三方当事人的裁决效力。既判力有积极的影响，也有消极的影响。既判力的积极作用是以终局的和有约束力的方式终止双方之间的争议，消极影响是妨碍了

---

[1] 参见刘晓红主编：《仲裁"一裁终局"制度之困境及本位回归》，法律出版社 2016 年版，第 20-21 页。

[2] See CAS 2016/A/4673 Wydad Athletic Club v. Benito Floro Sanz, http://jurisprudence.tas-cas.org/Shared%20Documents/4673.pdf.

[3] See SFT 4A_374/2014, https://www.swissarbitrationdecisions.com/sites/default/files/26%20fevrier%202015%204A%20374%202014.pdf.

对判决或裁决的标的物的再诉讼，也称为一事不再理（ne bis in idem）。[1]根据CAS《体育仲裁条例》第R39条规定："……不管当事人是否已将此争议提交至国家法院或其他仲裁庭……"平行程序主要有两类：一是国际体育纠纷解决程序与国内司法法庭程序之间的平行；二是不同国际体育纠纷解决程序之间的平行，涉及未决诉讼（Lis Pendens）和已决原则（res judicata）。

4.1.2.3.1 未决诉讼（Lis Pendens）

根据瑞士PILA第186条第1bis款的规定："管辖权的控制是在'不考虑已经在国家法院审理的任何诉讼'和不考虑未决诉讼。"如果一方当事人在有支持CAS管辖权的仲裁协议的情况下，仍向国家法院提起申诉，那么国家法院应拒绝其管辖权，除非仲裁条款无效。根据瑞士PILA第186条第1bis款的规定，仲裁程序只有在同时满足三个条件才可能中止：

第一，仲裁和民事诉讼必须是在同一当事人之间的同一事项。如CAS 2004/A/635案中，阿根廷法院处理了Velez俱乐部与P的合同有效性问题，而单一法官处理了Velez与西班牙人之间的合同引起的赔偿问题。因此，仲裁庭指出，国家民事法庭与FIFA审理的案件的当事人、索赔标的均不同，就不存在"未决诉讼"的问题[2]。

第二，向仲裁庭提出仲裁请求时，国家法院的诉讼必须是"已在审理中"（déjà pendante）。一旦平行案件以最终裁决结束，就没有平行案件未决，也就没有"未决诉讼"的问题了。

第三，提出未决诉讼豁免的一方必须证明存在要求中止仲裁程序的"严重理由"（motivesérieux）。为了证明构成瑞士PILA第186条第1款的"严重理由"，必须提供证据证明。CAS 2009/A/1881案的仲裁庭指出[3]，在涉及仲裁庭和民事法院的平行诉讼案件中，都存在判决冲突的可能性。相应上诉人必须证明中止对保护其权利是必要的，且仲裁的继续将给他带来一些严重不便。仅凭国家法院有可能作出不同于仲裁庭的裁决的论点并不构成一个

---

[1]　See CAS 2015/A/3959 CD Universidad Católica & Cruzados SADP v. Genoa Cricket and Football Club, http://jurisprudence. tas-cas. org/Shared%20Documents/3959. pdf.

[2]　See CAS 2004/A/635 RCD Espanyol de Barcelona SAD v. Club Atlético Velez Sarsfield, http://jurisprudence. tas-cas. org/Shared%20Documents/635. pdf.

[3]　See CAS 2009/A/1881 E. v. Fédération Internationale de Football Association（FIFA）& Al-Ahly Sporting Club, https://jurisprudence. tas-cas. org/Shared%20Documents/1880,%201181. pdf.

"严重理由"。在有仲裁条款的前提下，如果国家法院承认了其管辖权，它的决定对仲裁机构具有约束力并具有"既判力"（res judicata）效力，一旦一个平行案件以最终裁决结束，那么就不再是未决案件（lis pendens）的问题，而是集中在已决原则（res judicata）上。根据"未决诉讼"原则，当事人应设法避免平行诉讼，以免可能出现冲突裁决。

4.1.2.3.2 "已决原则"（res judicata）

"已决原则"是一个司法经济原则，目的在于避免已决案件的再次诉讼，保护被告免于就相同事实进行重复申辩，还避免就相同事情作出冲突裁决的可能性。[1]在国际私法实践中，"已决原则"是被国际法院和国际仲裁庭确认为一个具有法律约束力的原则，也是瑞士程序公共政策的一项基本原则，对其违反将导致裁决无效。瑞士联邦高等法院（SFT）在判决中指出，当一些基本的和普遍公认的原则遭到违反，导致与法律所坚守的正义价值观不符，则违反了瑞士 PILA 第 190 条第 2 款 e 项所指的公共政策[2]。如果仲裁庭无视先前裁决的既判力，或者如果最终裁决偏离了处理重大初步问题的中间裁决表达的意见，则违反公共政策[3]。

"已决原则"保证争议只受一套法院或仲裁程序的管辖，有助于在当事人之间建立法律上的和平[4]。"已决原则"的程序概念包含两个要素：一是"禁止处理该事项"（Sperrwirkung），相当于"一事不再理"（Ne bis in idem），这一效用的后果是，如果一个事项在此提交法官审理，法官必须驳回该事项，甚至不允许查看该事项；二是"判决的约束力"，根据该判决，法官在第二次程序中对判决结果具有"既判力"[5]。

4.1.2.3.3 一事不再理（Ne bis in idem）原则

既判力原则的消极影响就是妨碍了对判决或裁决的标的物的再诉讼，也

---

〔1〕 See Henry Campbell Black, *Black's Law Dictionary*, West Publishing, 1990, p. 1305.

〔2〕 See Federal Tribunal. Judgment 4A_508/2013, https://www. swissarbitrationdecisions. com/sites/default/files/27%20mai%202014%204A%20508%20213. pdf.

〔3〕 See Federal Tribunal. Judgment 4A_490/2009, https://www. swissarbitrationdecisions. com/sites/default/files/13%20avril%202010%204A%20490%202009. pdf.

〔4〕 See CAS 2015/A/4350 Mersudin Akhmetovic v. FC Volga Nizhniy Novgrod & Russian Football U-nion, http://jurisprudence. tas-cas. org/Shared%20Documents/4350. pdf.

〔5〕 See CAS 2018/A/5500 Lao Toyota Football Club v. Asian Football Confederation (AFC), http://jurisprudence. tas-cas. org/Shared%20Documents/5500. pdf.

称为一事不再理（Ne bis in idem）[1]。一事不再理（Ne bis in idem）原则是一项基本法律原则，一般是指对同一罪名，一经合法判决，不能再作判决。适用这一原则必须满足三个要求：当事人的身份、事实和客体的身份。CAS判例法认为，"一事不再理"的原则适用于同级管理的机构的裁判机关，而不同级别管理框架下的裁判机构的决定并不适用"一事不再理"原则。CAS 2013/A/3256案的仲裁庭认为，体育纪律机构不得因同一监管框架下的另一机构对个人或实体作出的决定再次审判个人或实体。但是，如果该个人或实体适用于国家一级的监管框架被宣告无罪，并适用于洲际一级监管框架再次受审，则不会出现"一事不再理"的问题。此外，如果在"两个阶段程序"中，不同纪律程序中寻求中止性质不同，也不违反"一事不再理"原则。[2]在CAS 2018/A/5500案中，仲裁庭指出，CAS仲裁适用"一事不再理"原则有两个例外：一是涉及不同级别的主管当局（authorities），即一个国际主管当局仍然可以对基于国家监管框架的第一个决定有不同的看法；二是涉及"两个阶段"，如果两个程序所要求中止的性质不同，第一个程序是最低限度的行政措施，第二个程序是最后阶段的纪律程序，那么第二个程序中的另一项判决是可能的[3]。总之，在CAS仲裁中，如果当事人不同，上诉人第一次请求救济的范围不同于第二次，以及在同一事项上作出先前决定的决策机构的独立性和公正性不符合瑞士法律要求，上诉并不违反"一事不再理"原则[4]。

4.1.2.4　CAS 裁决与 FIFA 司法机构决定的既判力

一般来说，只有仲裁机构和法院的裁决才具有既判力。FIFA司法机构的决定通常是CAS上诉决定的一审决定，那么，FIFA的初审决定是否可能构成"既判力"的效果呢？CAS判例法存在不同的观点。

---

〔1〕　See CAS 2015/A/3959 CD Universidad Católica & Cruzados SADP v. Genoa Cricket and Football Club, http://jurisprudence. tas-cas. org/Shared%20Documents/3959. pdf.

〔2〕　See CAS 2013/A/3256 Fenerbahçe Spor Kulübü v. Union des Associations Européennes de Football （UEFA）, http://jurisprudence. tas-cas. org/Shared%20Documents/3256. pdf.

〔3〕　See CAS 2018/A/5500 Lao Toyota Football Club v. Asian Football Confederation （AFC）, http:// jurisprudence. tas-cas. org/Shared%20Documents/5500. pdf.

〔4〕　See CAS 2015/A/4343 Trabzonspor v. Turkish Football Federation （TFF）, Union of European Football Association （UEFA） & Fenerbahçe, http://jurisprudence. tas-cas. org/Shared%20Documents/4343. pdf.

4.1.2.4.1 观点一：不具有既判力

在一些 CAS 判例中，仲裁庭并不愿意赋予体育协会司法机关决定既判力。在 CAS 2012/A/2912 案的裁决中，[1]仲裁庭申明：既判力是瑞士法律的一个程序性概念，只有在涉及法院判决和仲裁裁决时才出现。由于体育协会的行政决定缺乏法律程序和司法机构的对抗性，且瑞士法律没有赋予体育协会行政决定的既判力。因此，以既判力为理由作决定时，并不排除考虑上述所有事件。CAS 2015/A/3959 案[2]仲裁庭认为，日期为 2013 年 6 月 10 日的 CAS 终止令不是具有既判力和有约束力的决定，因为上诉人在仲裁庭成立之前和上诉状提交之前撤回了他们向 CAS 提出的上诉。因此，CAS 终止令只承认已向 CAS 提出上诉，该上诉随后在未成立仲裁庭的情况下被撤回，从而导致程序性诉讼终止，无既判力效力。

这一观点主要是考虑到，原则上，只有对案件实体的最终判决才具有既判力，程序方面的决定不在其中。瑞士程序法吸收了判决当事方的某些单方面行为，如瑞士 CCP 第 241 条第 2 段规定的"放弃索赔"（waiver of a claim）。不同于瑞士 CCP 第 65 条的撤回索赔（withdrawal of a claim），放弃请求权是请求人在诉讼过程中提的理由，直接指向请求权，具有既判效力的行为。相反，撤回索赔没有既判效力，是一种完全结束程序性审理的行为，并不妨碍在某些条件下在后阶段重新提出索赔，弃权还是简单的撤回，并不取决于有关决定的命令方式如裁决、终止令等，而取决于适用的仲裁规则[3]。如果仲裁规则规定不完全放弃争议事项就不可单方面撤回，则终止诉讼的决定也最终处理了索赔，因此具有既判效力。事实上，CAS《体育仲裁条例》并未规定这方面的任何具体条款。因此，上诉人可以在提交上诉状或索赔申明之前单方面撤回其上诉请求，而不完全放弃其索赔。

4.1.2.4.2 观点二：撤回向 CAS 的上诉后具有了既判力

在另一些 CAS 判例中，在一方当事人撤回上诉时，初审判决具有了"既

---

[1] See CAS 2012/A/2912 Koji Murofushi & Japanese Olympic Committee（JOC）v. International Olympic Committee（IOC），http://jurisprudence. tas-cas. org/Shared%20Documents/2912. pdf.

[2] See CAS 2015/A/3959 CD Universidad Católica & Cruzados SADP v. Genoa Cricket and Football Club，http://jurisprudence. tas-cas. org/Shared%20Documents/3959. pdf.

[3] See Swiss International Arbitration Decisions. 4A_374/2014，https://www. swissarbitrationdecisions. com/sites/default/files/26%20fevrier%202015%204A%20374%202014. pdf.

判力"。在 CAS 2016/A/4408 案中，[1]摩洛哥 Raja 俱乐部因一名球员的租借问题与阿拉伯联合酋长国 Baniyas 俱乐部发生了争议，FIFA DRC 于 2015 年 5 月 21 日裁定：该球员无正当理由违约，应向 Baniyas 俱乐部赔偿 6 万美元及利息，Raja 俱乐部承担连带责任。2016 年 1 月 5 日，球员就 FIFA DRC 的决定向 CAS 提交了上诉申请，但未在规定的时间内提交上诉状。因此，CAS 上诉仲裁庭于 2016 年 3 月 2 日终止了球员发起的仲裁程序。球员也未对终止令提出异议，也未提出该决定未生效或被撤销。随后球员根据 CAS《体育仲裁条例》第 R41 条，加入 Raja 俱乐部向 CAS 提起上诉。仲裁庭指出，球员在撤回上诉后，不能以某种方式改变上诉决定是终局的事实。根据 SFT，如果上诉被撤回，则上诉仲裁庭对该事项不再具有管辖权。因此，初审决定成为最终决定，对球员具有约束力。从客观的角度来看，该仲裁程序中的主题事项、当事人和索赔所基于的事实均与 FIFA DRC 相同。在 FIFA DRC 作出决定后，当事人没有根据修改后的情况提出新的索赔，也没有提出新的事实或理由来修改上诉决定，那么可能导致影响上诉决定的有效性或执行。仲裁庭认为，当争议请求权与已经是可执行判决的标的相同时，即存在既判力。

　　SFT 判决也有类似的观点。在 SFT 140 III 520 裁决中，承认了 FIFA 司法机关的决定具有既判效力。在该案中，俱乐部 A 在国际足联司法机关对球员 C 和俱乐部 B 提起诉讼。在此诉讼中，俱乐部 A 要求球员 C 赔偿提前终止雇佣合同的损失。此外，A 俱乐部还要求球员的新雇主，即 B 俱乐部就上述违约行为赔偿损失。FIFA 司法裁定球员 C 和俱乐部 B 对俱乐部 A 负有 40 万英镑的连带责任。球员 C 和俱乐部 B 不服这一决定向 CAS 提出上诉。由于球员 C 没有支付预付费用，CAS 终止了他的上诉并发出了终止令。在反对 A 俱乐部和 B 俱乐部的程序中，CAS 决定完全推翻国际足联的决定，并将此事交回 FIFA 司法机构处理。俱乐部 A 向瑞士联邦高等法院上诉 CAS 的裁决，并认为 CAS 无权驳回 FIFA 司法机构对球员 C 的裁决，球员 C 在 CAS 之前的上诉已经终止。根据 SFT，如果仲裁庭忽视初审决定的约束力，则其行为超出了其职权范围。仲裁庭无视先前裁决的既判力效力，或者终局裁决偏离处理重大初步实体问题的中间裁决所表达的意见，即违反程序性公共政策。但是，既判

---

　　[1]　See CAS 2016/A/4408 Raja Club Athletic de Casablanca v. Baniyas Football Sports Club & Ismail Benlamalem, http://jurisprudence. tas-cas. org/Shared%20Documents/4408. pdf.

力效力并不适用于根据第一次判决后的情况变化提出新的主张。这种情况是新的真正事实，而不是在决定性时刻已经存在的事实，在先前的诉讼中不可能援引虚假新事实。此外，如果在一审机构的诉讼过程中，正当程序的权利受到侵犯，则不能承认该机构由不当程序而作出的决定产生既判力效力。[1]

4.1.3 CAS 仲裁裁决的作出

4.1.3.1 CAS 仲裁作出裁决的方式

CAS 仲裁庭通常由一名或三名仲裁员组成，在只有一名仲裁员组成仲裁庭的情况下，仲裁庭作出裁决的程序相对简单。如果在由三名仲裁员组成的仲裁庭中，仲裁员对案件处理的结果存在不同意见，CAS 实践中一般有两种做法：多数原则和首席仲裁员决定原则。

4.1.3.1.1 多数原则

理论上，作出裁决应是仲裁员达成一致意见，但在实践中，也会出现不同意见的情况。在此情况下，多数仲裁机构的仲裁规则和有关仲裁的国际公约规定均采用多数原则作出裁决。例如，《联合国国际贸易法委员会仲裁规则》第 31 条第 1 款规定："在有三名仲裁员的情况下，任何裁决或其他决定应由仲裁员的多数作出。"[2]CAS《体育仲裁条例》第 R46 条和第 R49 条也规定了裁决作出的多数原则。在依多数原则作出的裁决中，大部分时三名仲裁员意见一致，也有一些存在少数反对部分或整个裁决的不同意见（dissenting opinions）裁决，那么这名不同意见的仲裁员可不在裁决中签名，裁决由首席仲裁员签名或其他两名仲裁员签名。自 2010 年，CAS《体育仲裁条例》明确规定："反对意见不被 CAS 认可，并不对外公布"，瑞士 PILA 没有进一步规定不同意见。瑞士联邦高等法院也认为，不同意见的仲裁员不能要求将不同意见作为裁决的一部分，除非当事人或其他两名仲裁员有明确的协议同意这样做[3]。

---

〔1〕 See CAS 2016/A/4673 Wydad Athletic Club v. Benito Floro Sanz, http://jurisprudence.tas-cas.org/Shared%20Documents/4673.pdf.

〔2〕 宋航：《国际商事仲裁裁决的承认与执行》，法律出版社 2000 年版，第 61-67 页。

〔3〕 See Despina Mavromati, Matthieu Reeb, *The Code of the Court of Arbitration for Sport*: *Commentary*, *Cases and Materials*, Wolters Kluwer Law & Business, 2015, pp. 366-367.

4.1.3.1.2 首席仲裁员决定原则

通常来说，仲裁员经过磋商达成妥协后是能够形成多数意见的，但也有对裁决不能形成多数意见的时候。在这种情况下，如何作出裁决？有关国家的仲裁法和一些仲裁机构的仲裁规则均采用了首席仲裁员决定规则。CAS《体育仲裁条例》第 R46 条和第 R49 条都规定了"在无多数意见的情况下，由首席仲裁员作出"，这意味着当仲裁庭由三名仲裁员组成，各仲裁员意见不一、各持所见的情况下，首席仲裁员的意见具有决定性意义，独任仲裁员仲裁庭的情况是必然的。

4.1.3.3 对仲裁裁决的内部审查

根据 2020 年版 CAS《体育仲裁条例》第 R46 条和第 R59 条的规定，在裁决签署前，裁决应转给总干事审查，也即 CAS 仲裁裁决最后由总干事审查。这样的审查主要是针对裁决格式和基本原则问题，如拼写、语法或数字计算错误等。在实践中，对裁决的审查也形成了一个标准程序：首先，名称如当事人和律师的姓名等必须准确，其次，裁决的结构符合 CAS 的模板。这样的审查也可能在不干扰仲裁庭裁量权的前提下，提醒仲裁庭关于一些实体问题，尤其是 CAS 判例法已经形成了惯例，不过总干事对裁决没有决定的权力，裁决仍由仲裁庭负责。瑞士联邦高等法院基于 CAS《体育仲裁条例》第 R59 条对 CAS 独立性的讨论也会考虑总干事"影响争议结果"的可能性。

4.1.4 CAS 仲裁裁决的解释

CAS《体育仲裁条例》第 R63 条规定："只要执行部分不清楚、不完整、模糊或裁决书操作部分的内容与理由部分矛盾或相悖，或裁决书的书写错误或数据错误，一方当事人在收到判决书 45 天内可申请 CAS 解释普通仲裁程序或上诉仲裁程序作出的裁决书。"裁决的解释条件包括：第一，当事人的请求，仲裁程序的每一方当事人有资格请求对裁决进行解释；第二，时限，时限为通知裁决 45 天内，超出时间即视为自动放弃请求解释的权利；第三，内容限制，解释的内容限于"执行部分不清楚、不完整，理由部分矛盾和数据错误"，不是请求仲裁庭进行规则或条款解释，也不是裁决通知发出前的实体问题的解释，更不是放弃裁决或请求修改裁决。例如，CAS 在作出执行裁决几个月后发布了完整的裁决，仲裁庭对执行裁决进行了修改，主要是针对禁赛的起始时间进行了说明。有运动员就此向 SFT 提起上诉，声称违反了既判力（res judicata）原则。SFT 认为，执行裁决的理由和执行裁决构成一个裁决，因此，不存在"既判力"问题。[1]

在 ГAS 2009/A/1816 案中，[2]CAS 仲裁庭确认了 FIFA DRC 的决定，根据此决定，俱乐部必须在收到决定的 30 天内支付给球员一笔补偿费，如果超过期限，外加支付 5% 的利息。球员请求解释裁决中的利息应从 3 年之前的合同违约起算。仲裁庭驳回了该请求，并指出，执行裁决表达很清晰，没有必要再澄清，球员的请求是基于对 FIFA 决定的错误解读。这样的请求是不可采的，因为它涉及修改裁决的内容。根据 CAS《体育仲裁条例》第 R59 条，裁决的解释是该裁决的一部分，对裁决的解释不能对裁决的独立性产生异议。

4.1.5. 对 CAS 仲裁裁决的异议与追诉

CAS 仲裁裁决作出后，仲裁程序即告终结。尽管仲裁规则强调了裁决对于双方当事人具有约束力，但是仲裁裁决的效力并不是绝对的，当事人对仲裁裁决仍存在一定范围内的保留执行的权利。CAS《体育仲裁条例》第 R59 条规定："裁决应为终局裁决，并对双方当事人有约束力。在某些情况下，根据瑞士法律，可在通过邮件或快递通知裁决后 30 天内进行追诉。"裁决作出后，败诉一方当事人如不愿执行仲裁裁决，为阻止裁决执行，可以根据瑞士 PILA 对裁决提出异议，法院可裁定撤销该裁决。

根据瑞士 PILA 第 177 条和第 191 条第 1 款，撤销仲裁裁决与仲裁机构所在地直接关联，由于 CAS 仲裁地为瑞士，撤销 CAS 仲裁裁决只能是瑞士联邦高等法院（SFT）。原则上，对于反对 CAS 裁决的上诉，SFT 只审查裁决程序，不审查裁决实体。SFT 不会修改被异议的裁决，而是确认裁决或宣布裁决无效，有些案件则发回重审。

---

〔1〕 See Federal Tribunal. Judgment 4A_730/2012, https://www.swissarbitrationdecisions.com/sites/default/files/29%20avril%202013%204A%20730%202012.pdf.

〔2〕 See ГAS 2009/A/1816 FC Molenbeek Brussels (1936) v. V. Voskoboinikova.

4.2 国际职业足球组织和 CAS 形成的内部执行体系

CAS 仲裁裁决的独立性曾在"甘德尔案"中受到质疑，[1]但 CAS 裁决作为独立仲裁裁决逐渐得到承认。根据瑞士 PILA 的规定，CAS 仲裁庭在任何其他地方作出的裁决均为瑞士裁决，因此，只有瑞士联邦高等法院（SFT）有权撤销 CAS 裁决。根据 PILA 第 12 章的规定，CAS 仲裁裁决在瑞士以外的地方承认和执行都被视为外国裁决，可以依据《纽约公约》的规定在其缔约国申请强制执行。这一规定为 CAS 裁决在境外执行提供了法律保障。

不同于国际商事仲裁[2]，在国际职业足球领域，球员、联赛俱乐部、国内、区域和国际组织之间已形成了交叉、协调和事实上的契约安排及制约关系。如果某国某俱乐部拒绝执行 CAS 仲裁裁决，FIFA 完全可以通过与其成员之间的契约安排阻止该国参加国际足球比赛[3]。因此，依靠合同和国际足球组织内部契约安排及制约关系承认和执行，少有 CAS 仲裁裁决遭到拒绝承认和执行。

国际足球组织和 CAS 形成的内部执行体系，也被称为"自我执行"（self-enforcing）机制，实质上是利用国际足球组织的管理体系和 CAS 强制力来执行仲裁裁决。这一执行机制在足球组织内部得到了良好的运行。根据 CAS《体育仲裁条例》第 R59 条的规定，在上诉程序作出的仲裁裁决为终局裁决，自 CAS 办公室将其执行部分通知当事人之日起对双方具有约束力。因此，CAS 裁决可立即执行，无需在国家法院进行任何程序。CAS 裁决是终局的，对当事人具有效力。由于仲裁庭所在地是瑞士洛桑，如对仲裁裁决有异议，只能在规定的时限范围内向 SFT 提出上诉。如果当事人未在法定时限内将 CAS 裁决向 SFT 提出异议，则意味着当事人放弃了向 SFT 提起异议的权利。

---

〔1〕　See Coccia, M, "International Sports Justice: The Court of Arbitration for Sport", *Social Science Electronic Publishing*, Vol. 87, No. 5, 2014, pp. 989-1011.

〔2〕　参见石俭平：《国际体育仲裁与国际商事仲裁之界分——以 CAS 体育仲裁为中心》，载《体育科研》2012 年第 5 期。

〔3〕　See Mangan, M, "The Court of Arbitration for Sport: Current Practice, Emerging Trends and Future Hurdles", *Arbitration International*, Vol. 25, No. 4, 2009, pp. 591-602.

4.2.1 承认和执行 CAS 裁决的相关规则

国际足球组织与 CAS 已建立了完整的裁决内部执行的机制。在规则方面，对于裁决的执行，FIFA《章程》（2019 年版）第 60 条第 1 款规定，足球联合会、协会和联盟应同意遵守根据国际足联有关机构作出的任何决定，且第 2 款规定，前述的足协组织应采取一切必要的预防措施，以确保自己的成员、球员和官员遵守这些决定。换言之，FIFA 通过《章程》确认了其成员及其下属成员遵守裁决的义务。对于不遵守 CAS 和 FIFA 决定的行为，《章程》第 61 条规定根据《国际足联纪律守则》进行处罚。《国际足联纪律守则》（2011 年版）第 64 条第 1 款明确规定："任何人不向另一方支付金钱……，即使随后的 CAS 上诉的决定指示这样做，或者任何人不遵守 CAS 的上诉决定……，将受到纪律处罚。"处罚包括罚款、开除、降级、转会禁令和进行任何与足球有关活动。[1]《国际足联纪律守则》（2019 年版）第 15 条的规定，未能遵守 CAS 决定将会受到以下纪律制裁：（1）被处以罚款；（2）在 30 天期限内支付到期金额或遵守非财务决定；（3）如果是俱乐部，在上述最后期限到期后，如果持续违约或未能在规定期限内完全遵守决定，将宣布转会禁令，直至支付全部到期金额或遵守非财务决定。如果持续不遵守、屡次犯法或严重违规，除禁止转会外，还可责令扣分或降级；（4）如属社团，在上述最后期限届满后，如持续违约或未能在规定期限内完全遵守决定，可施加额外的纪律措施；（5）对于自然人，在上述最后期限届满后，如果持续违约或未能在规定期限内完全遵守决定，可在特定期限内禁止参与任何与足球有关的活动，也可以采取其他纪律措施。该些规定意味着 FIFA 在国际足球大家庭中拥有执行 CAS 裁决的一般权限，[2]FIFA《纪律守则》在确保国际足球争议 CAS 裁决的承认和执行发挥重要作用。

---

〔1〕 See FIFA Disciplinary Code 2011 edition.

〔2〕 See CAS 2008/A/1658 SC Fotbal Club Timisoara S. A. v. Fédération Internationale de Football Association（FIFA）& Romanian Football Federation（RFF），http://jurisprudence. tas-cas. org/Shared%20Documents/1658. pdf.

4.2.2 国际足联执行机制

FIFA 实行的"执法系统"简单易行、低价高效[1]。判定债权人只需向纪律委员会提出适当的请求，并申请强制执行仲裁庭的仲裁裁决即可，且这个"申请"是免费的。通过国际足球"金字塔式"管理结构，逐级实现了由 FIFA、洲际和区域联合会、各国内足球协会到各俱乐部、球员及相关人员遵守 FIFA《章程》和规则，进而实现对 CAS 裁决的遵守。一般来说，裁决"强制执行"分两个阶段实施：

第一阶段，纪律委员会确定债务人未能遵守付款或履行义务的命令，对判定债务人处以罚款，罚款应在特定期限内（通常为 30 天）支付。在确定罚款的同时，纪律委员会要求判定债务人在另一个期限内遵守支付或履行仲裁裁决中宣布的命令。授予的最后期限通常取决于判定债务人债务的程度，范围在 30 至 90 天之间。如果判定债务人未能在期限内遵守上述要求，纪律委员会的决定已经包括将给予进一步处罚或多次交错处罚。根据判定债务人的类型（俱乐部、国家协会或自然人），处罚可以是从扣分到降级，从球员转会市场排除或临时排除，直至被 FIFA 开除或禁止、临时禁止参加任何与足球有关的活动。当然，根据《国际足联纪律守则》第 64 条的规定，国际足联纪律委员会的审查的权限仅限于核实是否遵守 FIFA 或 CAS 先前作出的决定[2]。

第二阶段，如果债务人在最后期限届满后仍未履行债务，则执行程序进入第二阶段，即由 FIFA 和相关协会负责执行处罚，实施转会禁令或禁止参加任何与足球有关的活动的禁令。只有在支付了到期款项后才能解除，并保留其他纪律措施。为了避免受处罚方通过负责人辞职或变更来逃避制裁或债务，《国际足联纪律守则》（2019 版）第 15 条第 4 款规定，不合规方的继任者也被视为不合规方，并可以通过其总部、名称、法律形式、球队颜色、球员、股东或利益相关者或所有权以及相关比赛类别等标准来评估是否为继任方。严厉处罚的威胁通常使裁决得到很好的执行，根据国际足联纪律委员会的数

---

[1]　See Ulrich Haas, "The enforcement of football-related arbitral awards by the Court of Arbitration for Sport (CAS)", *International Sports Law Review*, Vol. 14, No. 1, 2014, pp. 12-29.

[2]　See CAS 2012/A/2689 SC Sporting Club SA Vaslui v. Fédération Internationale de Football Association (FIFA), http://jurisprudence.tas-cas.org/Shared%20 Documents/2689.pdf.

据显示，只有不到 1%的案件未能执行。

　　国际足球组织之所以可以这样做，是因为瑞士法律赋予了足球协会广泛的自由裁量权。协会可以决定其成员和其他受其规则约束的人的义务，可以实施其认为必要的处罚来执行这些义务。但是，足球协会实施处罚须满足以下条件：第一，违反者受该足球协会的章程和规则管辖；第二，该足球协会的章程或规则中有明确的规定即存在法定依据；第三，处罚程序必须确保被听证的权利即保证程序公正〔1〕。

4.2.3 CAS 上诉机制

4.2.3.1 依据《国际足联纪律守则》向 CAS 提起上诉

　　如果判定债务人未能履行其在仲裁庭裁决下的义务，这本身又构成国际足球组织内部机构可上诉的决定。根据《国际足联纪律守则》（2019 年版）的规定，反对国际足联纪律委员会和上诉委员会的决定可上诉至 CAS，CAS 有权审查纪律委员会的此类决定。事实上，CAS 受理了多起因不遵守 CAS 裁决受到 FIFA 纪律处罚并再次上诉到 CAS 的案件。此类案件是通过 CAS 裁决的方式强调《国际足联纪律守则》所规定的义务。在 CAS 2019/A/6239 案中〔2〕，仲裁庭指出，《国际足联纪律守则》第 64 条明确规定，俱乐部有义务遵守 FIFA 决定。接到处罚决定的俱乐部应尽快向另一家俱乐部支付相关款项。如果无视决定，可能会受到罚款、扣分、禁止转会等处罚。CAS 的判例解释道，只要纪律规则得到适当采纳，说明了侵权行为，并直接或通过引用规定了有关处罚，就符合可预测性和合法性的原则。事实上，基于《国际足联纪律守则》的仲裁程序主要是为了保护国际足联及其成员的基本利益，即附属机构完全遵守其机构作出的决定。适用《国际足联纪律守则》主管机构有权自行调整规则中提及的适用于球员违反此类规则的个人行为的处罚，这一事实并不违背这些原则和

---

　　〔1〕　See CAS 2005/A/1001 Fulham FC (1987) Ltd v. Fédération Internationale de Football Association (FIFA), http://jurisprudence. tas-cas. org/Shared%20Documents/1001. pdf.

　　〔2〕　See CAS 2019/A/6239 Cruzeiro Esporte Clube v. Fédération Internationale de Football Association (FIFA), http://jurisprudence. tas-cas. org/ Shared%20Documents/ 6239. pdf.

"无法律规定则无效"（nulla poena sine lege certa）的一般原则〔1〕。

CAS 判例法认为，财政困难不能构成不遵守裁决的理由，即使俱乐部可能与其他债权人同时发生纠纷，也不应导致处罚减少〔2〕。相反，这种多次或者涉及多个当事方的行为很可能会导致俱乐部被贴上"屡犯"（repeat offender）的标签，并将其视为加重因素，而不是减轻处罚的因素。此外，只有当体育组织纪律机构施加的处罚严厉程度与违反行为不相称的时候，才可由 CAS 修改处罚〔3〕。

4.2.3.2 CAS 上诉程序审查

根据 CAS《体育仲裁条例》第 R57 条的规定，CAS 有权充分审查事实和法律，可以发布一项新的决定取代被异议的决定，或者撤销该决定并将案件发回重审，因此拒绝承认和执行 CAS 裁决可以再次向 CAS 提起上诉。在目前 CAS 发布的国际职业足球判例中就有 19 起因涉及不遵守 CAS 裁决上诉至 CAS 的案件。虽然根据 CAS《体育仲裁条例》第 R57 条规定，CAS 拥有广泛的审查权，但仲裁庭对于 FIFA 等国际足球组织实施处罚的审查范围则是有限的。根据瑞士法律，体育协会决策机构享有广泛的纪律自由裁量权，仅在极端情况下才受到 CAS 的限制，正如 CAS 2005/A/1001 案的裁决中的表述〔4〕：只有当处罚与已证实的违反规则相比存在明显和严重不相称，并且被视为违反基本公平和正义时，CAS 才会认为这种处罚是滥用处罚，从而违反强制性瑞士法律。根据《国际足联纪律守则》，其职责是在未遵守 CAS 决定的情况下处理 CAS 决定的执行，对于不遵守 CAS 裁决受到纪律处罚再向 CAS 提起的上诉，仲裁庭的审查范围不得超出初审程序和决定的正式和实质性范围。换言之，CAS 仲裁庭只处理不遵守纪律程序最终导致上诉的事件，而不应关注另一仲裁庭已作出最终决定的先前审议的案情。

---

〔1〕　See CAS 2007/A/1206 Milan Zivadinovic v. Iraqi Football Association（IFA），http://jurisprudence. tas-cas. org/Shared%20Documents/1206. pdf.

〔2〕　See CAS 2019/A/6129 US Città di Palermo v. Fédération Internationale de Football Association（FIFA），http://jurisprudence. tas-cas. org/Shared%20Documents/ 6129. pdf.

〔3〕　See CAS 2018/A/5900 Al Jazira FSC v. Fédération Internationale de Football Association（FIFA），http://jurisprudence. tas-cas. org/Shared%20Documents/5900. pdf.

〔4〕　See CAS 2005/A/1001 Fulham FC（1987）Ltd v. Fédération Internationale de Football Association（FIFA），http://jurisprudence. tas-cas. org/Shared%20Documents/1001. pdf.

由于体育组织内部完整的裁决执行体系，CAS 绝大部分的裁决能够得到有效的执行。CAS 总干事 Matthieu Reeb 和调解部主任 Despina Mavromati（2015）在关于 CAS 裁决的承认和执行的申明中指出："由于体育联合会内部通常存在一些运作良好的执行机制，因此，承认和执行由 CAS 作出的裁决并不存在很大的问题。"尽管国际足联"执法系统"最终导致当事人规避国家法院裁决的执行程序的行为存在争议，但是通过体育管理机构对相关成员实施纪律处罚以构成威胁来支持的"自我执行 CAS 裁决"，是一项根据瑞士法律的合同义务，也即属于"协会自治"范畴。[1]Matteo Maciel（2016）指出，由于 CAS 裁决能够得到很好地遵守，且 CAS 作为裁决机构在时效、公平、公正方面得到认可以及 FIFA 与其成员之间私人合同的形式，最终保障了 CAS 仲裁裁决的约束力和有效性[2]。正如 CAS/2017/A/5227 案的仲裁庭指出[3]，完全遵守协会的规则和国际足联和/或 CAS 的裁决，与国际足联纪律处分程序与体育协会的所有纪律程序一样，主要是为了保护 FIFA 及其成员的基本利益；也正是遵守这些 FIFA 和 CAS 的裁决，才能使 CAS 成为独立、公平和公正的仲裁机构。

4.3 根据《纽约公约》承认和执行

世界多数国家是 1958 年《纽约公约》的成员国，依据《纽约公约》承认和执行外国仲裁裁决已成为国际裁决的承认和执行的主要途径。《纽约公约》第 3 条规定："各缔约国应承认仲裁裁决具有拘束力，并依援引裁决地之程序法及下列各条所载条件执行之。承认或执行适用本公约之仲裁裁决时，不得较承认和执行本国仲裁裁决附加之过苛之条件或征收过多之费用。"[4]根据这一规定，执行外国仲裁裁决的程序规则应援引裁决地即被申请执行地国的法律。根据瑞士 PILA 第 176 条和 CAS《体育仲裁条例》的规定，无论 CAS 仲

---

〔1〕 See Despina Mavromdti, Matthieu Reeb, *The code of the Court of Arbitration for Sport—commentary, cases and materials*, Wolters Kluwer Law & Buisiness, 2015, pp. 367-368.

〔2〕 See Matteo Maciel, "Court of Arbitration for Sport: The Effectiveness of CAS Awards and FIFA", *Legal Issues Journal*, Vol. 4, No. 2, 2016, pp. 21-38.

〔3〕 See CAS 2017/A/5227 Sporting Clube de Braga v. Club Dynamo Kyiv & Gerson Alencar de Lima Junior, http://jurisprudence. tas-cas. org/Shared%20Documents/5227. pdf.

〔4〕 宋航：《国际商事仲裁裁决的承认与执行》，法律出版社 2000 年版，第 94-95、112-113 页。

裁裁决在哪里作出，都被视为瑞士裁决。如果 CAS 裁决需要在瑞士境内强制执行，只要当事人向仲裁地法院交存裁决书副本，或者应当事人请求，由仲裁庭出具与裁决交存有同等效力的证明书。

　　CAS 仲裁通常受理涉及国际奥委会、各国际体育联合会等国际体育组织的争议，多数国际体育组织是基于《瑞士民法》注册的协会，而另一方当事人可能分布在世界各地，因此，其裁决往往涉及两个或者两个以上国家的当事人，属于国际仲裁裁决。当 CAS 裁决需要在瑞士之外国家承认和执行时，当事人可以根据《纽约公约》的规定向其成员国申请承认和执行该仲裁裁决。根据《纽约公约》第 4 条所规定的程序性条件，为使裁决获得承认和执行，当事方应在申请时提供：经正式认证的裁决正本或经过正式证明的副本和第 2 条所称仲裁协议的正本或正式证明的副本。事实上，正如前文所述，在 CAS 作出的诸多裁决中，几乎没有通过国家法院承认和执行的案件，只有一些根据《纽约公约》申请拒绝承认和执行 CAS 裁决的案件。

4.3.1 根据《纽约公约》拒绝承认和执行的理由

　　若当事人不愿自行履行裁决中的义务，为阻止法院强制执行裁决，可以提出证据证明裁决不符合执行条件并请求法院拒绝执行仲裁裁决。作为被申请拒绝承认和执行的法院，可以通过对裁决的审查，依据某种理由拒绝承认和执行仲裁裁决。根据《纽约公约》第 5 条的规定，除瑞士外其他成员国拒绝承认和执行 CAS 裁决的理由包括：第一，仲裁协议无效或失效，或当事人订立仲裁协议的行为不符合裁决地的法律；第二，仲裁庭违反正当程序原则；第三，仲裁员在审理案件和作出裁决时超出其管辖权；第四，仲裁庭的组成或仲裁程序不当；第五，裁决对当事人无约束力，或裁决在作出国被撤销或终止；第六，争议事项不能按照寻求承认和执行国的法律予以解决；第七，执行裁决将违反寻求承认和执行国的公共政策。基于上诉理由，一国法院可能有依职权拒绝承认和执行违反仲裁裁决的义务，但举证责任由上诉人承担。

4.3.2 根据《纽约公约》拒绝承认和执行的判例

4.3.2.1 以仲裁协议无效为由的大连一方俱乐部案

仲裁协议是仲裁庭确立管辖权的依据，也是作出裁决的依据。因此，也构成援引作为拒绝承认和执行仲裁裁决的首要依据。在实践中，以此为由否定 CAS 裁决的判例并不多。我国大连市中级人民法院对大连一方案的判决具有典型性意义。

2018 年 8 月，大连市中级人民法院（简称"大连中院"）作出（2017）辽 02 民初 583 号案的裁定，是 CAS 裁决在我国法院承认和执行的首个案件。该案主要涉及代理人法律服务合同争议的 CAS 裁决。在大连一方俱乐部与阿根廷俱乐部合同争议在 CAS 程序中达成和解协议后，因大连一方俱乐部拒付第二份合同所约定的外籍律师服务报酬，导致外籍律师于 2014 年 10 月向 CAS 提起仲裁申请。2015 年 9 月 CAS 裁定大连一方俱乐部向申请人支付相关费用。大连一方俱乐部以质疑仲裁条款的有效性和仲裁通知不得当为由向大连中院申请拒绝承认和执行 CAS 裁决。[1]对于申请人提出的两个理由，大连中院认为：针对第一个理由，根据《中华人民共和国涉外民事关系法律适用法》的规定，仲裁条款的有效性应以当事人选择的瑞士法作为准据法来判断，因申请人并未提供仲裁协议无效的证据，故而其主张不能成立；对于第二个理由，CAS 办公室采用了传真、电邮和特快专递三种方式进行送达仲裁通知，符合 CAS《体育仲裁条例》有效送达的规定。因此，2018 年 8 月大连中院作出裁定，CAS 裁决为瑞士籍仲裁裁决，可依托《纽约公约》予以承认和执行[2]。该判例为 CAS 裁决在我国的承认和执行提供了指引，也为我国司法与 CAS 仲裁的良性互动奠定了基础。

4.3.2.2 以违反公共政策为由拒绝承认和执行 CAS 仲裁的判例

一般而言，公共政策（public policy）的概念界定了在解决私人当事人之

---

〔1〕 参见傅攀峰：《从"一方俱乐部案"看国际体育仲裁院裁决在我国的承认与执行》，载《重庆理工大学学报（社会科学）》2019 年第 6 期。

〔2〕 参见张春良：《国际体育仲裁院仲裁裁决在中国的承认与执行——基于我国承认与执行 CAS 裁决第一案的实证考察》，载《天津体育学院学报》2019 年第 2 期。

间争议时，当事人意思自治与国家在国内裁决的撤销程序或外国裁决的执行
程序中保护其最基本原则的利益之间的界限。因此，公共政策也被认为是仲
裁地国保护其法律制度免受因使用外国法而带来无法容忍的后果的侵犯而设
置的一道"安全阀"〔1〕。这一概念可能因法域而异，例如，瑞士联邦高等法
院在 2006 年的一项裁决中裁定，竞争法特别是有争议的欧盟和意大利竞争
法，不是瑞士公共政策概念的一部分〔2〕。因此，在各国法院以违反公共政策
为由拒绝承认和执行 CAS 仲裁裁决的判例相对较多。

（1）德国法院 Wilhelmshaven 案　2007 年，Wilhelmshaven 俱乐部签下了
一名 19 周岁的球员。随后，球员的两家前俱乐部根据 FIFA RSTP 第 20 条，
要求提供总共 16 万欧元的培训补偿。由于 Wilhelmshaven 拒绝支付 FIFA DRC
要求的赔偿，上诉至 CAS〔3〕。CAS 驳回上诉，俱乐部仍然拒绝支付训练赔偿
金。FIFA 要求于德国足协（DFB）强制执行付款，并对俱乐部在随后的
2011/12 赛季和 2012/13 赛季实施 6 分的扣分处罚。因赔偿不足，又在 2013/
2014 赛季对俱乐部实施进一步的降级处罚。Wilhelmshaven 对德国足协提起民
事诉讼，不莱梅地区法院接受了所涉 CAS 裁决的既判力效力，并驳回了原告
的诉讼请求。但是，不莱梅地方高等法院以违反德国公共政策为由拒绝承认
和执行有关的 CAS 裁决，并废除了一审法院的裁决。不莱梅地方高等法院认
为：首先，DFB 内部仲裁机构不符合《德国民法典》第 1034 条第 1 款第 2 款
规定的独立性和公正性要求，因此 Wilhelmshaven 可以提起民事诉讼而无需首
先求助于德国足协的内部程序；其次，根据《德国宪法》第 9 条结社自由的
限制，DFB 必须检查要执行的处罚是否符合强制性法律规则即国内公共政策；
再次，法院认为，德国足协在未被法院宣布可执行的情况下执行支付"培训
补偿"义务的决定违反了《德国民法典》第 322 条第 1 款。由于计算出的赔
偿与球员的实际训练费用无关，这一索赔可由球员的雇主援引，那么支付
"培训补偿"的义务也违反了欧共体条约（TFEU）第 45 条即德国公认的实质

---

〔1〕　See Bockstiegel, K. et al., eds., *Arbitration in Germany: the Model Law in Practice*, Wolters Kluwer Law & Business, 2014, pp. 443–504.

〔2〕　See Federal Tribunal, Judgment 4P. 278/2005, https://www.swissarbitrationdecisio. ns.com/sites/default/files/8%20mars%202006%204P%20278%202005. pdf.

〔3〕　See CAS 2009/A/1810 & 1811 SV Wilhelmshaven v. Club Atlitico Excursionistas & Club Atlftico River Plate, http://jurisprudence. tas-cas. org/Shared%20Documents/ 1810,%201811. pdf.

性公共政策[1]。事实上，德国法院还认为，CAS 适用的国际足联规则，有违劳工自由流动的权利。最终德国联邦最高法院确认，作为公共秩序规则的一部分，体育仲裁可根据竞争法进行审查，并就此类案件适用利益平衡测试（balance of interest test），即运动员诉诸司法和行使职业自由的权利与体育联合会结社自由相平衡，并确认了"明显"（manifest）或"公然"（flagrant）违反竞争法构成违反公共政策的审查标准。联邦最高法院强调，体育职业人员和体育协会都愿意建立有效的纠纷解决机制，这对于确保世界各地所有运动员在兴奋剂问题的统一标准和平等待遇至关重要[2]。

（2）西班牙法院皇家马德里案　2012 年西班牙法院宣布 CAS 涉及 IMFC Licensing B. V. 和西班牙皇家马德里俱乐部的裁决没有违反其国家公共政策理念，承认和执行 CAS 裁决[3]。该案涉及 IMFC Licensing B. V. 与皇家马德里俱乐部在 2005 年 7 月的一份合同，根据该合同，IMFC Licensing B. V. 将为购买球员的经济和联盟权利贡献 50% 作为回报，皇家马德里俱乐部将支付 45% 的利润，在球员转会并延迟支付的情况下，将支付每年 5% 的费用给 IMFC Licensing B. V.。2008 年 8 月，这名球员被转会到另一家俱乐部，皇家马德里直到 2010 年 6 月才向 IMFC Licensing B. V. 支付款项。IMFC Licensing B. V. 向 CAS 普通程序提起申请，要求皇家马德里支付利息。CAS 在 2011 年裁定后者向前者支付利息，后者不服，向西班牙法院申请拒绝承认和执行 CAS 裁决。最终，这一裁决得到西班牙法院宣布承认和执行。

（3）希腊法院保加利亚球员案　2014 年希腊塞萨洛尼基一审法院公布了 7568/2013 案件的裁决，该案涉及一名保加利亚籍球员要求位于塞萨洛尼基的一家足球俱乐部因他拒绝全额支付他的工资和租赁费用的赔偿。应球员的请求，雇佣合同中约定了一项关于 CAS 普通程序的仲裁条款，以避免向国内法

---

[1]　See Marco van der Harst, "The Enforcement of CAS Arbitral Awards by National Courts and the Effective Protection of EU Law", in Paulussen, C. et al., eds., *Fundamental Rights in International and European Law*, Springer, 2016, pp. 279-307.

[2]　See Motyka-Mojkowski, Krystyna Kleiner, "The Pechstein Case in Germany: A Review of Sports Arbitration Clauses in Light of Competition Law", *Journal of European Competition Law & Practice*, Vol. 8, No. 7, 2017, pp. 457-462.

[3]　See Marco van der Harst, "The Enforcement of CAS Arbitral Awards by National Courts and the Effective Protection of EU Law", in Paulussen, C. et al. eds., *Fundamental Rights in International and European Law*, Springer, 2016, pp. 279-307.

提起诉讼[1]。CAS 在 2009 年的仲裁裁决中，要求俱乐部向球员支付的损害赔偿金以及仲裁费。俱乐部以违反公共政策为由向塞萨洛尼基一审法院申请拒绝承认和执行 CAS 裁决。最终，塞萨洛尼基一审法院认为，这一 CAS 的裁决没有违反公共政策，并予以承认和执行，结束了球员 5 年的赔偿等待。[2]

　　上述案件最后都以驳回请求并承认和执行了 CAS 裁决告终。值得注意得是，在 Wilhelmshaven 案中，一级法院均接受了 CAS 裁决的既判效力。然而，法院忽视了其评估拒绝理由存在的当然职责（ex officio duty），特别是违反德国公共政策概念下《德国民法典》第 1061 条第 2 款和《纽约公约》第 V 条第 2 款第 b 项的规定。因此，德国法律要求地方高等法院通过适用公共政策推翻一审法院的裁决。各国公共政策存在差异，但总体上来说，各国法院都接受了在无"明显"违反公共政策的情况下对 CAS 裁决予以承认和执行。当然，由法院决定 CAS 裁决在各自辖区范围内的承认和执行，仍然存在相反意见的可能性。因此，确保 CAS 裁决的民事或执行程序中得到有效保护最终取决于国家法院。

4.4 对中国职业足球仲裁裁决的承认和执行的启示

　　如前文所述，CAS 仲裁裁决的承认和执行是学界研究的热点，尤其是在 2008 年北京奥运会前后，有一批关于奥运会特别仲裁庭仲裁裁决承认和执行的研究成果。这些研究成果主要探讨了依据《纽约公约》承认和执行，以及我国的"商事保留"问题。就职业足球争议仲裁裁决来看，多年以来，已有许多涉中国职业足球当事方的案件上诉到 CAS。除了前文所述的大连一方案通过上诉到大连中院，大连中院对仲裁裁决予以承认和执行之外，其他案件裁决均得到了承认和执行。

4.4.1 CAS 仲裁裁决的承认和执行

　　作为国际足球体系的组成部分，我国职业足球参与 CAS 仲裁的案件逐渐

---

　　[1]　根据《希腊民事诉讼法》第 867b 条，为保护"弱势方"劳动争议不在仲裁范围内。本案要求加入仲裁条款的是球员本人，而不是俱乐部。因此，希腊法院没有援引或评估上述条款。

　　[2]　See Marco van der Harst, "The Enforcement of CAS Arbitral Awards by National Courts and the Effective Protection of EU Law", in Paulussen, C. et al., eds., *Fundamental Rights in International and European Law*, Springer, 2016, pp. 279-307.

增多，承认和执行 CAS 裁决是现实情况。《中国足球协会章程》（2019）总则第 4 条第 3 款第 5 项明确规定：本会及本会会员服从国际体育仲裁法庭、国际足联和亚足联的终审裁决。第 14 条会员义务第 3 款规定"承认并接受……国际足联争议解决机构对行业内纠纷的管辖权"，并规定"任何会员不履行上述义务，本会有权根据相关规定进行处罚"。《中足协身份与转会规定》（2015）第 83 条规定，在涉外转会中，对不服国际足联或亚足联裁决且拒付罚款及赔偿金的俱乐部，将从其联赛保证金或分成款中扣除相应数额，以赔付国际足联裁定的罚金及赔偿金。对于情节严重者，将暂时取消该俱乐部涉外转会资格或基于俱乐部罚款、扣分直至降级的处罚。因此，属于中国足球协会会员的足球俱乐部、球员、官员等，必须承认和执行 CAS 仲裁裁决，否则将受到足球行业处罚。

除了通过中国足协管理体系外，大连中院一方俱乐部案为 CAS 裁决在中国的承认和执行提供了典范。在理论上，除了应当事人的请求审查所请求的事项外，根据《纽约公约》第 5 条和《国际商事仲裁示范法》第 36 条，大连中院还可"依职权"（ex officio）审查争议事项的可仲裁性和裁决是否违背公共政策，一旦裁决涉及争议的可仲裁性和违反公共政策问题，法院可以予以拒绝承认和执行。但实际上，CAS 仲裁裁决的可仲裁性和是否违反公共政策的问题也受到瑞士联邦高等法院的监督，裁决出现可仲裁性和违反公共政策的可能性极小。对于中国法院对 CAS 裁决的审查，本书也认同，"中国的司法审查不是遮断 CAS 裁决所承载的体育法治之光的长城，中国也不是国际体育法治大厦的'漏屋'"[1]，应通过司法与 CAS 的良性互动，推动中国体育法治与国际接轨，同时为国际体育法治发展贡献中国力量[2]。

4.4.2 国内仲裁裁决的承认和执行

根据《体育法》（1995）第 33 条"在竞技体育活动中发生纠纷，由体育仲裁机构负责调解、仲裁。"以及《中国足球协会章程》（2019）第 54 条"本会及本会管辖范围内的足球组织和足球从业人员不得将争议诉诸法院。争

---

[1] 杨璨：《论国籍对运动员参赛资格的影响》，湘潭大学 2017 年硕士学位论文。

[2] 参见张春良：《国际体育仲裁院仲裁裁决在中国的承认与执行——基于我国承认与执行 CAS 裁决第一案的实证考察》，载《天津体育学院学报》2019 年第 2 期。

议各方或争议事项属于本会管辖范围内的为国内争议，本会有管辖权。"法院通常拒绝受理职业足球相关案件，这类争议只能向中国足球协会仲裁委员会提起内部争议解决，中国足球协会仲裁委员会的裁决也成为终审裁决。2023年1月1日新修订的《体育法》生效后，国家体育总局依法在北京成立了中国体育仲裁委员会。根据新修订的《体育法》第97条"体育仲裁裁决自作出之日起发生法律效力。裁决作出后，当事人就同一纠纷再申请体育仲裁或向人民法院起诉的，体育仲裁委员会或者人民法院不予受理。"体育仲裁为终局裁决，具有法定约束力，当事人应当自觉履行裁决结果。如果不予执行，当事人可向人民法院申请强制执行。

本章小结

国际体育仲裁裁决是终局的，对当事双方都有约束力。作为国际仲裁裁决，国际职业足球 CAS 仲裁裁决有别于其他国际仲裁裁决，其仲裁裁决主要是通过国际足联和 CAS 相关规则、执行机制、上诉机制形成的内部系统进行承认和执行的。该内部执行体系是高效的，对于职业足球争议 CAS 裁决的承认和执行发挥着关键作用，也是足球自治体系强大生命力的保障。

《纽约公约》为国际仲裁裁决的承认和执行提供了依据。对于国际职业足球争议 CAS 裁决而言，虽然有一些以拒绝和承认执行为由上诉到各国法院的案件，但最终各国法院均驳回上诉承认了 CAS 仲裁裁决。因此，依据《纽约公约》承认和执行国际职业足球争议 CAS 裁决是有限的。各国法院都接受了在无"明显"违反公共政策的情况下承认和执行 CAS 裁决，这也反映了各国法院对 CAS 仲裁的尊重。

对中国职业足球争议仲裁裁决而言，应按照中国足协相关章程和规则承认和执行 CAS 仲裁裁决，同时保持对 CAS 裁决可能的可受理性、违反公共政策等问题的司法审查，以确保裁决的合法性。在国内争议方面，中国足协应修改相关章程和规则，来配合即将建立的仲裁机构裁决的承认和执行。

国际体育仲裁院职业足球
合同稳定争议仲裁法理

　　球员流动是职业足球的一部分。日益增加的国际流动性直接影响了职业球员与其雇佣俱乐部的合同状况。在博斯曼法案之前，国际足联和欧足联的转会系统是通过俱乐部购买球员的联盟权利（federative rights）来实现球员转会，即使球员合同期届满，原俱乐部也可以向新俱乐部索要"培训"费。1995 年"博斯曼法案"让这一转会系统受到毁灭性的打击。欧洲法院对该案裁定，根据劳工自由流动的规定，合同期外的足球运动员可以自由转会到欧盟内的其他俱乐部而不受任何阻碍。[1]这一决定促使国际足联在 2001 年建立 FIFA RSTP。该规则的支柱之一就是合同稳定原则，即促进球员和俱乐部之间的"合同稳定"（contract stability），同时尊重每个球员根据《欧盟运作条约》第 45 条保护的自由流动权。RSTP 通过引入合同稳定概念取代了之前的转会制度，以实现转会制度在国际足联和欧洲足联规则的框架内的"重构"。[2]

　　"合同稳定"对于维护足球运动有效运作和保持竞争平衡至关重要。多年以来，国际足联致力于合同稳定，以维持球员自由流动和合同稳定的平衡。为维持合同稳定，RSTP 规定了三个必须遵循的原则，即在有正当理由的情况

---

　　〔1〕　See Case C-415/93 Union Royale Belge des Sociétés de Football Association ASBL v Jean-Marc Bosman, [1995] ECR I-4921.

　　〔2〕　Statement IP/02/824 of 5 June 2002 of the then Competition Commissioner Mario Monti："国际足联现在已经通过了新的规则，这些规则是由国际足联的主要成员工会 FIFpro 同意的，并且遵循了委员会可以接受的原则。新规则在球员的基本自由流动权和合同稳定性之间找到了平衡点，同时也实现了体育运动完整性和比赛稳定性的合法目标。现人们普遍认为，欧盟和国家法律适用于足球，而且现在人们也认识到，欧盟法律能够考虑到体育的特殊性，特别是承认体育具有非常重要的社会、融合和文化功能。足球现在有了向前发展所需的法律稳定性。"

下任何一方均可终止合同而不产生任何后果；球员可基于体育正当理由终止合同而不受到体育处罚；单方面无正当理由终止合同将赔偿和可能受到体育处罚。本章主要围绕这三个原则所涉争议的 CAS 法理展开探讨。

5.1 国际体育仲裁院职业足球正当理由终止合同 CAS 仲裁法理

5.1.1 正当理由终止合同概述

5.1.1.1 概念

什么是职业足球终止合同的"正当理由"？国际足联 RSTP 并没有明确的界定，国际足联 RSTP 的评注对"正当理由"的概念作了如下表述：正当理由的定义以及是否存在正当理由应根据每一具体案件的案情来确定。违反雇佣合同条款的行为仍然不能作为正当理由终止合同的理由，但是，如果违约行为持续很长时间，或者在一段时间内累积了许多违约行为，那么违约行为很可能已经达到了使遭受违约行为的一方有权单方面终止合同的程度，也即构成"正当理由"需要形成"严重违约"。根据《瑞士债法典》（CO）第 337 条第 1 段和第 2 段的规定，只要终止合同方可以善意预期不再继续雇佣关系，就存在雇主和雇员终止雇佣关系并立即生效的正当理由，换言之，导致立即终止合同的事件必须严重破坏双方之间的信任，以致不能指望一个理智的人继续与对正当理由负责的另一方合作。CAS 判例法认为，"正当理由"的定义以及是否存在正当理由的问题，应根据每个具体案件的案情来确定。[1]

5.1.1.2 规则演进

2001 年版国际足联 RSTP 虽提及正当理由终止合同，却没有关于正当理由终止合同的明确规定[2]。2005 年修订版 RSTP 首次明确规定，在正当理由的情况下，任何一方均可终止合同而不产生任何后果即支付赔偿金或实施体育制裁[3]。2018 年版 RSTP 第 14 条新增了构成"正当理由"的两种情况，

---

[1]　See CAS 2006/A/1180 Galatasaray SK v. Frank Ribéry & Olympique de Marseille, http://jurisprudence. tas-cas. org/Shared%20Documents/1180. pdf.

[2]　《Regulations for the Status and Transfer of Players》2001 Edition.

[3]　《Regulations on the Status and Transfer of Players》2018 Edition.

即第 2 款 "任何一方的滥用旨在迫使对方终止或更改合同条款行为，对方（球员或俱乐部）有权有正当理由终止合同"和第 14bis 条 "以未付薪资为正当理由终止合同"的规定。其中第 14bis 条第 1 款规定："如果俱乐部在到期日未向球员支付至少两个月的工资，该球员将被视为有正当理由终止合同。前提是他已以书面形式通知俱乐部违约，并给予债务人俱乐部至少 15 天的期限，以充分履行其财务义务。如合同中存在替代条款，应在本条款生效时予以考虑。"第 2 款规定："对于未按月支付的球员的任何工资，应考虑两个月对应的比例值。延迟支付至少两个月的金额也应被视为球员终止合同的正当理由，但前提是他必须遵守上述第 1 款规定的终止通知。"第 3 款规定："由雇主和雇员代表根据国内法在国内一级有效谈判的集体谈判协议可与本条第 1 和第 2 款规定的原则有偏差，以集体谈判协议的条款为准。"2021 年版 RSTP 沿用了上述规定。

5.1.1.3 案件受理的情况

自国际足联 RSTP 引入单方面终止合同的 "正当理由"概念后，CAS 受理了大量的以 "正当理由"为由的仲裁案件。截至 2021 年 6 月，CAS 官方网站发布的相关裁决数为 235 个，裁决结果见图 5.1，其中涉中国当事方的裁决 6 个，详见表 5.1。

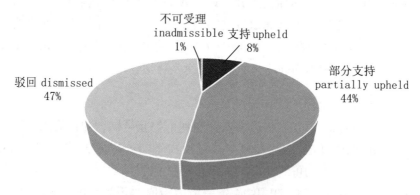

图 5.1 数据截至 2022 年 3 月 20 日，数据来源：CAS 官方网站数据库
（https://www.tas-cas.org/en/jurisprudence/archive.htm）

表 5.1 CAS 涉中国俱乐部有无正当理由合同终止仲裁案件一览表〔1〕

案号	起诉方	被诉方	诉由	结果
CAS 2016/A/4875	辽宁俱乐部	Erik Cosmin Bicfalvi	反对 FIFA 关于俱乐部无正当理由终止合同的决定	驳回上诉，确认了 FIFA 决定，俱乐部赔偿 1 389 992 美元及每年 5%利息
CAS 2015/A/4158	青岛中能俱乐部	Blaz Sliskovic	反对 FIFA 关于教练正当理由终止合同的决定	撤销了 FIFA 的决定，确认了教练无正当理由违约，教练员赔偿与俱乐部欠薪抵销
CAS 2015/A/3904	长春亚泰俱乐部	Jorge Samuel Caballero	反对 FIFA 关于球员正当理由终止合同的决定	驳回上诉，俱乐部赔偿 375 000 美元及利息
CAS 2014/A/3858	北京国安俱乐部	FIFA & André Luiz Barreto Silva Lima & Club Esporte Clube Vitória	反对 FIFA 关于俱乐部无正当理由终止合同的决定	部分支持，André Luiz Barreto Silva Lima 向俱乐部赔偿 90 000 美元及利息，俱乐部赔偿 962 504 美元及利息
CAS 2014/A/3807	青岛中能俱乐部	Gustavo Franchin Schiavolin	反对 FIFA 关于正当理由中止合同的决定	因没有递交上诉状被视为撤销
CAS 2014/A/3525	长春亚泰俱乐部	Marko Ljubinkovic	反对 FIFA 关于球员正当理由中止合同的决定	部分支持，俱乐部支付欠薪 20 000 欧元及利息，俱乐部支付违约赔偿 324 500 欧元及利息

5.1.2 构成正当理由终止合同的事由和 CAS 裁判要素

2018 年之前的 RSTP 版本并未明确规定构成"正当理由"终止合同的内

---

〔1〕 数据来源：CAS 官方网站数据库 https://www.tas-cas.org/en/jurisprudence/archive.htm.

容，2018 年版 RSTP 和最新的 2021 年版 RSTP 的第 14 条第 2 款和第 14bis 条规定了构成"正当理由"的条件。由于职业足球的复杂性和不断发展，在 CAS 实践中，还是根据案件的具体情况进行分析，当前 CAS 判例中构成"正当理由"的主要条件包括：

5.1.2.1 俱乐部欠薪：严重违反雇佣合同

支付薪酬是雇主对雇员的主要义务，如果雇主不能履行其义务，会使球员失去履行合同义务的信心，从而不愿再受合同的约束。[1]因此，雇主不支付或延迟支付可能构成正当理由终止合同，这在许多 CAS 判例中得到承认[2]。然而，根据瑞士法和 CAS 判例，终止合同是最终手段，只有"严重违反雇佣合同"才可能被视为合同终止的"正当理由"，这一判例的观点也在 CAS 案件中反复得到适用。

根据 CAS 判例，如果违约行为已达到受害方不能再善意地继续维持合同关系的程度，则构成终止合同的正当理由，那么，如何判断达到这种程度？根据"在个案的基础上评估雇佣合同相关条款的有效性并参考国际足联的评注"[3]，在实践中，CAS 也形成了相应的评判标准。CAS 2015/A/4039 案的仲裁庭认为，根据"有约必守"原则，如果球员已经超过 3 个月没有得到报酬，球员有权将其视为严重违约，从而产生终止权[4]。在 CAS 2006/A/1180 案中，对于雇主违反向雇员支付工资的义务等主要义务是否构成"正当理由"，仲裁庭提出了两个需要满足的条件：一是雇主迟交的金额不是"虚无"或完全次要的；二是因逾期付款而终止合同的前提条件是雇员必须给予警告，也即雇员必须提请雇主注意其行为不符合合同规定的事实[5]。在 CAS2013/

---

〔1〕 See CAS 2018/A/6005 Al-Ittihad Alexandria Union Club v. Luis Carlos Almada Soares, http://jurisprudence. tas-cas. org/Shared%20Documents/6005. pdf.

〔2〕 See CAS 2008/A/1447 E. v Diyarbakirspor, http://jurisprudence. tas-cas. org/Shared%20Documents/1447. pdf.

〔3〕 国际足联评注虽然不是具有约束力的法律渊源，但提供了有关合同稳定性的准则。作为一个指导原则，国际足联评注第 14.3 条规定，如果他已经超过 3 个月没有得到报酬，球员有权终止合同。

〔4〕 See CAS 2015/A/4039 Nashat Akram v. Dalian Aerbin Football Club, http://jurisprudence. tas-cas. org/Shared%20Documents/4039. pdf.

〔5〕 See CAS 2006/A/1180 Galatasaray SK v. Frank Ribéry & Olympique de Marseille, http://jurisprudence. tas-cas. org/Shared%20Documents/1180. pdf.

A/3091，3092&3093；CAS 2013/A/3398；CAS2016/A/4693 等案件中，仲裁庭指明了"严重违约"并构成"正当理由"的标准包括：合同违约持续的时间、逾期金额和对违约人必要的警告三个方面的内容：

（1）合同违约持续的时间　CAS 判例法认为，超过 3 个月不支付球员工资和超过 6 个月不按时支付球员工资是一种在相当长时间内发生的合同违约行为，可能已经构成俱乐部对球员支付义务的实质性违约。在 CAS 2018/A/6050 案中[1]，土耳其开塞利体育俱乐部与职业球员西比里·阿兰·特拉奥雷在 2016 年 8 月签订了雇佣合同，有效期至 2018 年 5 月。由于俱乐部拖欠薪水，球员于 2017 年 5 月要求终止合同并于 8 月向 FIFA DRC 提起赔偿，FIFA 部分支持了球员的请求，要求俱乐部向球员支付赔偿。俱乐部收到 FIFA DRC 的决定后，向 CAS 提起上诉。CAS 仲裁庭重审了案件的情况，指出超过 3 个月不支付球员工资或超过 6 个月未按时支付球员工资是一种在相当长的时间内发生的合同违约行为，可能已经构成对俱乐部支付球员的主要义务的实质性违反。对于欠薪持续的时间，最近又有调整，2018 年版 RSTP 规则将欠薪持续时长的标准由连续 3 个月减为连续 2 个月。因此，俱乐部超过 2 个月不支付球员工资，就可构成球员终止合同的正当理由。

（2）逾期的金额　逾期金额相当于球员月薪的两倍以上可能构成违约。如在 CAS 2018/A/6050 案中，[2] 开塞利体育俱乐部欠球员的薪资金额为 85 000 欧元，超过了球员两个月 75 000 欧元的薪资，符合构成"正当理由"逾期金额的要求。

（3）违约警告　根据 CAS 判例法[3]，为了使一方当事人能够有效地终止雇佣合同，通常要求他向另一方发出了通知，以便后者在同意正当理由的情况下有机会履行其义务。正如 CAS 2006/A/1180 案中仲裁庭所说："逾期付款是终止合同的一个先决条件，出于诚信原则，上诉人应当发出警告。如果一开始失职行为并不严重，上诉人必须在终止合同之前向被告人告知其行为

---

〔1〕　See CAS 2018/A/6050 Kayserispor Kulübü Derneği v. Sibiri Alain Traore, http://jurisprudence. tas-cas. org/Shared%20Documents/6050. pdf.

〔2〕　See CAS 2018/A/6050 Kayserispor Kulübü Derneği v. Sibiri Alain Traore, http://jurisprudence. tas-cas. org/Shared%20Documents/6050. pdf.

〔3〕　See CAS 2016/A/4693 Al Masry Sporting Club v. Jude Aneke Ilochukwu, http://jurisprudence. tas-cas. org/Shared%20Documents/4693. pdf.

不遵守合同以及他/她不接受这样的违约行为。对于足球领域的雇佣合同关系，根据合同稳定性原则，单方面终止合同必须被视为最后手段……。"但是，发出提醒或警告的义务不是绝对的，有些情况下也不需要提醒和警告。例如，另一方明显不打算履行其合同义务，或者合同订立了宽限期。在 CAS 2017/A/5242 案中，[1]仲裁庭指出：如果根据合同订立了提前终止条款，即规定 45 天的宽限期以履行付款义务，那么意味着，双方当事人不希望在提前终止合同之前先设定另一个宽限期，即使没有事先警告，也可能有正当理由。这样双方选择的解决方案符合《瑞士债法典》第 102 条的规定和瑞士联邦高等法院的判例，在严重违反合同的情况下，在没有事先警告的情况下终止合同是合理的[2]。

此外，CAS 判例表明，俱乐部内部的行政和财政困难不能作为不支付球员报酬的借口。如果俱乐部的确存在困难，应该用其他办法来解决这些困难，或者通过与球员的协商达成合适的解决方案。为维持合同稳定，球员亦具有减损义务。根据 CAS 判例法，减轻损害的义务应遵循公平的一般原则，即在俱乐部违约后，球员必须诚信行事并寻求其他工作，表现出勤勉和认真的精神，总体目标是限制违约造成的损害，避免俱乐部可能的违约行为造成不当得利。

5.1.2.2 侵犯人格权的行为可构成球员终止合同的正当理由

5.1.2.2.1 事由释义

根据《瑞士债法典》第 28 条的规定，任何由他人造成的侵犯人格权（personality rights）的行为都被认为是非法的，并将受到处罚，除非有正当理由推翻这一推定。对运动员而言，人格权包括通过体育活动、职业自由和经济自由来发展和实现人格。《欧盟基本权利宪章》第 15 条规定，人人有权从事工作和从事自由选择或接受的职业。因此，球员的人格权是一项基本权利。从运动员的角度来看，有关选拔、资格和停赛以及拒绝发牌的决定可能构成

---

〔1〕 See CAS 2017/A/5242 Esteghlal Football Club v. Pero Pejic, http://jurisprudence. tas‐cas. org/Shared%20Documents/5242. pdf.

〔2〕 See CAS 2016/A/4482 Etoile Sportive du Sahel v. Leopoldo Roberto Markovsky & Clube de Regatas Brasil & Fédération Internationale de Football Association（FIFA）, http://jurisprudence. tas‐cas. org/Shared%20Documents/4482. pdf.

对运动员人格权的侵犯。[1]在 CAS 判例法中，常见的俱乐部侵犯球员人格权的行为包括：安排球员单独训练、注销登记、不给球员提供工作许可、没有提供适当的医疗和物质保障等。

（1）安排球员单独训练　足球是一项团队运动，大部分的训练都需要作为一个团队或团队的组成部分一起进行。但是，俱乐部出于某种考虑会安排球员单独训练，这可能构成球员提前终止合同的正当理由。球员不积极参加比赛，会导致其在市场上贬值，并减少其未来的职业机会，因此，球员有权积极从事自己的职业。单独训练实质上就是侵害了球员积极从事职业的权利，如果没有关于球员被排除球队之外的合理解释，也没有证据表明该球员被指示与预备队一起训练，那么，球员被留下单独训练的事实相当于雇佣该球员的俱乐部严重侵犯了该球员的人格权以及双方签订的雇佣协议，从而使该球员有正当理由终止雇佣合同，违反了《瑞士债法典》赋予球员受这种消极行为侵害的保护。在 CAS 2017/A/5465 案中，[2]由于球员被排除参加俱乐部一队的冬季训练营，仲裁庭认为该球员有正当理由单方面终止雇佣协议。

（2）不予注册　根据国际足联 RSTP 的规定，球员必须在一个协会注册，以职业或业余身份为俱乐部效力。只有注册球员才有资格参加有组织的足球比赛。通过注册，球员同意遵守国际足联、联合会和协会的章程和规则。根据雇佣合同，球员不仅享有及时被支付报酬的权利，还应享有跟队友一起参赛的权利。不注册或注销登记，妨碍了球员为俱乐部效力的资格，侵害了球员的基本权利，原则上可以构成违约。瑞士联邦高等法院指出，对于职业足球运动员而言，为了保持其在市场的价值，在高级联赛踢球的职业足球运动员必须定期与同级别的球员一起训练，而且还应与尽可能高水平的球队进行比赛。如果合同的一方认为另一方违反了这种合同，他必须提醒或警告违约的一方意识到这一点，以便在愿意的情况下纠正违约行为。

（3）不提供工作许可　根据 RSTP 第 18.4 条的规定，合同的有效性不受

---

[1] See CAS 2013/A/3091FC Nantes v. Fédération Internationale de Football Association（FIFA）& Al Nasr Sports Club &CAS 2013/A/3092 Ismaël Bangoura v. Al Nasr Sports Club &FIFA & CAS 2013/A/3093 Al Nasr Sports Club v. Ismaël Bangoura & FC Nantes, http://jurisprudence. tas - cas. org/Shared%20Documents/ 3091,%203092,%203093. pdf.

[2] See CAS 2017/A/5465 Békéscsaba 1912 Futball v. George Koroudjiev, http://jurisprudence. tas-cas. org/Shared%20Documents/5465. pdf.

工作许可证授予的限制，雇主有义务采取必要措施为其雇员提供签证和/或工作许可证，这也是所有劳动法的基本原则。雇主没有向雇员提供签证/工作许可证，在被提醒这样做之后，俱乐部不采取必要的行动为球员提供签证或工作许可证，实际上是在禁止球员参加比赛，从而侵犯了他作为足球运动员的一项基本权利，这可能被视为雇主无理违约。在 CAS 2005/A/931 案中，[1] 仲裁庭确认了国际足联争议解决委员会（DRC）所陈述的劳动法基本原则即雇主必须向其雇员提供居留和工作许可。如果因没有得到工作许可迫使球员离开他受雇的国家而辞职，应视为雇主不正当地违反了雇佣合同。在 CAS 2017/A/5092 案中，[2] 对于球员因在租借期满后没有得到返还沙特的签证支持而终止合同，仲裁庭认为，租借合同并不影响雇佣合同的效力，俱乐部存在欠薪，且未给球员提供签证所需的材料，严重违反雇佣合同，球员具有终止合同的正当理由。

（4）没有提供适当的医疗和物质保障　俱乐部向职业球员提供适当的训练和医疗设施是让球员保持身体健康和体能处于最佳状态的物质基础。这些必要的物质基础，一方面使运动员能够履行其合同义务，另一方面也是要求职业运动员必须在比赛中处于巅峰状态，以维护其作为球员的市场价值。这些原则已经在许多 CAS 的判例中得到证实，并且是俱乐部和职业球员之间雇佣关系的重要组成部分。在长春亚泰案中，仲裁庭认为，在没有任何合同基础的情况下，俱乐部擅自注销了球员的注册，又剥夺了球员获得适当训练和医疗设施的权利，构成了球员终止合同的正当理由[3]。

5.1.2.2.2 CAS 裁判要素

球员和俱乐部可以就比赛达成协议，但如果合同不明确，球员原则上拥有某些基本权利如人格权。但是，在某些情况下，教练和俱乐部也有权在一线队和其他队之间调动球员，以及根据实际情况对球员进行相应的安排。这些权利可能发生冲突，当他们发生冲突时，需要对案件的关键因素及案件事

---

〔1〕　See CAS 2005/A/931 Györi ETO FC Kft v. Sasa Malaimovic, http://jurisprudence. tas-cas. org/Shared%20Documents/931. pdf.

〔2〕　See CAS 2017/A/5092 Club Hajer FC Al-Hasa v. Arsid Kruja, http://jurisprudence. tas-cas. org/Shared%20Documents/5092. pdf.

〔3〕　See CAS 2014/A/3525 Changchun Yatai Football Club Co. Ltd. v. Marko Ljubinkovic, http://jurisprudence. tas-cas. org/Shared%20Documents/3525. pdf.

实进行审查。CAS 在判例法中主要根据以下关键因素进行评判：

第一，为什么不予注册球员？球员不予注册的原因是判断正当理由的重要因素，但也需要根据案情具体判断。CAS 2016/A/4560 案的仲裁庭认为，俱乐部不注册球员，阻止这名球员参加比赛的机会，侵犯了球员的基本权利，且通过事实阻止球员为其效力，违反了双方的合同，使球员有正当理由终止双方的雇佣合同。[1]但是，如果一名球员在非注册期间仍在俱乐部的职业队训练，仍然领取足够的薪水，球员也没有及时投诉，那么，这种临时注销可能不构成终止合同的正当理由。

第二，球员是否仍获得全额工资？球员是否正常领取薪水是判断正当理由的关键因素。球员正常领取薪水，往往说明俱乐部或教练对球员的安排是一种暂时性的策略。在 CAS 2013/A/3091 案中，[2]仲裁庭认为，虽然纳萨尔俱乐部注销球员可能构成球员单方面终止合同的正当理由，但由于球员在注销期间仍在俱乐部职业队训练和领薪水，且球员在 1 月 23 日之前并未向俱乐部指出这一问题。仲裁庭认为这是球员默许俱乐部暂时注销，因此，球员无正当理由终止合同。

第三，这是一项永久性还是临时性措施？俱乐部对球员的安排是暂时性的还是永久性的，是确定是否构成正当理由的重要因素。仅仅是策略上的临时安排，并不能构成解除合同的正当理由。

第四，预备队是否有足够的训练设施？如果球员被安排到预备队训练，预备队也配备了足够的训练设施，并不能使球员对俱乐部未来合同的履行失去信心。相反，俱乐部持续且实质性地未履行合同，从而证明提前终止合同是合理的。

第五，合同中是否有明确规定俱乐部有权把球员降到预备队？如果合同中明确规定了俱乐部有权根据球员的情况把球员安排到预备队，那么，俱乐部对球员的调整具有合法依据的。

---

〔1〕　See CAS 2016/A/4560 Al Arabi SC Kuwait v. Papa Khalifa Sankaré & Asteras Tripolis FC, http://jurisprudence. tas-cas. org/Shared%20Documents/4560. pdf.

〔2〕　See CAS 2013/A/3091 FC Nantes v. Fédération Internationale de Football Association (FIFA) & Al Nasr Sports Club &CAS 2013/A/3092 Ismaël Bangoura v. Al Nasr Sports Club &FIFA & CAS 2013/A/3093 Al Nasr Sports Club v. Ismaël Bangoura & FC Nantes, http://jurisprudence. tas-cas. org/Shared%20Documents/3091,%203092,%203093. pdf.

第六，球员单独训练的原因是什么？俱乐部安排球员单独训练也存在合理的理由，例如，球员的体能下降到队友的平均水平以下，球员的体重指数过高或他正在从伤病中恢复等[1]。因此，判断单独训练是否构成违约的正当理由，还须根据其他要素和具体的案情进行分析。

总体上来看，对于这些可能侵犯球员人格权的行为是否构成终止合同的正当理由，CAS 主要是评判一方的行为是否已构成另一方对其未来履行合同的信心。如果这些行为证明一方已不打算继续履行合同，那么另一方有正当理由终止合同。

5.1.2.3 球员违约或不当行为难以构成俱乐部终止合同的正当理由

5.1.2.3.1 事由释义

国际足联 RSTP 的规定旨在促进"合同稳定"，球员有履行合同的义务，也有遵守相应行为规范的义务，一旦球员出现重大违约，或严重违反行为规范，俱乐部有权终止合同。

5.1.2.3.2 CAS 裁判要素

第一，严重不当行为（gross misconduct）。只有当球员因其严重不当行为（gross misconduct）如球员兴奋剂检测呈阳性、吸食可卡因或在球场内外严重违规甚至违法等，才可构成俱乐部解除合同的正当理由。在 CAS 2011/A/2579 案中[2]，独任仲裁员认为，一次与队友打架的事件不允许俱乐部终止合同，只有球员的持续不当行为，俱乐部才有正当理由终止合同。头撞可以被视为严重不当行为，但也可以被视为不当行为。即使根据《丹麦劳动法》，暴力行为本身足以构成严重不当行为，但在作出是否构成严重不当行为的决定之前，雇主必须对其背后的情况进行调查。在 CAS 2005 /A/876 案中[3]，球员因兴奋剂检测呈阳性，被视为构成严重不当行为。

第二，重大违约（material breaches of a contract）。一旦签订合同，对双方具有约束力。但是，只有"重大违约"可能被视为正当理由。在 CAS 2003/

---

[1] See CAS 2011/A/2428 I. v. CJSC FC Krylia Sovetov, http://jurisprudence. tas-cas. org/Shared% 20Documents/2428. pdf.

[2] See CAS 2011/A/2579 Sønderjysk Elitesport A/S v. Bosun Ayeni, http://jurisprudence. tas-cas. org/Shared%20Documents/2579. pdf.

[3] See CAS 2005/A/876 M. v. Chelsea Football Club, http://jurisprudence. tas-cas. org/Shared%20 Documents/876. pdf.

O/482 案中〔1〕，土耳其一家俱乐部与阿根廷国际球星奥尔特加在 2002 年 5 月签下了雇佣合同。2002 年 12 月球员回到了阿根廷养伤和休假，直到 2003 年 4 月，球员还未返回土耳其，构成了球员重大违约。除了赔偿外，如果球员没有违约的"特殊情况"（exceptional circumstances），球员违约将被禁赛 4 个月。

第三，发出提醒（reminder）或警告（warning）。根据诚信原则（good faith），一方当事人有效终止雇佣合同，必须事先提醒或警告另一方当事人，以便后者在其认为投诉合法的情况下有机会履行其义务。然而，发出提醒或警告义务也不是绝对的，有些情况下可不需要提醒或警告如另一方明显不打算履行其合同义务。如在 CAS 2017/A/5182 案中〔2〕，对于一名受雇于俱乐部一线队的职业球员，俱乐部以口头和书面形式表达了不满；告知该球员不再被视为新赛季的一线队员，以及被要求单独或与 U21 队一起训练；并被要求在赛季开始前寻找一支新球队。那么，可以确认俱乐部无意继续履行其义务。

5.1.2.4　不能作为违约的正当理由

在俱乐部和球员签订雇佣合同之后，球员伤病或球员表现不佳等情况是比较常见的现象。在这些情况下，俱乐部能否以正当理由解除合同呢？CAS 判例法表明，这些理由不能作为解除合同的正当理由。

（1）球员"表现不佳"（poor performance）　俱乐部签下球员后，常常出现不满意球员表现的情况。但是，CAS 判例法认为，"表现不佳"（poor performance）是一个主观概念，在没有严格的合同语言的情况下，球员表现不佳很难构成合法违约。如果没有文件或证据表明球员已经意识到对他的期望标准，很难确定球员是否确实表现得如此糟糕，以至于应允许终止雇佣合同。俱乐部因球员"持续表现不佳"而终止合同的条款在理论上是可行的，但构成球员和俱乐部之间合同终止权是不可接受的。如果一家俱乐部能够以客观的方式确定一名球员持续表现不佳，在理论上这确实可能导致该条款的合法适用，但也是极其有限的。CAS 在判例中确认，球员表现不佳不能作为提前

---

〔1〕　See CAS 2003/O/482 Ariel Ortega v/Fenerbahçe & Fédération Internationale de Football Association（FIFA），http://jurisprudence. tas-cas. org/Shared%20Documents/482. pdf.

〔2〕　See CAS 2017/A/5182 Akhisar Belediye Gençlik ve Spor Kulübü Dernegi v. Ivan Sesar，http://jurisprudence. tas-cas. org/Shared%20Documents/5182. pdf.

终止合同的正当理由。CAS 在判例中强调，俱乐部必须尊重合同稳定的原则，这一原则不应取决于球员的表现。[1]在职业体育领域，球员从一家俱乐部转会到另一家俱乐部，如果一家俱乐部基于一个含糊且没有事实根据的关于球员职业素质低于预期的指控而拒绝支付剩余的薪酬，将对整个转会系统造成相当大的破坏。

（2）球员伤病 职业球员作为高风险性职业，伤病是常见的情况。如果球员因病或受伤暂时失去为俱乐部工作的能力，对俱乐部和球员都将造成损失。但是，这并不构成合同违约，也不构成提前终止合同的正当理由。在 CAS 2017/A/5111 案中[2]，球员在热身赛中发生"腘动脉压迫综合征"，被迫进行手术，且在 2015 年年底之前不能参加比赛并最终导致退役，俱乐部在球员治疗期间停薪。尽管球员是终止合同的申请人，但却是因俱乐部违反合同义务而导致和促成合同终止。因此，仲裁庭认为，俱乐部是终止雇佣合同的始作俑者，有责任赔偿球员因提前终止合同所遭受的损失。

5.2 国际体育仲裁院职业足球体育正当理由终止合同的仲裁法理

5.2.1 体育正当理由概述

作为国际足联 RSTP 维持合同稳定的三大原则之一，RSTP 第 15 条"体育正当理由"的目的是，允许球员在其无法以合理的频率开展其职业活动时，并由此无法在职业方面取得进展的情况下，终止合同。该条是为球员而不是俱乐部单方面终止合同提供法律依据，其存在必须由主管决策机构确定。如果不存在"体育正当理由"，则意味着无正当理由终止雇佣合同，因此适用 RSTP 第 17 条的规定。因"体育正当理由"终止合同，球员不会受到任何体育处罚。

---

〔1〕 See CAS 2010/A/2049 Al Nasr Sports Club v. F. M. , http://jurisprudence. tas-cas. org/Shared%20Documents/2049. pdf.

〔2〕 See CAS 2017/A/5111 Debreceni Vasutas Sport Club（DVSC）v. Nenad Novakovic，http://jurisprudence. tas-cas. org/Shared%20Documents/5111. pdf.

5.2.1.1 体育正当理由的规则演进

2001 年版 RSTP 第 24 条规定：除了正当理由终止合同外，球员也有可能以正当的体育正当理由（Sporting Just Cause）终止合同。CAS 判例法认为，体育正当理由将根据程序规定的第 42 条逐案确立，每一个案例都将根据其各自的特点进行评估，并考虑所有相关情况如受伤、停赛、球员的场上位置、球员的年龄等。在前一个赛季结束前，应在国家足球协会的相关注册期结束前对其进行检查。该条规定在 2005 年修改为 RSTP 第 15 条，2021 年版沿用了 2005 年版的规定，如果一名成熟职业球员在一个赛季中代表其俱乐部的出场少于该俱乐部参与的官方比赛的 10%，则球员可以体育正当理由提前终止合同。体育正当理由应逐案评估具体情况并适当考虑球员的情况以确定。球员以正当理由提前终止合同不受体育处罚，但可涉及经济赔偿。职业球员只能在其注册的俱乐部赛季最后一场官方比赛结束后 15 天内依据体育正当理由终止合同。

5.2.1.2 体育正当理由规定的释义

根据 RSTP 的规定，"官方比赛"（Official Matches）是指在有组织的足球赛事框架体系内进行的比赛，如国家联赛、杯赛和俱乐部国际锦标赛，但不包括友谊赛和预赛；赛季（season）是指从国家相关联赛第一场官方比赛开始到最后一场官方比赛结束的时期。RSTP 第 15 条规定为球员而不是俱乐部单方面终止雇佣合同提供法律依据。目的是确保球员获得有效就业的权利，并为球员相对短暂的职业生涯提供保护。根据瑞士法律，通常来说，雇主提供工作的义务适用于那些以佣金或计件工作为基础获得报酬的人，或为建立和提高职业声誉而需要工作的特殊类别雇员如演员或歌手、足球运动员或教练。在 CAS 判例法指出：[1]根据《瑞士债法典》的规定，雇主有义务保护雇员的人格；除非有正当理由，任何侵犯他人人格权的行为均被视为非法，并将受到处罚。由此推断，某些类别的雇员有权被雇用，特别是那些不工作会损害

---

[1] See CAS 2013/A/3091 FC Nantes v. Fédération Internationale de Football Association (FIFA) & Al Nasr Sports Club & CAS 2013/A/3092 Ismaël Bangoura v. Al Nasr Sports Club & FIFA & CAS 2013/A/3093 Al Nasr Sports Club v. Ismaël Bangoura & FC Nantes, http://jurisprudence.tas-cas.org/Shared%20Documents/3091,%203092,%203093.pdf.

其未来职业发展的雇员。雇主必须为这些雇员提供他们曾经从事过的活动的机会和条件，并且他们有资格从事这些活动。因此，雇主无权将他们雇佣在一个不匹配的职位上〔1〕。这一规定的目的在于：当球员被阻止以合理的频率从事他的职业活动并因此阻碍了其职业发展的情况下，允许球员单方面终止雇佣合同。如果体育正当理由不存在，这意味着雇佣关系无正当理由终止，则适用 RSTP 第 17 条，而体育正当理由的存在必须由有资质的决定机构来确定。

5.2.2 构成体育正当理由的要件

根据 RSTP，球员有权要求体育正当理由终止合同的强制性理由包括：第一，球员被承认为一个成熟职业球员（established professional player）；第二，球员在俱乐部官方比赛的出场（appearance）不超过 10%。在 CAS 仲裁实践中，构成"体育正当理由"的条件是严格的。在 CAS 2004/A/780 案中，〔2〕仲裁庭指出：必须在足球赛季结束时确定是否存在终止合同的"体育原因"，前提是球员能够证明自己在俱乐部的正式比赛中出场率（appearance）低于10%，并考虑年龄、伤病、场上位置等若干情况。CAS 判例法认为，只有球员可以提出体育正当理由终止雇佣合同，构成"体育正当理由"要求球员提供四个方面的证据证明符合条件：第一，球员是公认的成熟职业球员；第二，球员有效的出场分钟数不超过其俱乐部参与的官方比赛的 10%；第三，球员在其注册的俱乐部的最后一场官方比赛结束后 15 天内终止雇佣合同；第四，球员的个人情况符合要求。

5.2.2.1 "成熟职业球员"（established professional player）

"成熟职业球员"概念不仅需要考虑球员的年龄，还需要考虑其职业生涯中表现出的运动水平，应根据足球运动的特殊性和球员的合理期望以及运动表现，按照可接受的标准进行考量。只有那些有合法期望定期被派遣的球员

〔1〕 See CAS 2007/A/1369 O. v. FC Krylia Sovetov Samara, http://jurisprudence. tas-cas. org/Shared% 20Documents/1369. pdf.

〔2〕 See CAS 2004/A/780 Christian Maicon Henning v. Prudentópolis SC & Prudentópolis SC v.Christian Maicon Henning & Eintracht Frankfurt Fußball AG, http://jurisprudence. tas-cas. org/Shared%20Documents/ 780. pdf.

才可能被看作是 RSTP 第 15 条概念下的"成熟职业球员"。对于那些还没有完成培训的球员来说，除非有特殊情况，否则根据 RSTP 附件 4 第 1 条的规定，21 周岁以下的球员不能被视为"成熟职业球员"。在 CAS 2004/A/594 案中，[1]球员在其所在国家队各年段都能达到最高水平的最有天赋的球员；球员常代表俱乐部参赛；球员在 18 周岁时签订了每年六位数美元收入的合同，因此，仲裁庭认为该球员在 17 周岁时终止培训，18 周岁时就被看作为"成熟职业球员"。仅仅是一名球员年满 21 周岁，完成了国际足联 RSTP 规定培训期，并不能自动使该球员成为 RSTP 第 15 条意义上的"成熟职业球员"。对一名成熟职业球员的定义与他作为一名球员的发展有关，考虑一个共同的比赛标准，而不是与球员效力的俱乐部的现实或竞争力有关[2]。这里的球员的"训练"和"发展"是不同的，"发展"是指球员不断学习，在培训期结束后仍可能提高。训练时间由国际足联规定和限制，并有具体的规定和通知函，而球员的发展则不受限制。因此，在 21 周岁至 23 周岁的年龄段内，确定一名球员是否为"成熟职业球员"，不仅要考虑球员的年龄，更要考虑球员的发展。只有职业球员年满 23 周岁时，才可能假定为"成熟职业球员"[3]。总之，评估是否构成"成熟职业球员"的客观标准包括：第一，球员的年龄；第二，球员在过去几个赛季的表现和参与情况；第三，球员相对于队友的经验。

5.2.2.2 有效出场（appearance）率低于 10%

根据 RSTP 第 15 条的规定，构成体育正当理由的第二个条件是有效出场率低于 10%。CAS 判例法认为，关于球员在不到 10% 的比赛中出场的概念，关键不是在比赛中出场的次数，而是在球场上积极参加比赛的有效上场时间。如果从字面上看，任何俱乐部都可以很容易地避免这一规定对任何球员的限制，只要让球员在 10% 的正式比赛中上场，而在每一场比赛中只允许他上场 1 分钟。但是，该规定的含义是考虑实际比赛时间而不是比赛次数。CAS 判例

---

〔1〕　See CAS 2004/A/594 Hapoel Beer-Sheva v. Real Racing Club de Santander S. A. D. , http://jurisprudence. tas-cas. org/Shared%20Documents/594. pdf.

〔2〕　See CAS 2007/A/1369 O. v. FC Krylia Sovetov Samara, http://jurisprudence. tas-cas. org/Shared%20Documents/1369. pdf.

〔3〕　See CAS 2018/A/6017 FC Lugano SA v. FC Internazionale Milano S. p. A. , http://jurisprudence. tas-cas. org/Shared%20Documents/6017. pdf.

法认为，RSTP 第 15 条的目的是允许球员在其无法以合理的频率开展其职业活动并由此无法在职业方面取得进展的情况下终止合同。职业球员的市场价值是由于球员在赛场上的表现而产生的，因此，如果一名球员在比赛中不出场，那么该球员希望在职业生涯中取得进步自然是困难的。

5.2.2.3 终止合同的时限

根据 RSTP 的规定，以体育正当理由终止合同应在比赛结束后 15 天内。在这种情况下，球员可以证明自己在俱乐部正式比赛中的出场率不到 10%。[1] 在 2007/A/1369 案中，[2] 仲裁庭评估了构成"体育正当理由"的条件，指出：球员在 2006 年 11 月 27 日已经是一名职业球员，球员的比赛时间少于他在 2006 年赛季有资格为其球队效力的时间的 10%。但是，球员的个人情况不足以证明以体育正当理由单方面终止雇佣合同，且这名球员未在俱乐部本赛季最后一场正式比赛后的 15 天内终止雇佣合同。因此，本案有两个条件没有得到满足，不能构成终止合同的"体育正当理由"。

5.2.2.4 球员的情况

"球员的情况"指球员在球场上的位置、球员在某段时间内因受伤或停赛而不能上场的情况以及从体育角度来看有正当理由的任何情况，或者球员没有定期上场的事实等，这不应被视为一个独立的标准，应在"成熟职业球员"的前提条件下加以考虑，例如球员的年龄、上赛季比赛中的出场次数、有没有国家队经验及球员的报酬等。在 CAS 2007/A/1369 案中，被雇佣为第二门将的球员必须愿意只在第一门将受伤或杯赛中上场。即使球员希望更多参加比赛，但是球员"有效职业"(Effective Occupation)、积极参加比赛、技术、战术和身体发展的权利不能限制俱乐部技术部门对球员上场的安排。因此，仲裁庭认为，为维持合同稳定，不能接受这种情况下对球队不满作为"体育正当理由"。足球作为一项集体运动，球队获胜不仅有赖于球员的个人表现，更有赖于集体合作，球队集体的整合与球员个人表现也不总是一致的，甚至

---

[1] See CAS 2004/A/780 Christian Maicon Henning v. Prudentópolis SC & Prudentópolis SC v. Christian Maicon Henning & Eintracht Frankfurt Fußball AG, http://jurisprudence. tas-cas. org/Shared%20Documents/780. pdf.

[2] See CAS 2007/A/1369 O. v. FC Krylia Sovetov Samara, http://jurisprudence. tas-cas. org/Shared%20Documents/1369. pdf.

会有冲突，也不是球员都能融入俱乐部文化，并与其他球员建立良好的关系，即所谓的"更衣室"（Changing Room）。此外，"球员的情况"还与"10%的出场"有关，如球员受伤或球员被禁赛一段时间，使其无法参加一段时间的比赛而影响计数。在评估球员的"有效职业"和管理球员经理所要求的球队表现时，应该考虑这些因素和情况。

5.2.3 体育正当理由的 CAS 审查

（1）累积满足　对于是否构成"体育正当理由"，CAS 判例法审查前三个理由必须累积满足，最后一个理由不能单独构成一个理由，通常是依托第一个理由或第二个理由而构成。在 CAS 2007/A/1369 案中[1]，至 2006 年 11 月 27 日，该球员已是"成熟职业球员"；该球员在 2006 赛季正式比赛的上场时间不到 10%；该球员被雇佣为第二门将，必须在第一门将受伤时才上场，或者在杯赛中上场；球员未能在俱乐部本赛季最后一场正式比赛结束后的 15 天内与俱乐部解除合同。因此，仲裁庭认为，RSTP 第 15 条的要求是累积性的，其中两项要求没有得到遵守，不能构成"体育正当理由"。

（2）事先警告（warning）　为合法适用 RSTP 第 15 条，球员有义务在终止雇佣合同之前向俱乐部发出事先警告。终止合同是一种最终手段（ultima ratio），因此，事先的警告通知至关重要。原则上，只有当雇主真诚地获得纠正雇员认为不满行为的机会后，仍没有纠正，才能终止雇佣合同[2]。这也是在 SFT 判例中得到确认，并在 CAS "正当理由"终止合同问题上一贯适用的原则。"体育正当理由"不是严重到无需事先警告的合同违约类别之一，因此，必须适用"正当理由"的事先警告。如果球员未就其对俱乐部行为不满向俱乐部发出事先警告，使俱乐部有机会改变行为策略，并阻止终止合同，那么，球员没有"正当理由"终止与俱乐部的雇佣合同。

综上所述，对于需要通过工作以建立和提高职业声誉的特殊类别的雇员，雇主有提供工作的义务。职业球员的市场价值是由于球员在赛场上的表现而

---

〔1〕　See CAS 2007/A/1369 O. v. FC Krylia Sovetov Samara, http://jurisprudence. tas-cas. org/Shared%20Documents/1369. pdf.

〔2〕　See CAS 2018/A/6017 FC Lugano SA v. FC Internazionale Milano S. p. A. , http://jurisprudence. tas-cas. org/Shared%20Documents/6017. pdf.

产生的，因此，如果一名球员在比赛中不出场，那么该球员希望在职业生涯中取得进步自然是困难的。参加比赛是职业球员的基本目的，"体育正当理由"是为确保球员有效就业的权利，也是为球员相对较短的职业生涯提供保护[1]。此外，根据《瑞士债法典》第 328 条，雇主有义务保护雇员的人格，因此，"体育正当理由"也是对球员"人格权"的保护。同时，为保持合同稳定，防止这一终止理由的滥用，国际足联为"体育正当理由"设置了一系列客观标准。这些标准为评估"体育正当理由"提供了依据，并最终有利于保持合同稳定。

5.3 无正当理由终止合同的后果

5.3.1 无正当理由终止合同后果的规定及释义

5.3.1.1 规则演进

2001 年 RSTP 引入无正当理由违约后果的规定，这些规定在 2005 年和 2018 年进行了修改和加强，2021 年版 RSTP 沿用了 2018 年的规定。2021 年版 RSTP 第 17 条共 4 款规定了无正当理由违约的后果，其中第 1 款规定：在任何情况下，违约方均应支付赔偿金。根据第 20 条和附件 4 的支付培训补偿，除合同另有规定外，违约赔偿金的计算应充分考虑有关国家的法律、体育的特殊性和任何其他客观标准，包括：根据现有合同和新合同球员的薪酬和收益，最长为 5 年的合同剩余时间，前俱乐部支付或产生的费用和开支（在合同期限内摊销），以及合同违约是否在保护期内。第 3 款规定：除了支付赔偿的义务外，任何在保护期内被发现违反合同的球员也将受到体育处罚，将实施禁赛四个月，情节严重的，禁赛六个月。

5.3.1.2 CAS 释义

RSTP 第 17 条的基本目的是加强合同的稳定性，通过对俱乐部或球员单方面合同违约和终止合同起到的威慑作用来加强国际足球领域的"有约必守"

---

[1] See Georgi Gradev, "Sporting just cause and the relating jurisprudence of FIFA and CAS", *International Sports Law Journal*, Vol. 1, No. 2, 2010, pp. 110-116.

的原则。[1]RSTP 第 17 条规定并不是允许俱乐部或球员无理由单方面终止雇佣合同的条款，而是所有此类终止均明确被视为违约，违约责任的后果包括赔偿和处罚。根据第 17 条第 1 款规定，在单方面无正当理由终止合同的前提下，任何情况违约方应支付赔偿金。这是必须为违约或无正当理由终止合同所造成的损害承担支付赔偿金的风险。根据当事人合同义务优先的原则，在缺乏当事人有效的合同规定的情况下，此类赔偿应根据 RSTP 第 17 条中适用于相关事宜的所有要素以及根据单个案件的情况进行计算。此外，RSTP 第 17 条规定还通过当事方在满足某些条件的情况下遭受纪律处罚来实现威慑作用。

5.3.2 无正当理由终止合同的"赔偿"

5.3.2.1 赔偿的特殊情况

"赔偿"（英文 compensation，法文 indemnité，西班牙文 indemnización）是指为赔偿受害方因违约或提前终止合同而遭受的损害而支付的金额数。合同违约，无论是在保护期内还是在保护期外，都会引起赔偿。在确定单方面终止合同的后果时，赔偿额必须考虑案件的所有具体情况。除了一般意义上的违约外，根据 RSTP 第 17 条第 1 款"……合同中另有规定"和第 17 条第 2 款规定赔偿金额"……可在合同中规定或双方约定"，要求裁决机构首先核实是否存在任何一方当事人单方面违反协议后果的相关协议条款。换言之，如果当事双方在合同中规定违约或无理由终止合同的赔偿特殊条款如"买断条款"（Buy-out Clauses）、"赔偿条款"（Liquidated Damages）或"惩罚条款"（Penalty Clauses）或其他，则应优先适用此类条款。此外，不可抗力（Force Majeure）是国际上广泛接受的法律概念，也适用于基于瑞士法律的 CAS 仲裁。

5.3.2.1.1 买断条款（Buy-out Clauses）

（1）CAS 释义　当事人预先确定一方为提前终止雇佣关系而应支付的金

---

〔1〕　See CAS 2008/A/1519 FC Shakhtar Donetsk v. Matuzalem Francelino da Silva & Real Zaragoza SAD & Fédération Internationale de Football Association（FIFA）& CAS 2008/A/1520 Matuzalem Francelino da Silva & Real Zaragoza SAD v. FC Shakhtar Donetsk & Fédération Internationale de Football Association（FIFA），http://jurisprudence. tas-cas. org/Shared%20Documents/1519,%201520. pdf.

额的条款，即所谓的"买断条款"。根据买断条款，双方同意给予球员在任何时候无正当理由解除合同的机会，包括在保护期内。一方当事人事先同意可以终止合同，那么，当合同有效终止时，这种终止可以视为基于双方事先的同意，因此，没有违约行为发生，终止合同的一方不承担任何体育处罚的责任，只需支付规定的金额，即终止合同的"对价"或"价格"。[1]换言之，球员向俱乐部支付约定的款项后，就有权单方面终止雇佣合同，不会因提前终止而受到体育处罚。事实上，买断条款是合同双方的合意，一方应在发出通知并支付约定的期权价格后，授予另一方提前终止合同的选择权。

在法律性质上，"买断条款"属于违约金规定。在 CAS 判例法中，"买断条款"与"赔偿条款"或"处罚条款"是有区别的。"买断条款"的球员支付的任何款项都不是"损害赔偿"，而是行使合同权利或期权价格的对价；合同条款预见球员在无正当理由终止合同后应支付一定金额的"损害赔偿金"，并不构成"买断条款"。[2]因此，二者是有不同理由和各自目标的单独条款，在实践中，也不能因"买断条款"无效而判定"违约赔偿"条款无效。

（2）构成买断条款的 CAS 审查：措辞清晰明确 "买断条款"是基于当事人双方的合意。在实践中，对于是否构成"买断条款"，CAS 仲裁庭的要求是措辞清晰明确。如果该条款的措辞含糊不清，使仲裁庭无法确定当事人的真实意图，那么仲裁庭也可以决定不适用该条款。在 CAS 2008/A/1519 案中，[3]仲裁庭在审查球员与顿涅茨克矿工队签订的雇佣合同第 3.3 条"俱乐部承诺，在合同有效期内，如果俱乐部收到 25 000 000 欧元以及上的转会报价，俱乐部则愿意在约定期限内安排转会"时指出，从该条的措辞来看，没有涉及单

---

〔1〕 See CAS 2013/A/3411Al Gharafa S. C. & Mark Bresciano v. Al Nasr S. C. & Fédération Internationale de Football Association（FIFA），http://jurisprudence. tas-cas. org/Shared%20Documents/3411. pdf.

〔2〕 See CAS 2016/A/4550 Darwin Zamir Andrade Marmolejo v. Club Deportivo La Equidad Seguros S. A. & Fédération Internationale de Football Association（FIFA）and CAS 2016/A/4576 Újpest 1885 FC v. FIFA，http://jurisprudence. tas-cas. org/Shared%20Documents/4550,%204576. pdf.

〔3〕 See CAS 2008/A/1519 FC Shakhtar Donetsk v. Matuzalem Francelino da Silva & Real Zaragoza SAD & Fédération Internationale de Football Association（FIFA）& CAS 2008/A/1520 Matuzalem Francelino da Silva & Real Zaragoza SAD v. FC Shakhtar Donetsk & Fédération Internationale de Football Association（FIFA），http://jurisprudence. tas-cas. org/Shared%20Documents/1519, %201520. pdf.

方面提前终止合同的情况，而是可能发生球员转会的情况。根据其措辞，该条款只是解决了在顿涅茨克矿工队得到新俱乐部提供的最低转会费的前提下，在一定期限内安排转会的义务。该条款表明了球员及其服务的经济价值，这种价值被用作一种最低限度触发顿涅茨克矿工队与新俱乐部谈判并达成转会协议的义务。因此，仲裁庭认为该条款不能解释为 RSTP 第 17 条规定的 "买断条款" 或 "赔偿条款"。在 CAS 2013/A/3417 案中[1]，仲裁庭在审核合同条款时指出：如果球员与俱乐部之间签订的协议所含条款的措辞，不是针对单方面终止合同的情况，而是指球员在某赛季结束时的离职须由球员支付一定数额的款项，则该条款非 "买断条款"，而是终止雇佣关系的共同协议。在 CAS 2016/A/4550 案中，[2] 对于雇佣合同第 2 条第 2 款规定 "双方同意，根据劳动法的规定，雇员在合同期满前无正当理由终止雇佣合同，将由雇员承担责任，并向雇主支付由此产生的一切损害赔偿金，双方事先估价为 10 万美元" 仲裁庭认为，条款明确表达了不授予球员终止雇佣合同的权利或选择权，而是规定了在合同到期日前雇员无正当理由终止雇佣合同的后果，还规定了球员无正当理由终止合同所造成的 "损害"。因此，该条款是 "损害赔偿金"，而不是 "买断条款"。总之，构成 "买断条款" 需要双方在合同明确规定单方面终止合同及应支付的款项。

5.3.2.1.2 赔偿条款或惩罚条款

（1）CAS 释义　违约赔偿条款是指双方当事人通过一项规定量化违约造成的损害赔偿金，通常作为用于计算损害赔偿金监管制度的例外情况。[3] 根据《瑞士债务法》第 160 条，违约赔偿金条款应包含以下要素：第一，规定受其约束的当事方；第二，确定的处罚类型；第三，确定了触发支付义务的条件；第四，条款的措施是可识别的，即规定了如果合同被违反，应支付的 "损害赔偿" 金额，满足这些条件也就构成了违约赔偿条款。

---

〔1〕　See CAS 2013/A/3417 FC Metz v. NK Nafta Lendava, http://jurisprudence. tas-cas. org/Shared%20Documents/3417. pdf.

〔2〕　See CAS 2016/A/4550 Darwin Zamir Andrade Marmolejo v. Club Deportivo La Equidad Seguros S. A. & Fédération Internationale de Football Association（FIFA）and CAS 2016/A/4576 Újpest 1885 FC v. FIFA, http://jurisprudence. tas-cas. org/Shared%20Documents/4550,%204576. pdf.

〔3〕　See CAS 2019/A/6246 Ruslan Zaerko v. FC Nizhny Novgorod & Football Union of Russia（FUR）, http://jurisprudence. tas-cas. org/Shared%20Documents/6246. pdf.

（2）构成赔偿条款或惩罚条款的 CAS 审查

第一，当事人双方的共同意愿。在法律上，只要双方在该条款中预见违约方的单方面提前终止雇佣合同时应支付金额的真实意愿是成立的，就符合违约赔偿金规定。事实上，这种惩罚或违约赔偿金可以在双方之间有效约定，而不应该由国际足联的规定来剥夺这一条款的法律效力。[1]根据《瑞士债法典》第 18 条，双方当事人的共同意图必须以其合同的措辞为准。如果不能根据措辞确定这一共同意图，法官必须审查和解释当事人之间的正式协议，以确定其主观共同意图。当事人的共同意图必须根据"诚信"（good faith）原则加以解释。这意味着，一方当事人的声明必须根据其措辞、上下文和具体情况，给予对方当事人的善意。此外，根据瑞士法律，弱势的一方应获得保护。[2]如果合同的条款不符合以上原则，条款则具有单边性质（unilateral nature），不能作为有效条款。在 CAS 2017/A/5366 案中，[3]俱乐部援引的第二份合同的第8 条规定："如果球员无故终止合同或俱乐部基于正当理由终止合同，球员应向俱乐部支付 3 000 000 土耳其里拉的赔偿金。赔偿金额由双方自愿决定，不得减少。"仲裁庭认为，该条款没有规定俱乐部无故终止合同的类似内容，完全是为了俱乐部的利益，因此，该条款是单方面的，是无效的。

第二，赔偿金额过高。根据国际足联 RSTP 第 17 条，合同当事人可以自由规定违约赔偿金条款，且此类条款应优先于其他赔偿标准的适用。在无正当理由的情况下，一个俱乐部所遭受的损害不同于且通常高于一名球员因终止合同所遭受的损害，赔偿金条款可以有效地规定其中的金额差距。因此，仲裁庭在评估双方的解决方案是否平衡和相称时，应考虑这一差异。瑞士法律也不要求"赔偿条款"必须是"对等的"才有效[4]。但是，如果"赔偿条款"规定的金额数过高，根据瑞士法律，CAS 仲裁庭有权减少处罚金额。CAS 判例法认为，如果违约金额与债权人维持其全部债权的利益之间存在

---

〔1〕 See CAS 2016/A/4826 Nilmar Honorato da Silva v. El Jaish FC & Fédération Internationale de Football Association（FIFA），http://jurisprudence.tas-cas.org/Shared%20Documents/4826.pdf.

〔2〕 See CAS 2018/A/5950 Valencia Club de Fútbol, S. A. D. v. Fenerbahçe Spor Kulübü，http://jurisprudence.tas-cas.org/Shared%20Documents/5950.pdf.

〔3〕 See CAS 2017/A/5366 Club Adanaspor v. Mbilla Etame Serges Flavier，http://jurisprudence.tas-cas.org/Shared%20Documents/5366.pdf.

〔4〕 See CAS 2013/A/3411 Al Gharafa S. C. & Mark Bresciano v. Al Nasr S. C. & Fédération Internationale de Football Association（FIFA），http://jurisprudence.tas-cas.org/Shared%20Documents/3411.pdf.

"严重不相称"的情况，那么"违约赔偿条款"可视为《瑞士债法典》第163.3 条所规定的"过高"（excessively high）。评估赔偿金额"过高"，不能抽象地作出决定，而是要考虑案件的所有情况，例如合同的性质和期限、过失、违反合同的程度、当事人的经济状况及债务人潜在的从属地位等。在 CAS 2014/A/3739 & 3749 案中，[1] 乌迪内斯合同的第 7 条规定，如果球员与另一家俱乐部签订协议，他应向乌迪内斯支付 1 500 000 欧元。然而，根据乌迪内斯为期 5 年的合同，该球员在 2010/2011 赛季获得 60 000 欧元，2011/2012 赛季获得 70 000 欧元，其他三个赛季获得 80 000 欧元，共计 370 000 欧元。因此，经济处罚超过了该球员在乌迪内斯效力 5 年所获得薪水的 4 倍，违约金额与债权人维持其全部债权利益之间存在"严重不相称"，是不合理的。

5.3.2.1.3 不可抗力（force majeure）

作为一项一般规则，不可抗力（force majeure）是指在某些特殊或有限的情况下，如果一方当事人能够证明违约是由于发生了超出其控制范围事件或障碍，且无法克服避免，则可以免除其责任。[2] CAS 判例法认为，"不可抗力"必须是一个客观的而非个人主观的阻碍，这种阻碍是不可预见的、无法抵抗的，超出义务方的控制，并且使义务无法履行。"不可抗力"作为不履行义务的理由，是对遵守"有约必守"基本义务的例外，必须作狭义解释。在 CAS 2018/A/5607 案中，[3] 球员提出了三个终止合同的理由：其一，恐怖袭击；其二，其母亲健康欠佳；其三，缺乏比赛时间，这三个理由叠加是否构成"不可抗力"呢？仲裁庭认为：第一，在以色列比赛的土耳其俱乐部不是恐怖分子的直接目标，也没有受到威胁；第二，东道国没有发生其他职业球员或俱乐部成为恐怖主义目标或受害者事件；第三，该国的体育赛事正常进行；第四，组织者有足够的安全措施。因此，球员提出的理由不构成"不可

---

〔1〕　See CAS 2014/A/3739 & 3749 Jonathan Mensah & Evian Thonon Gaillard FC v. Fédération Internationale de Football Association（FIFA）& Udinese Calcio S. p. A, http://jurisprudence. tas-cas. org/Shared%20Documents/3739,%203749. pdf.

〔2〕　See CAS 2018/A/5779 Zamalek Sporting Club v. Fédération Internationale de Football Association（FIFA），http://jurisprudence. tas-cas. org/Shared%20Documents/5779. pdf.

〔3〕　See CAS 2018/A/5607 SA Royal Sporting Club Anderlecht（RSCA）v. Matías Ezequiel Suárez & Club Atlético Belgrano de Córdoba（CA Belgrano）& CAS 2018/A/5608 Matías Ezequiel Suárez & CA Belgrano v. RSCA, http://jurisprudence. tas-cas. org/Shared%20Documents/5607,%205608. pdf.

抗力"。正如 CAS 2002/A/388 案的仲裁庭所说："……恐怖主义是我们这个时代的祸害,这一呼吁引起了体育界的普遍重视。但是,如果可能的话,体育就像生活一样,必须继续下去……"[1]总之,CAS 仲裁适用"不可抗力"原则,但是确认构成"不可抗力"却是非常严格和谨慎的。

5.3.2.2 违约赔偿计算

RSTP 第 17 条第 1 款规定了当事人因违约或单方面提前终止合同而应支付赔偿的原则和计算方法。但是,只有当事方未就具体数额达成一致意见时,才需考虑第 17 条第 1 款所列赔偿计算标准。实际上,RSTP 第 17 条并没有确立一个单一的标准,甚至没有制定一套严格的规则,而是规定了适用的准则,以确定公正和公平的赔偿数额。[2]因此,在确定单方面终止合同的赔偿数额时,必须考虑案件的所有具体情况。CAS 判例法指出,每一个案件都应根据其自身的案情来处理,即"逐案处理"原则[3],每个案件的仲裁庭都应该根据 RSTP 第 17 条为该案找到适当的解决方法。即使如此,CAS 在判例法中也逐渐形成了较为成熟的赔偿计算框架。

5.3.2.2.1 违约赔偿计算的原则

CAS 判例法主要采用两种不同的原则评估违约方应付赔偿,其一为剩余价值(Residual Value)原则,其二为积极利益(Positive Interest)或预期利益(Expectation Interest)原则。

(1)剩余价值原则 作为合同法的一般原则,违反合同的一方应当对因其违约给对方造成的损害承担赔偿责任。这种赔偿是根据索赔人的实际资产与未发生违约的假设资产之间的差额计算的。在早期的 CAS 判例中,仲裁庭认为,根据 2001 年版 RSTP 第 22 条第 2 款规定的球员与俱乐部的合同最长时间不超过 5 年,现有合同的剩余时间是确定赔偿数额时需要考虑的标准之一。

---

〔1〕 See CAS 2002/A/388 Ülker Sport /Euroleague, http://jurisprudence. tas-cas. org/Shared%20Documents/388. pdf.

〔2〕 See CAS 2007/A/1359 FC Pyunik Yerevan v. E. , AFC Rapid Bucaresti & FIFA, http://jurisprudence. tas-cas. org/Shared%20Documents/1359. pdf.

〔3〕 See CAS 2008/A/1519 FC Shakhtar Donetsk v. Matuzalem Francelino da Silva & Real Zaragoza SAD & Fédération Internationale de Football Association (FIFA) & CAS 2008/A/1520 Matuzalem Francelino da Silva & Real Zaragoza SAD v. FC Shakhtar Donetsk & Fédération Internationale de Football Association, http://jurisprudence. tas-cas. org/Shared%20Documents/1519, %201520. pdf.

在 CAS 2004/A/565&566 案中[1]，仲裁庭指出，如果球员无正当理由终止了一份雇佣合同，那么对俱乐部的损害主要包括合同的剩余价值。对球员的赔偿相当于合同剩余期限的工资，同时考虑球员的减损义务。此外，根据《瑞士债法典》第 337d 条的规定，如果雇员无故终止雇佣合同，雇主有权获得相当于不超过 4 个月工资的赔偿，外加获得实际证明的额外损害费。仲裁庭进一步指出，如果雇佣合同中规定了违约造成的损害包括所有福利的损失，则有可能给予额外赔偿。在 Webster 案中[2]，仲裁庭认为，根据 RSTP 第 17 条的规定，按照球员与前俱乐部合同的"剩余价值"来计算赔偿金额是"最适当的标准"。根据双方的合同规定，在保护期之后，无正当理由终止合同的赔偿不应是惩罚性的，也不应导致财富的增加，而应旨在确保俱乐部和球员在他们可以要求或需要支付的赔偿方面处于平等地位的标准进行计算。此外，为了足球界的利益，适用于特定类型情况的标准及赔偿的计算应尽可能可预测。

（2）积极利益原则　"积极利益"或"预期利益"的目的在于确定一个赔偿数额，使受害方基本上处于合同得到适当履行的情况。这一原则并不完全平等，但类似于法律制度的"恢复完整"（Integrum Restitutio），其目的在于将受损害方置于没有违约行为发生时的初始状态。在 Matuzalem 案中[3]，仲裁庭认为，"积极利益"原则不仅适用于球员无故终止合同或违约的情况，也适用于违约方是俱乐部的情况。裁判机构在评估球员所受损害时，不应只计算现有合同项下应付的报酬与球员从第三方获得的报酬之间的净差额，而是必须如 RSTP 第 17 条第 1 款所预见的那样，对所有客观标准，包括体育特殊性，进行认真和透明地审查。总体上来看，RSTP 第 17 条的规定采用对受害方造成

---

〔1〕　See CAS 2004/A/565&566 Clube Atlético Mineiro & E. v. Club Sinergia Deportiva (Tigres) & Fédération Internationale de Football Association (FIFA), http://jurisprudence. tas-cas. org/Shared%20Documents/565,%20566. pdf.

〔2〕　See CAS 2007/A/1298 Wigan Athletic FC v/ Heart of Midlothian & CAS 2007/A/1299 Heart of Midlothian v/ Webster & Wigan Athletic FC & CAS 2007/A/1300 Webster v/ Heart of Midlothian, http://jurisprudence. tas-cas. org/Shared%20Documents/1298,%201299,%201300. pdf.

〔3〕　See CAS 2008/A/1519 FC Shakhtar Donetsk v. Matuzalem Francelino da Silva & Real Zaragoza SAD & Fédération Internationale de Football Association (FIFA) & CAS 2008/A/1520 Matuzalem Francelino da Silva & Real Zaragoza SAD v. FC Shakhtar Donetsk & Fédération Internationale de Football Association (FIFA), http://jurisprudence. tas-cas. org/Shared%20Documents/1519, %201520. pdf.

损害的全额赔偿即"积极利益"原则。在所有被要求赔偿另一方所造成损害的情况下，几乎不可能事先预测损害程度和赔偿数额，这使得球员和俱乐部因无法预先计算违约终止合同比"正常"转会需要支付数额更高或更低，从而转向正常终止合同，以实现合同的稳定。

上述两个原则是存在差异的，其适用也具有争议。Mustafa（2015）指出，欧洲法院认为，损害赔偿只能根据固定的标准计算，不允许将赔偿数额建立在实际遭受的损害基础上。《瑞士侵权法》也规定，损害赔偿限于可预期的范围。因此，CAS 适用"积极利益"原则实际上与这些原则背道而驰。[1]Czarnota（2013）提出，应修改 RSTP 第 17 条第 1 款，确保根据"剩余价值"计算赔偿[2]。事实上，在近年的 CAS 实践中，"积极利益"或"预期利益"原则是确定适用的原则[3]。

5.3.2.2.2 赔偿计算的标准

根据 RSTP 第 17 条第 1 款的规定，单方面无正当理由终止合同的赔偿金计算主要依据相关国家法律、体育特殊性和其他标准。CAS 判例法指出，RSTP 第 17 条第 1 款列出的清单只是说明性的，并非详尽无遗，只要违约与索赔之间存在逻辑联系，可以且应该考虑其他相关因素，例如可能的转会费损失和重置成本。在分析相关标准时，裁判机构不需要严格遵循 RSTP 第 17 条第 1 款所规定的标准顺序，而是在个案的基础上评估所有因素，并确定在计算赔偿时所有因素的权重。虽然 CAS 对赔偿数额的计算有"相当大的自由裁量权"，但是，它不能以武断的方式，而是以公平和可以理解的方式，确定赔偿金额。此外，CAS《体育仲裁条例》规定了一种对抗性而非调查性的司法仲裁制度，如果当事方没有根据此类因素积极地用证据和论据证实其指控，CAS 仲裁庭没有义务分析和权衡 RSTP 第 17 条第 1 款所列出的或 CAS 判例中所规定的任何具体因素。

（1）有关国家的法律　　RSTP 第 17 条规定的"有关国家的法律"并非法

---

〔1〕　See Mustafa Rashid Issa, "Damages and Compensation in Case of Breach of Contract", *International Journal of Social Science Research*, Vol. 3, No. 1, 2015, pp. 190-201.

〔2〕　See Paul A. Czarnota, "FIFA Transfer Rules and Unilateral Termination Without 'Just Cause'", *Berkeley Journal of Entertainment and Sports Law*, Vol. 2, No. 1, 2013, pp. 2-36.

〔3〕　参见［西班牙］Lucas Ferrer：《有无正当理由违约中的损害赔偿——从案例分析的角度》，杨蓓蕾译，载《体育科研》2012 年第 6 期。

律选择条款，该条款的援引也不损害根据国际足联《章程》所规定的"其规则和决定的解释及有效性受瑞士法律管辖"。"有关国家的法律"是关于球员与其前俱乐部之间雇佣关系的法律。国际足联评论认为，"有关国家的法律"是指俱乐部所在国的法律。早期的一些 CAS 判例认为，"有关国家的法律"是指瑞士法律。如在 CAS 2005/A/902&903 [1] 和 CAS 2007/A/1369 案中 [2]，仲裁庭指出，"有关国家的法律"是根据作出决定的协会所在国的法律即瑞士法律。也有 CAS 判例否认此观点，在 CAS 2008/A/1519&1520 案中 [3]，仲裁庭指出，"默认"适用瑞士法律将意味着可能忽略"有关国家的法律"，应予以纠正。另一些 CAS 判例则认为，应根据"最紧密联系原则"适用有关国家的法律。在 Webster 案中，CAS 仲裁庭认为："有关国家的法律"仅仅是一个需要考虑的因素。根据最紧密联系原则，在该案的"有关国家法律"即为苏格兰法律，但苏格兰有关商业合同违约赔偿的一般原则并不适合足球合同违约赔偿的评估。仲裁庭进一步指出："由于各国法律存在差异，为了足球的利益，赔偿金额的计算应该基于统一的标准，而不是基于各国法律的规定。"在 CAS 2009/A/1880&1881 案中 [4]，仲裁庭指出："有关国家的法律可能有利于球员或俱乐部，或完全无关，应由认为这种因素对其有利的一方当事人对此作出充分的证明。如果没有，CAS 就不会在评估赔偿数额时考虑这一因素。但这绝不意味着 CAS 没有对这件事进行适当的评估。"2020 年版 RSTP 则明确规定，"有关国家的法律"是指所有相关安排、法律和/或国内一级的集体谈判协议。换言之，"有关国家的法律"包括所有可能影响赔偿数额的强制性法律规定或集体谈判协议。

（2）体育特殊性（specificity of sport）　"体育特殊性"是指体育与其他

---

〔1〕　See TAS 2005/A/902 Philippe Mexès & AS Roma c. AJ Auxerre & TAS 2005/A/903 AJ Auxerre c. Philippe Mexès & AS Roma, http://jurisprudence. tas-cas. org/Shared%20Documents/902,%20903. pdf.

〔2〕　See CAS 2007/A/1369 O. v. FC Krylia Sovetov Samara, http://jurisprudence. tas-cas. org/Shared%20Documents/1369. pdf.

〔3〕　See CAS 2008/A/1519 FC Shakhtar Donetsk v. Matuzalem Francelino da Silva & Real Zaragoza SAD & Fédération Internationale de Football Association（FIFA）& CAS 2008/A/1520 Matuzalem Francelino da Silva & Real Zaragoza SAD v. FC Shakhtar Donetsk & Fédération Internationale de Football Association（FIFA）, http://jurisprudence. tas-cas. org/Shared%20Documents/1519,%201520. pdf.

〔4〕　See CAS 2009/A/1880 FC Sion v. Fédération Internationale de Football Association（FIFA）& Al-Ahly Sporting Club & CAS 2009/A/1881 E. v. Fédération Internationale de Football Association（FIFA）& Al-Ahly Sporting Club, http://jurisprudence. tas-cas. org/Shared%20Documents/1880,%201881. pdf.

经济社会活动相区别的内在特征。《欧盟体育白皮书》规定，"体育特殊性"可以包括体育活动和规则的特殊性，例如男女分开比赛、对参赛人数的限制或者需要确保比赛结果的不确定性并保持各俱乐部之间的竞争平衡，以及体育结构和治理的特殊性[1]。RSTP 第 17 条所规定体育特殊性，一方面是指国际足球为适用该规定的人能够在合同稳定的需要之间达成合理的平衡的特殊解决办法，另一方面是指球员的自由流动。

CAS 判例法认为"体育的特殊性"是裁判机构旨在达成一个在法律上正确的解决方法，包括体育环境和每个案件固有的体育问题，是对所涉及体育利益的具体性质进行分析后的适当方法[2]。CAS 仲裁庭适用体育特殊性标准，是来验证所达成的解决方案的公正性和公平性，不仅仅基于民法或普通法的视角，还要充分考虑足球领域的具体性质和各利益相关方的需要，并由此作出一项符合国际足球发展且可以被认为是对相关利益适当评估的决定。"体育特殊性"显然必须考虑体育的独立性、球员的自由流动以及足球作为一个市场的特性。因此，在权衡体育特殊性时，仲裁庭可以考虑球员违反与俱乐部的雇佣合同可能造成的损害的具体性质。在 CAS 2010/A/2145 案中[3]，仲裁庭认为，体育的特殊性不是一个额外的赔偿数额，也不是一个允许在"公平善意"（ex aequo et bono）原则下作出决定的标准，而是一个使仲裁庭能够基于 RSTP 第 17 条的标准考虑其他客观因素的修正因素。在 CAS 2014/A/3735 案的裁决中[4]，CAS 认为"体育特殊性"是指，RSTP 起草者创建的平衡体系，根据这一制度，裁判机构一方面有义务适当考虑案件的所有情况和所有可用的客观标准，另一方面也有相当大的自由裁量权。由于违约或

〔1〕 See Pijetlovic, K, "Fundamental Rights of Athletes in the EU Post-Lisbon", in Tanel Kerikmäe ed. , *Protating Human Rights in the Eu: Coneroversies and Clallenges of the Charter of Fundamerosal Righis*, Springer, 2004, pp. 161-186.

〔2〕 See CAS 2008/A/1519 FC Shakhtar Donetsk v. Matuzalem Francelino da Silva & Real Zaragoza SAD & Fédération Internationale de Football Association (FIFA) & CAS 2008/A/1520 Matuzalem Francelino da Silva & Real Zaragoza SAD v. FC Shakhtar Donetsk & Fédération Internationale de Football Association (FIFA), http://jurisprudence. tas-cas. org/Shared%20Documents/1519, %201520. pdf.

〔3〕 See CAS 2010/A/2145 Sevilla FC SAD v. Udinese Calcio S. p. A. and CAS 2010/A/2146 Morgan De Sanctis v. Udinese Calcio S. p. A. and CAS 2010/A/2147 Udinese Calcio S. p. A. v. Morgan De Sanctis & Sevilla FC SAD, http://jurisprudence. tas-cas. org/Shared%20Documents/2145,%202146,%202147. pdf.

〔4〕 See CAS 2014/A/3735 Hapoel Tel Aviv v. Gabriel Dos Santos Nascimento, http://jurisprudence. tas-cas. org/Shared%20Documents/3735. pdf.

无正当理由终止合同的经济后果在规模和数额上都是不可预测的，任何一方都应该尊重现有的合同。仲裁庭进一步指出，体育与社会生活的其他方面一样，有着自己的特点和性质，在我们的社会中发挥着重要作用。对于"体育特殊性"的标准，裁判机构在评估有关争议的情况时，必须适当考虑体育的具体性质和需要，以便达成一个不仅合理考虑球员和俱乐部利益，还更广泛地考虑整个足球领域利益相关者的解决办法。裁判机构的目标是达成一个在分析所涉体育利益的具体性质、体育情况和每个案件固有体育问题基础上的法律上正确和适当的解决办法。换言之，体育特殊性是一个从属于其他情况的可能的修正因素，尤其是在计算损害时已充分考虑了案件的事实和情况下，体育特殊性并不意味着授予额外数额。此外，体育特殊性要素不得被滥用，不得破坏 RSTP 第 17 条第 1 款的目的。

（3）其他客观标准　根据 RSTP 的规定，其他客观标准包括现有合同和/或新合同的球员酬薪、合同剩余时间、前俱乐部产生的费用和开支、保护期内或保护期之后。此外，在 CAS 实践中，转会费损失也可能是赔偿客观标准之一。

第一，现有合同和/或新合同的球员薪酬。薪酬是 RSTP 第 17 条第 1 款所载的非排他性标准之一。RSTP 规定了根据现有合同和新合同应支付给球员的报酬和其他福利。现有合同下的薪酬说明了球员为该俱乐部提供的服务的价值，而新合同的薪酬不仅可以说明新俱乐部给予球员的价值，也可能是关于球员服务的市场价值以及球员决定违反或提前终止协议的动机。

第二，合同剩余时间。根据 RSTP 的规定，职业球员合同的最长期限为 5 年，合同的剩余时间也即提前终止的时间到合同有效截止日的时间。CAS 2010/A/2145 案的裁决证明，合同的剩余时间是考虑所判赔偿是否公平和公正的一个关键标准[1]。在剩余时间比较多的情况下，仲裁庭可能给予更多的额外赔偿。

第三，前俱乐部产生的费用和开支。根据 RSTP 第 17 条的规定，前俱乐部支付或发生的费用和开支的数额，特别是为获得球员服务而支付的费用，

---

[1]　See CAS 2010/A/2145 Sevilla FC SAD v. Udinese Calcio S. p. A. and CAS 2010/A/2146 Morgan De Sanctis v. Udinese Calcio S. p. A. and CAS 2010/A/2147 Udinese Calcio S. p. A. v. Morgan De Sanctis & Sevilla FC SAD, http://jurisprudence. tas-cas. org/Shared%20Documents/2145,%202146,%202147. pdf.

是一个必须考虑的额外客观因素，这些费用在整个合同期限内摊销。根据这一标准，俱乐部可以要求支付转会费、代理费和球员的经济权利等。

第四，保护期内或保护期之后。RSTP 将"保护期"（Protection Period）定义为：如果该合同是在职业球员 28 周岁生日之前签订的，合同生效后的三个完整赛季或三年，以先到者为准；如果该合同是在专职业球员 28 周岁生日之后签订的，合同生效后两个赛季或两年，以先到者为准。CAS 判例法认为，原则上，"保护期"内的单方面终止构成在评估赔偿时应考虑的加重处罚因素，可增加对施害方的惩罚，实践中应根据案件的具体情况进行判断[1]。在 Matuzalem 案中，由于球员是在保护期之后终止合同，仲裁庭决定不增加应支付的赔偿数额。在 CAS 2016/A/4843 案中，[2] 仲裁庭认为，Safa 没有声称在保护期内发生的违约行为导致了任何额外的损害，因此，增加赔偿额是不合理的。总之，是否在保护期内是评估赔偿的加重因素，是否据此增加赔偿数额还需要受害方的主张和举证。

第五，转会费损失。CAS 判例对于转会费损失是否作为赔偿评估因素存在不同的观点。在 CAS 2007/A/1298 和 1299 和 1300 案中[3]，仲裁庭认为，允许俱乐部根据球员的市场价值获得补偿和利润损失是"不合适和法律上不健全"（anachronistic and legally unsound）的，因此，转会费损失不能成为评估赔偿的因素。而在 CAS 2009/A/1880 和 1881 中[4]，仲裁庭认为，根据《瑞士劳工法》，收入损失是由于雇佣协议的不合理终止而造成的损害的一部分。因此，如果受害方能够提供充分的证据，可能将转会费损失作为评估赔偿的因素。总之，转会费是否作为赔偿的评估因素需根据案件的情况逐案分析，如果球员的合同终止与失去机会之间存在"必要的逻辑联系"，则可以赔偿转

〔1〕 See CAS 2014/A/3735 Hapoel Tel Aviv v. Gabriel Dos Santos Nascimento, http://jurisprudence. tas-cas. org/Shared%20Documents/3735. pdf.

〔2〕 See CAS 2016/A/4843 Hamzeh Salameh & Nafit MesanFC v. SAFA Sporting Club & Fédération Internationale de Football Association（FIFA）, http://jurisprudence. tas-cas. org/Shared%20Documents/4843. pdf.

〔3〕 See CAS 2007/A/1298 Wigan Athletic FC v/ Heart of Midlothian & CAS 2007/A/1299 Heart of Midlothian v/ Webster & Wigan Athletic FC & CAS 2007/A/1300 Webster v/ Heart of Midlothian, http://jurisprudence. tas-cas. org/Shared%20Documents/1298,%201299,%201300. pdf.

〔4〕 See CAS 2009/A/1880 FC Sion v. Fédération Internationale de Football Association（FIFA）& Al-Ahly Sporting Club & CAS 2009/A/1881 E. v. Fédération Internationale de Football Association（FIFA）& Al-Ahly Sporting Club, http://jurisprudence. tas-cas. org/Shared%20Documents/1880,%201881. pdf.

会损失费，但超出球员服务价值外的转会费损失，将不予赔偿。此外，CAS
在判例中承认，转会报价的证明可能是球员服务市场价值的投标。

5.3.2.3 新俱乐部的连带责任

根据 RSTP 第 14 条第 3 款规定，对违约负有责任的球员在一个月内不支
付国际足联 DRC 裁定的赔偿金的，视为新俱乐部共同负责支付所判给的赔偿
金。根据 RSTP 第 17 条第 2 款规定："如果职业球员需要支付赔偿金，职业球
员和他的新俱乐部应共同和分别承担其支付责任"。这一规定对于单方面正当
理由终止合同的补偿机制起着重要作用。根据 CAS 的判例，这一规定旨在避
免关于新俱乐部可能参与球员终止其前合同的决定的任何争论和举证困难，
并更好地保证球员根据第 17 条向原俱乐部支付所有金额的赔偿金[1]。CAS
在判例中反复确认，新俱乐部承担赔偿金的连带责任独立于参与任何诱导违
约行为，也即只要确认球员承担违约赔偿责任，新俱乐部就要承担连带责任。
此外，CAS 2018/A/5607 案的仲裁庭认为[2]，CAS 判例对 RSTP 第 17 条第 2
款的解释显然对合同违约起到威慑作用，符合合同稳定的原则；鉴于 RSTP 和
合同稳定原则得到了欧盟委员会的支持，符合工作和自由流动的权利。

5.3.2.4 分析讨论

总体上来说，根据 RSTP 第 17 条第 1 款规定，CAS 判例法建立了计算赔
偿金的两个基本原则：其一，如果当事方未就赔偿金额或赔偿计算达成协议，
则应根据第 17 条所载的各种标准进行计算；其二，仲裁庭应根据"积极利
益"原则进行客观计算，这意味着其确定的赔偿数额是使各方当事人处于合
同得到履行应处于的状况。此外，还应考虑其他标准，以便公平和公正地确
定应付的赔偿。RSTP 第 17 条建立了一个使裁决机构有义务适当地考虑案件
的所有情况和客观标准且又有相当大的自由裁量权的制度，通过无正当理由
违约或终止合同在财务后果的规模和金额上都不可预测，从而建议当事方尊

---

〔1〕　See CAS 2016/A/4843 Hamzeh Salameh & Nafit Mesan FC v. SAFA Sporting Club & Fédération In-
ternationale de Football Association（FIFA），http://jurisprudence. tas-cas. org/Shared%20Documents/4843.
pdf.

〔2〕　See CAS 2018/A/5607 SA Royal Sporting Club Anderlecht（RSCA）v. Matías Ezequiel Suárez &
Club Atlético Belgrano de Córdoba（CA Belgrano）& CAS 2018/A/5608 Matías Ezequiel Suárez & CA Belgrano
v. RSCA，http://jurisprudence. tas-cas. org/Shared%20Documents/5607,%205608. pdf.

重现有合同，以实现合同的稳定。[1]

"合同稳定"对于职业足球至关重要。一方面，合同违约的泛滥，容易直接破坏比赛的策略安排，损害足球"有约必守"的法律基础，不利于足球行业的健康发展。另一方面，缺乏"合同稳定"，将直接影响职业足球"竞争平衡"（Competitive Balance）。[2]如果有天赋的球员可在没有任何限制或责任的情况下提前终止合同加入其他俱乐部，势必损害财力较弱俱乐部的竞争力，从而破坏俱乐部之间的竞争平衡。因此，RSTP 第 17 条规则和 CAS 法理都是以"合同稳定"为目的，实质上是维护职业足球秩序，也是遵循欧盟法院承认的"通过一定程度平等和结果的不确定来保持平衡"的转会规则的合法目标[3]。

5.3.3 无正当理由终止合同的"体育处罚"

5.3.3.1 处罚的规定及释义

FIFA RSTP 第 17 条第 3 款明确规定，保护期内无正当理由终止合同，不仅需要承担赔偿责任，还要受到处罚，主管机构有责任对在保护期内违反合同的球员实施体育处罚。第 4 款规定，俱乐部诱使违反合同的行为将受到处罚，至少在两个"转会窗口"（transfer windows）内禁止注册新球员。从这些规定的字面上来看，"shall"显然不同于"may"，似乎是自动适用处罚。但是，CAS 仲裁庭认为，规则必须根据其真正含义加以解释，第 17 条第 3 款和第 4 款的规定并不强制适用，必须根据案件的具体情况逐案进行分析。因此，在 CAS 实践中，裁决机构的处罚裁定是基于个案的评估，具有自由裁量权。这与第 17 条第 3 段字面规定似乎不同，但是，仲裁实践代表了国际足联和 CAS 对该条款的解释、执行和遵循的真正含义。

---

〔1〕 See CAS 2007/A/1359 FC Pyunik Yerevan v. E. , AFC Rapid Bucaresti & FIFA, http://jurisprudence. tas-cas. org/Shared%20Documents/1359. pdf.

〔2〕 See Liam J. A. Lenten, "Towards a New Dynamic Measure of Competitive Balance: A Study Applied to Australia's Two Major Professional 'Football' Leagues", *Economic Analysis and Policy*, Vol. 39, No. 3, 2009, p. 407.

〔3〕 See Paul A. Czarnota, "FIFA Transfer Rules and Unilateral Termination Without 'Just Cause'", *Berkeley Journal of Entertainment and Sports Law*, Vol. 2, No. 1, 2013, pp. 2-36.

RSTP 第 17 条第 4 款规定，除非有相反的规定，否则应推定俱乐部诱导球员无正当理由违约。这一规定建立了一个可反驳的假设，即如果新俱乐部不能证明其没有导致违约，则将受到处罚。根据国际足联规则和 CAS 判例法，不允许受损害的球员或俱乐部要求对导致无正当理由合同终止的过错方实施体育处罚，只有国际足联有权实施此类处罚，上述球员或俱乐部在此类事件中没有受到法律保护的利益。此外，RSTP 第 17 条第 4 款没有规定决策机构对将要实施处罚的严重程度具有自由裁量权，只是规定对违反的俱乐部实施禁止两个连续注册期在国内或国际层面注册新球员的处罚。俱乐部只能在完成相关体育处罚后的下一个注册期，才能在国内或国际范围内注册新球员。

5.3.3.2 保护期内无正当理由终止合同的处罚

构成处罚的前提是违约发生在雇佣合同的"保护期"。根据 RSTP 的规定，"保护期"指职业球员在 28 周岁生日前生效的合同的前三个完整的赛季或三年，或者 28 周岁生日后生效合同的前两个完整的赛季或两年。"前俱乐部"是指球员离开的俱乐部；"新俱乐部"是指球员加入的俱乐部。在保护期内无正当理由终止合同，不仅需要承担赔偿，还要受到处罚，受到处罚的对象主要包括球员、前俱乐部和新俱乐部。

5.3.3.2.1 球员的处罚

RSTP 第 17 条第 3 款的规定，在保护期内违反合同，球员除了支付赔偿外，还可能在俱乐部新赛季受到禁赛 4 个月的处罚，情节严重的，禁赛期为 6 个月。由于在两个赛季之间实施处罚不会产生处罚和威慑作用，为了确保对球员的处罚有效，对球员的禁赛是从新俱乐部锦标赛的首场比赛开始。但是，如果球员无正当理由违约且尚未在新俱乐部注册，仍在前俱乐部注册，那么，由决定机构实施的处罚将自新俱乐部注册之日起生效。在 CAS 2007/A/1429 & CAS 2007/A/1442 案中，[1] 球员在同一时间签署了两份雇佣合同，相当于保护期内无正当理由违约，仲裁庭认为，除了赔偿外，应对球员实施禁赛 4 个月的处罚。除了 RSTP 明确规定情节严重的将被施以 6 个月的禁赛处罚外，在特殊情况下，主管机构可能免除对球员的处罚。在 CAS 2007/A/1359

---

〔1〕　See CAS 2007/A/1429 Bayal Sall v. FIFA and IK Start & CAS 2007/A/1442 ASSE Loire v. FIFA and IK Start, http://jurisprudence. tas-cas. org/Shared%20Documents/1429,%201442. pdf.

案中[1]，仲裁庭认为，RSTP 第 17 条规定赋予了主管机构决定对在保护期内违反合同的球员实施体育处罚的权力，但没有这样做的义务。鉴于本案的球员在签订雇佣合同时仅年满 16 周岁，上诉人对其注册也存在争议，处罚会对球员产生相当大的影响，也是过度和不适当的。因此，仲裁庭确认了国际足联 DRC 的决定，不对球员实施禁赛处罚。

5.3.3.2.2 俱乐部的处罚

根据 RSTP 第 17 条第 4 款的规定，任何在保护期内违反合同或被发现诱使违反合同的俱乐部，除了支付赔偿义务外，应实施体育处罚。根据国际足联规则和 CAS 判例法，不允许受损害的球员或俱乐部要求对导致无正当理由合同终止的过错方实施体育处罚，只有国际足联有权实施此类处罚，上述球员或俱乐部在此类事件中没有受到法律保护的利益。从受处罚的对象来看，第 17 条第 4 款中"签约俱乐部"的概念不能限制性地解释为球员在无正当理由终止合同后首次正式签约和注册的俱乐部。它必须一般地解释为从球员违约终止中受益的俱乐部。RSTP 第 17 条第 4 款不仅惩罚"新俱乐部"或"签约俱乐部"，而且惩罚被发现导致保护期内违约的"任何俱乐部"。[2]总之，CAS 判例法认为，对国际足联规则的解释必须反映其真正含义。RSTP 第 17 条第 4 款的明确目的是确保合同的稳定，并确保在保护期内支持或教唆球员违约的俱乐部受到惩罚。

（1）前俱乐部——从证据证明到"屡犯"（repeated offender）　虽然 RSTP 第 17 条第 4 款明确规定，当发现俱乐部在保护期内违反合同时，主管机构有义务实施体育处罚，但是国际足联 DRC 和 CAS 的公认的、一贯的做法是采用赋予裁决机构酌情决定权，根据案件的实际情况，决定实施或放弃体育处罚[3]。即使违反行为发生在保护期内，也应考虑具体情况，视具体情况而定。国际足联评论也指出：在保护期内与球员违约的俱乐部有在违约后的两

---

[1] See CAS 2007/A/1359 FC Pyunik Yerevan v. E., AFC Rapid Bucaresti & FIFA, http://jurisprudence. tas-cas. org/Shared%20Documents/1359. pdf.

[2] See CAS 2019/A/6463 Saman Ghoddos v. SD Huesca & Östersunds FC & Amiens Sporting Club & Fédération Internationale de Football Association (FIFA) & CAS 2019/A/6464 Östersunds FK Elitfotboll AB v. SD Huesca & FIFA & Saman Ghoddos & Amiens Sporting Club, http://jurisprudence. tas-cas. org/Shared%20Documents/6463,%206464. pdf.

[3] See CAS 2014/A/3754 Metallurg Donetsk FC v. Fédération Internationale de Football Association (FIFA) & Marin Aničić, http://jurisprudence. tas-cas. org/Shared%20Documents/3754. pdf.

个注册期内被禁止在国内或国际注册新球员的风险。因此，CAS 判例法认为，对保护期内合同违约的俱乐部实施处罚并不是强制性的，但需要有力的证据证明才能偏离第 4 款的明确规定，从而有理由阻止适用体育处罚。在 CAS 2014/A/3754 案中，俱乐部在与球员签订合同不久，将球员从训练课中开除，被确认是保护期内无正当理由终止合同。俱乐部未能对否定适用 RSTP 第 17 条第 4 款的处罚提供清晰有力的论点，因此，仲裁庭确认了国际足联 DRC 的决定，裁定俱乐部单方面保护期内无正当理由终止合同，要求俱乐部向球员赔偿 8000 欧元并禁止连续两个注册期内在国内或国际注册新球员。

自 2014 年起，国际足联对确认俱乐部实施体育处罚适用"屡犯"的论点〔1〕，也即国际足联并不对所有符合保护期内终止合同的情况实施处罚，而需要有某些加重处罚的因素，如屡次被发现无正当理由违约，达到"屡犯"的条件，以便实施体育处罚。这一政策也得到了 CAS 判例的认可，在 CAS 2015/A/4220 案中，〔2〕独任仲裁员指出，在事关重大的问题上，上诉俱乐部未能体育任何有说服力的论据。相反，上诉俱乐部是"屡犯"者，特别是在最近多次被国际足联 DRC 或 CAS 确认无正当理由终止合同。为了更好地保证上诉俱乐部承担合同义务，有必要采取严格的做法，因此，应适用 RSTP 第 17 条第 4 款对俱乐部实施体育处罚。此外，RSTP 第 17 条第 4 款没有规定决策机构对将要实施处罚的严重程度具有自由裁量权，只是规定对违反的俱乐部实施禁止两个连续注册期在国内或国际层面注册新球员的处罚，俱乐部只能在完成相关体育处罚后的下一个注册期，才能在国内或国际范围内注册新球员，也即 RSTP 第 17 条第 4 款不存在"逐步处罚制度"（gradual sanction system）或在实施体育处罚前发出警告或授予最后宽限期的政策。因此，CAS 仲裁庭的自由裁量权仅限于确认两个注册期的转会禁令或排除转会禁令。〔3〕换言之，在适用相关规则时，仲裁庭不能取代立法者。

（2）新俱乐部——证明是否参与诱导（Inducement） 根据 RSTP 第 17 条

---

〔1〕 FIFA 的"屡犯"论点，例如，一家俱乐部因在 24 个月内违反与球员的四份雇佣合同而被追究责任。10 年以上时间内的"屡犯"就不属于"屡犯"评估的范围内。

〔2〕 See CAS 2015/A/4220 Club Samsunspor v. Aminu Umar & Fédération Internationale de Football Association（FIFA），http://jurisprudence. tas-cas. org/Shared%20Documents/4220. pdf.

〔3〕 See CAS 2017/A/5056 Ittihad FC v. James Troisi & Fédération Internationale de Football Association（FIFA）& CAS 2017/A/5069 James Troisi v. Ittihad FC，http://jurisprudence. tas-cas. org/Shared%20Documents/5056,%205069. pdf.

第 4 款规定，对于新俱乐部而言，签署一名无正理由终止合同的职业球员，除非有相反的规定，否则应推定俱乐部诱导球员无正当理由违约。这一规定建立了一个可反驳的假设，即如果新俱乐部不能证明其没有导致违约，则将受到处罚。如果有明确有力的证据证明，俱乐部未参与诱导，可以不适用第 17 条第 4 款的体育处罚。在 CAS 2016/A/4843 案中〔1〕，仲裁庭认为，Nafit Mesan 没能提出反驳 RSTP 第 17 条第 4 款的有力证据，因此，Nafit Mesan 应被视为诱使球员无正当理由终止合同，而受到处罚。在 CAS 2007/A/1359 案中，〔2〕AFC Rapid Bucaresti 通过证明新俱乐部没有诱导球员违约而没有被施以处罚。因此，对新俱乐部而言，是否构成诱导是受到处罚的关键。

对于是否构成诱导，国际足联 DRC 倾向于确认新俱乐部的诱导，而 CAS 仲裁庭则通过考察每个案件的特殊性来确定新俱乐部是否参与诱导。在 CAS 2008/A/1568 案中〔3〕，国际足联 DRC 认为，比利时 Bourgas 俱乐部在 2006 年 1 月 25 日书面通知瑞士 Wil 俱乐部和瑞士足协，球员仍与其存在合同关系，那么，瑞士 Wil 俱乐部在 2006 年 2 月 1 日与该球员与签订合同，显然存在诱导，因此，适用第 17 条第 4 款的处罚，禁止 Wil 俱乐部在两个完整的注册期内禁止注册国际、国内新球员。CAS 仲裁庭则认为，诱导因素对俱乐部处罚起着决定性作用。由于没有收到保加利亚足协关于国际转会证明（ITC）的任何信息，瑞士足协已经在 2006 年 3 月 18 日决定暂时注册该球员。这一事实应支持 Wil 俱乐部的信用，并使 Wil 俱乐部相信球员与 Bourgas 没有有效的合同。因此，仲裁庭认为，Wil 俱乐部没有实施诱导，驳回 DRC 关于对 Wil 俱乐部实施体育处罚的决定。

综上所述，CAS 判例法表明，为维持合同稳定，无正当理由提前终止合同应承担赔偿责任和受到处罚。通过合同约定单方面违约后果的买断条款或补偿金条款必须清晰明确，否则将导致仲裁庭拒绝适用。在赔偿金计算方面，CAS 判例法确认了适用"积极利益"原则。在体育处罚方面，在 CAS 判例确

---

〔1〕 See CAS 2016/A/4843 Hamzeh Salameh & Nafit Mesan FC v. SAFA Sporting Club & Fédération Internationale de Football Association（FIFA），http://jurisprudence. tas-cas. org/Shared%20Documents/4843. pdf.

〔2〕 See CAS 2007/A/1359 FC Pyunik Yerevan v. E. , AFC Rapid Bucaresti & FIFA, http://jurisprudence. tas-cas. org/Shared%20Documents/1359. pdf.

〔3〕 See CAS 2008/A/1568 M. & Football Club Wil 1900 v. FIFA & Club PFC Naftex AC Bourgas, http://jurisprudence. tas-cas. org/Shared%20Documents/1568. pdf.

认了根据案件的具体情况逐案分析。国际足联于 2014 年建立的"屡犯"观点在晚近的 CAS 判例中也不断得到确认。

5.4 对中国职业足球合同稳定问题的分析与启示

5.4.1 涉中国俱乐部合同违约案件的分析

随着中国足球职业化、国际化，越来越多的涉中国当事方的案件上诉至 CAS，如前文表 5.1 所示，其中有 6 个涉中国俱乐部有无正当理由终止合同的判例，本节选择了 3 个典型判例进行分析。

5.4.1.1 长春亚泰俱乐部案[1]

（1）案情简介　2012 年 1 月，中国长春亚泰俱乐部与塞尔维亚职业球员马尔科签订了有效期至 2013 年 11 月的雇佣合同。该球员参加了 16 场中超联赛的 12 场比赛，进了一球，又参加了 2012 年 6 月 27 日的一场杯赛，进了两球。但是，球员在 2012 年 7 月 13 日从主教练处得知，俱乐部已签下另一名外籍球员，不打算在下半赛季给他注册为一线队员。球员被通知不允许参加一队的训练，也被取消了注册。于是，球员在 7 月多次向俱乐部发催促函，敦促俱乐部准许球员根据合同参加训练。在 2012 年 8 月 7 日，在给俱乐部的挂号信中，球员表明："因单方面违反合同……未达到国际足联 RSTP 规定的训练和医疗要求，终止了合同，立即生效，并有正当理由。"2012 年 8 月 7 日，俱乐部向球员发出通知，称球员已经 7 天没有随队训练，如果球员在 8 月 15 日前没有返回俱乐部，俱乐部保留单方面终止合同并要求球员承担违约责任的权利。尽管双方在 8 月和 9 月初曾多次试图友好解决该案，但未能达成和解。2012 年 9 月 12 日，这名球员在国际足联对俱乐部提出索赔，要求长春亚泰俱乐部向其支付未付报酬 20 000 欧元和 330 500 欧元的违约赔偿金，加上截至 2012 年 9 月 12 日该金额每年 5%的利息。国际足联 DRC 确认了球员的申请。俱乐部不服 FIFA 的决定上诉至 CAS，声称：球员 7 天未参加俱乐部的训练，俱乐部有正当理由终止合同；上诉人有权因球员违约而获得赔偿，根据

---

〔1〕 See CAS 2014/A/3525 Changchun Yatai Football Club Co. Ltd. v. Marko Ljubinkovic, http://jurisprudence. tas-cas. org/Shared%20Documents/3525. pdf.

雇佣合同的期限和剩余天数，被申请人应赔偿上诉人的最终金额为 131 536 欧元。仲裁庭认为，在没有任何合同基础的情况下，俱乐部擅自取消了作为俱乐部成员的球员的注册，又剥夺了球员获得适当的训练和医疗设施的权利。俱乐部的这种单方面的、无可争议的行为，构成了球员终止合同的正当理由。因此，裁定球员有权根据 RSTP 以"正当理由"终止合同，要求俱乐部向球员支付 20 000 欧元薪酬和 324 500 欧元赔偿金及年利率 5% 的利息。

（2）关键点分析　本案中亚泰俱乐部并没有拖欠球员薪水，也没有先提出终止合同，且根据雇佣合同，俱乐部有权自行决定将球员重新分配到高级队或预备队的不同位置，并且在球员在预备队效力期间，球员无权领取雇佣合同规定的工资。但是，最终导致俱乐部向球员赔偿 324 500 欧元，主要有以下几点原因：

第一，俱乐部没有及时回复信件导致违反诚信原则。仲裁庭认为，球员经纪人发出的许多信件（日期分别为 2012 年 7 月 25 日、27 日、31 日和 8 月 3 日）必须解释为球员在 2012 年 8 月 7 日的信函中终止雇佣关系的重要原因。仲裁庭认为，双方之间的关系必须按照国际仲裁惯例制定的一般原则来解释，尤其是俱乐部方面的沉默，应根据善意（bona fide）原则予以解释。[1]这一原则被 CAS 仲裁庭解释为用来确定另一方当事人如何合理理解一方当事人的陈述或一般表现形式的概念工具。当无法确定双方的实际共同意图时，必须根据"诚信"（good faith）原则来解释合同[2]。仲裁庭必须根据案件的具体情况确定另一方当事人的陈述或外部表现如何被另一方合理理解。在本案中，仲裁庭认为，为了善意地考虑俱乐部的行为，它本应答复球员经纪人信函，否认对俱乐部的指控，并声明球员在注销登记时仍有权使用训练设施和医疗。但是，俱乐部没有这样做，那么就被视为认同球员对俱乐部的指控。因此，仲裁庭得出结论认为，尽管球员经纪人多次发函，但俱乐部保持沉默时并未表现出诚意，俱乐部的行为必须解释为默许球员经纪人提出的索赔[3]。

---

〔1〕 See CAS 2008/A/1447 E. v Diyarbakirspor, http://jurisprudence. tas-cas. org/Shared%20Documents/ 1447. pdf.

〔2〕 See CAS 2005/O/985 Feyenoord Rotterdam N. V. v. Cruzeiro Esporte Club, http://jurisprudence. tas-cas. org/Shared%20Documents/985. pdf.

〔3〕 See CAS 2014/A/3525 Changchun Yatai Football Club Co. Ltd. v. Marko Ljubinkovic, http://juris-prudence. tas-cas. org/Shared%20Documents/3525. pdf.

第二，俱乐部未能提供证据证明引发违反人格权保护原则。俱乐部认为，由于不知道如何回应球员的大量传真而耽搁了回复，且事实上在 2012 年 8 月 7 日之前的整个期间都为球员提供了训练和医疗设施。仲裁庭认为，俱乐部作为上诉人应承担举证责任。CAS 判例也反复强调，任何一方希望在争议中获胜的当事人，都必须履行举证责任〔1〕。举证责任意味着所申辩的任何事实都必须由申辩者证明。根据 CAS 在 2007/A/1380 案中的观点，当一方当事人援引某项特定权利时，它必须证明通常包括所援引权利的事实，而另一方当事人则必须证明排除或阻止所证明事实的效力的事实，而所涉权利正是基于这些事实。因此，鉴于提交的书面材料和诉讼期间提供的所有证据，仲裁庭认为没有证据表明俱乐部提交的陈述是正确的，因此，裁定俱乐部无正当理由终止合同〔2〕。

5.4.1.2 北京国安俱乐部案〔3〕

（1）案情简介　2013 年 2 月，北京国安俱乐部与巴西球员安德烈·利马于签订了有效期至 2014 年 12 月的雇佣合同。7 月 15 日，北京国安、巴西维多利亚俱乐部和球员签订了一份"球员租借合同"。根据该合同，球员将以租借的方式从北京国安转到维多利亚，期限自 2013 年 7 月 15 日至 2013 年 12 月 31 日。2013 年 7 月 28 日，球员在为维多利亚效力期间发生意外，导致左腿受伤，并于 2013 年 7 月 31 日致函北京国安，告知其事故情况。2014 年 2 月 17 日，北京国安对该球员和维多利亚向 FIFA 提起索赔，要求对他们实施纪律处罚，并赔偿违约近 4 950 066 美元及利息。2014 年 2 月 21 日，该球员向 FIFA 提起反诉，要求北京国安支付 963 504 美元及利息，并对其实施体育处罚。2014 年 10 月，国际足联 DRC 裁定，驳回北京国安俱乐部的索赔，部分支持了球员的申请，要求俱乐部向球员支付 962 504 美元及利息。2014 年 12 月，国安俱乐部向 CAS 提起上诉。CAS 最终裁定俱乐部无正当理由违约，驳回了

---

〔1〕　See CAS 2009/A/1975 Jean Amadou Tigana v. Beşiktaş Futbol Yatirimlari San. VE T｜C. A. Ş, http://jurisprudence. tas-cas. org/Shared%20Documents/1975. pdf.

〔2〕　See CAS 2007/A/1380 MKE Ankaragücü Spor Kulübü v. S, http://jurisprudence. tas-cas. org/Shared%20Documents/1380. pdf.

〔3〕　See CAS 2014/A/3858 Beijing Guoan FC v. Fédération Internationale de Football Association (FIFA), André Luiz Barreto Silva Lima & Club Esporte Clube Vitória, http://jurisprudence. tas-cas. org/Shared%20Documents/3858. pdf.

上诉，维持了国际足联 DRC 的决定。

（2）本案的关键点分析　本案的球员有义务在 2014 年 1 月 10 日之前返回北京国安队，由于未遵守该义务，球员违反了租借合同第 6.1 条。根据租借合同第 6.1 条和 9.5 条，如果球员未能在 2014 年 1 月 10 日之前回到俱乐部，球员有义务支付 1 200 000 美元的赔偿和每天 1000 美元的罚款。但是，最终 CAS 裁定俱乐部无正当理由终止合同，主要是基于以下两点：

第一，严重违约才构成终止合同的正当理由。在本案中，球员未能及时回到俱乐部参加训练，构成了一定程度的违约。但是，球员在离开北京国安期间仍在接受康复治疗，且通知了俱乐部准备在伤势完全康复后立即履行合同。同时，根据合同规定，如果球员未能参加俱乐部的训练活动，则可以采取降薪等更为宽松的方式。因此，球员的违约尚未严重到证明有理由终止合同。对此，仲裁庭进一步解释道，合同稳定是足球制度的基础，如果合同双方都能轻易地摆脱其承担的义务，则会严重危害合同的稳定，进而影响俱乐部的投资和球员的生活，从而动摇整个足球制度的根基。因此，只有违约达到一定的严重程度才有理由终止合同，只有当违约排除了继续雇佣关系的合理预期时，才足够严重。

第二，"超额罚金"（excessive penalty）。在本案中，租借合同的第 6.1 条中规定，如果球员违反 2014 年 1 月 10 日前返回中国的义务，则球员有义务支付 1 200 000 美元作为赔偿，并有义务根据第 9.5 条支付每天 10 000 美元的罚款。仲裁庭认为，第 6.1 条和第 9.5 条所载的处罚条款符合《瑞士债法典》第 160 条规定的"惩罚条款"所必需的要素要求。一般来说，双方当事人可以自由确定合同罚金的数额。但是，根据瑞士判例法和法律理论，如果罚款不合理且超过了公正公平的数额，则视为"超额罚金"。根据《瑞士债法典》第 163.3 条，法院可酌情减少其认为过重的处罚，并从三个方面评估处罚的合理性：其一，债权人在履行主要义务和处罚违约的利益；其二，从客观和主观角度来看，债务人的过错程度；其三，双方的财务状况。仲裁庭在审查合同后指出，对于球员未能遵守 2014 年 1 月 10 日前返回北京国安队的处罚过于极端。事实上，2014 年 1 月，北京国安队没有任何正式比赛，该球员的伤势也未得到完全康复，且北京国安队没有及时回复维多利亚俱乐部的信函以及没有向球员发送任何通信。综合来看，仲裁庭认为公平的处罚应该相当于一个月的工资即 90 000 美元，外加自北京国安向国际足联提起索赔日起每年

5% 的利息。

5.4.1.3 辽宁俱乐部案 [1]

（1）案情简介　辽宁俱乐部与罗马尼亚足球运动员埃里克·科斯明·比法尔维于 2015 年 7 月签订了有效期为 2015 年 7 月 1 日至 2016 年 12 月 31 日的雇佣合同。2015 年 12 月 30 日，俱乐部向球员发出了终止信："非常感谢球员埃里克在 2015 年赛季的辛勤工作，你的出色（brilliant）表现帮助我们俱乐部完成了 2015 年的目标……根据协议第 18 条规定：2015 年赛季结束后，根据下赛季的投资和目标，如果甲方在下赛季追求更好的排名，则甲方需要书面通知乙方继续合同……否则，甲方需要在 2015 年 12 月 31 日前通知不再执行合同，乙方作为自由球员可转会到任何俱乐部……"球员于 2016 年 2 月 26 日向国际足联 DRC 提起违约索赔。国际足联 DRC 裁定辽宁俱乐部无正当理由终止合同，需支付 1 389 992 美元的赔偿及利息。2016 年 12 月 8 日辽宁俱乐部向 CAS 提起上诉，反对国际足联的决定。CAS 仲裁庭最终确认了国际足联的赔偿决定。

（2）单方面条款　在本案中，俱乐部和球员的合同的第 18 条，实际上是规定了上诉人有权根据其主观决定"不追求更好的等级"，在 2015 年底自行终止合同而无需向球员支付任何赔偿，也无需遵守"2015 年 12 月 31 日之前"以外的任何通知期。合同的第 19 条规定，如果球员提前终止合同，需向俱乐部支付 2 000 000 美元的赔偿金。仲裁庭在审查合同内容后认为：首先，终止合同不可由双方强制执行，仅凭一方的主观意愿，决定了另一方的意愿，终止条款无效；其次，该合同不相称（disproportionally）地有利于俱乐部，构成俱乐部在六个月后终止合同而不产生任何后果，球员则没有这种平等的可能性；最后，俱乐部未能证明单方面终止条款在中国法律下是有效的。因此，该条款构成单方面条款。尽管俱乐部辩称球员接受合同内容并获得了高额报酬，仲裁庭认为，这些条款赋予了俱乐部队球员不适当的控制权，显然违反了合同稳定性和劳动法的一般原则，从而导致合同第 18 条无效。

（3）违约金的计算　基于"积极利益"原则，考虑到本案涉及俱乐部违约而不是球员违约，"酬薪因素"和"现有合同剩余时间"起着重要作用。

---

〔1〕　See CAS 2016/A/4875 Liaoning Football Club v. Erik Cosmin Bicfalvi, http://jurisprudence.tas-cas.org/Shared%20Documents/4875.pdf.

本案的俱乐部虽提出了适用《劳动合同法》计算的论点，但由于双方当事人并未事先在合同中约定赔偿金的规定，遭到了驳回。根据俱乐部提前终止之日起至合同正常到期之日止，包括 2016 年的剩余工资 109 992 美元和 2016 年 7 月到期的签字费（sign-on fee），合同的剩余价值为 159 992 美元。球员在合同剩余时间内签署了两份新的雇佣合同，根据合同，他有权在剩余时间内获得 210 000 美元的总薪酬。基于此，俱乐部必须向球员支付 138 992 美元的违约赔偿金以及自索赔之日至有效付款之日每年 5% 的利息。

5.4.2 对中国职业足球合同稳定问题的启示

从上述案件的情况来看，我国俱乐部表现出任意性和不遵守规则，充分暴露了我国俱乐部不熟悉国际规则，尤其是不熟悉 CAS 在判例中形成的规则，也从侧面反映了我国职业足球的法治化环境不成熟，以下主要从国内国际规则差异、遵守规则、足球法治环境等几个方面进行探讨。

5.4.2.1 国际国内关于足球合同稳定规则的差异

对于正当理由终止合同，我国 2015 年版《中足协身份与转会规定》第 44 条规定，工作合同双方中任何一方均可以正当理由终止合同，且不予追究责任。换言之，对于正当理由终止合同，中国足协遵照了国际足联的意旨。对于俱乐部欠薪，第 45 条则规定了，该球员有权单方面终止合同，但是，中国足协对于确认俱乐部欠薪却没有客观的标准，只规定了"经中国足协相关部门认定"，大大降低了俱乐部欠薪作为球员正当理由终止合同的可预测性。对于 CAS 判例法中的可能侵犯人格权的行为所引发的正当理由，国内没有相关规定，也缺乏相关实践。对于球员违约或不当行为可能构成俱乐部终止合同的正当理由，国内俱乐部尚不清楚 CAS 判例法要求"重大违约"和"严重不当行为"才构成正当理由。值得注意的是：职业足球的合同解除与我国《劳动合同法》规定的合同解除存在较大差异；球员表现不佳和球员伤病，通常是俱乐部误以为可作为正当理由解除合同的事由，却是 CAS 判例法禁止的情况。因此，对于国际规则的不熟悉，尤其是 CAS 判例法的不熟悉，必然导致中国当事人在 CAS 仲裁案件中的失利。

《中足协身份与转会规定》第 48 条规定了无正当理由终止合同的后果，其规定与国际足联 2015 年版 RSTP 规定并无实质上的差异。《中足协身份与转会规定》虽未直接规定"体育特殊性",但规定了"考虑足球项目特点",也规定了遵守国家法律、法规、章程。在赔偿计算标准方面,中国足协的规则明确地规定了四项要素,而国际足联规则开放式地列举了四项要素,这使得在国际足联和 CAS 在计算赔偿时可能会考虑其他国内规则尚未规定的要素。中国足协的规则与国际足联现行 RSTP 的主要区别是球员应得补偿的计算标准,包括:①如果球员在合同终止后没有签订新的合同,一般情况下,赔偿金额应等于提前终止的合同的剩余价值;②如果球员在作出决定时签订了新合同,则新合同在提前终止合同剩余时间内的价值应从前终止的合同的剩余价值中扣除("减轻的补偿")。此外,在合同因逾期应付款而提前终止的情况下,除减轻的补偿外,球员应有权获得相当于三个月工资的金额("额外补偿")。情节严重的,额外的补偿可增加到最多六个月的工资。赔偿总额不得超过提前终止合同的剩余价值;③由雇主和雇员代表根据国内法在国内一级有效谈判的集体谈判协议可能偏离①点和②点规定的原则,以该协议的条款为准。事实上,国际足联 RSTP 在 2015 年版之后,又产生了 2016 年版、2018年版、2019 年版、2020 年版及 2021 年版,一些规则都进行了相应的修改。虽然在上述几个判例所涉及的问题方面,国内足球规则与国际足球规则并无根本上的差异,但是,现行的 2015 年版的规定显然与 2021 年版 FIFA 规定存在差距,应尽快更新国内规则,在规则层面尽可能保持与国际发展同步。同时,应参考在 CAS 仲裁中形成的合同稳定的法理和机制,让中国足球法治从实质上与国际接轨。

5.4.2.2 规则遵守——"有约必守"原则的解读

有约必守原则是一切协定法的基础原则。缔结协议的各当事方都应执行协议,有效的协议对各当事方均有约束力。国际足联正当理由终止合同的规定的基本目的是加强合同稳定,因此,必须遵守"有约必守"原则,对于单方面违约或终止合同起到威慑作用。事实上,"有约必守"原则为合同关系的稳定提供了法律基础,是足球制度的基础,也是 CAS 判例中反复强调的原则。如果合同双方都能轻易地摆脱其承担的义务,则会严重危害合同的稳定,进而影响俱乐部的投资和球员的生活,从而动摇整个足球制度的根基。为维持合同稳定,"有约必守"原则在国际职业足球 CAS 法理中的第二层含义强调,"有约必守"是建立在公平、公正、诚信的基础之上。因此,职业足球 CAS

法理中的"有约必守"原则对合同约定的自由，并不意味着当事方可以利用自身优势地位漫天要价或强迫对方签署"霸王条款"，而是在尊重对方的基础上，以维持"合同稳定"为目标，公平、公正地签订合同和遵守合同。

事实上，"单方面条款"和"超额罚金"也是我国法律禁止的。《劳动合同法》总则第 3 条规定：订立劳动合同，应当遵循合法、公平、平等自愿、协商一致、诚实信用的原则。换言之，单方面条款并不符合中国《劳动合同法》的规定。就赔偿范围和额度而言，2021 年 1 月 1 日正式实施的《中华人民共和国民法典》（以下简称《民法典》）第 584 条规定：当事人一方不履行合同义务或者不符合约定，造成对方损失的，损失赔偿额应相当于因违约所造成的损失，包括合同履行后可以获得的利益；但是，不得超过违约方订立合同时预见到或者应当预见到因违约可能造成的损失。第 585 条规定：当事人可以约定一方违约时应当根据违约情况向对方支付一定数额的违约金……违约金过分高于造成的损失的，人民法院或者仲裁机构可以根据当事人的请求予以适当减少。因此，按照中国法律规定，上述两个案件中的违约金赔偿额度过高的情况也可以适当减少。此外，对合同中弱势方的保护，也是中国《劳动合同法》和《民法典》的原则。因此，上述俱乐部对"有约必守"原则理解的偏差，不仅是对国际足球规则和 CAS 法理理解的偏差，也是对中国法律理解的偏差。《劳动合同法》和《民法典》对"有约必守"原则的规定，与 CAS 法理的要求并不冲突，这也是当事方在答辩中并不能为中国法律强制性规定的差异举证的原因。因此，对于中国俱乐部或可能的当事人而言，不应片面地理解"有约必守"原则，应当规范地签订合同，应当遵守有关法律、足球规则和 CAS 仲裁法理。

5.4.2.3 足球法治环境

从职业足球的法治环境来看，自 1992 年"红山口"会议，我国足球进入职业化发展道路。时至今日，我国的经济已取得了飞速的发展，而职业足球的发展却不尽如人意，明显滞后于市场经济基础。究其原因，仍然主要是管理体制和运行机制已不能适应市场经济发展的需要，在整体上缺乏法治意识和法治环境。由于高度重视职业足球的发展，我国对于职业足球的发展各种政策层出不穷、眼花缭乱，而足球投资更多体现的是"投机"。自 2014 年 10 月国务院公布了《关于加快发展体育产业促进体育消费的若干意见》以来，先后出台了《中国足球改革发展总体方案》《中国足球中长期发展规划（2016—2050 年）》等文件及一系列足球新政如"限薪令"、投资封顶、俱乐部名称去企业化等。在政策的鼓励下，大量的资金流入职业足球市场，尤其是 46 号文件出台之后，资本纷纷涌入，出现了一批豪门俱乐部、天价球员，然而，又有多少资本是真正在投资职业足球呢？目前，受疫情和多方面因素的影响，国内已有十多家俱乐部退出市场。相比较于基于有约必守（acta sunt servanda）原则等法律原则建立的国际足球制度，我们亟需加强法治化、规范化建设。

本章小结

合同稳定是职业足球发展的基石。为维持合同稳定，国际足联规则制定了正当理由终止合同、正当体育理由终止合同和无正当理由终止合同的后果三个方面的原则。

CAS 判例法表明，根据球员雇佣合同，球员的基本权利不仅包括及时获得报酬的权利，还包括接受训练的权利，以及在官方比赛中与队友竞争的权利，这些"人格权"受瑞士法保护。具体而言，上述俱乐部欠薪、注销球员、不发许可、单独训练、缺乏物质和医疗保障等因素都可能构成球员提前终止合同的正当理由，而球员严重不当行为、不履行义务可构成俱乐部终止合同的正当理由。职业足球中常见的球员伤病、表现不佳等情况，虽然会给俱乐部带来一定的损害，但为维持合同的稳定性和保护球员利益，不能构成俱乐部终止合同的"正当理由"。对于是否构成"正当理由"违约，CAS 仲裁庭明确的裁判标准是，只有实质性违约才可能被视为正当理由，或者违约必须达到一定程度的严重性，才能被看作为"正当理由"。

CAS 判例法表明，RSTP 第 15 条的目的是允许球员在其无法以合理的频率开展其职业活动时并由此无法在职业方面取得进展的情况下终止合同。实际上，"体育正当理由"也是对球员"人格权"的保护。同时，为保持合同稳定，防止这一终止理由的滥用，国际足联为"体育正当理由"设置了一系列客观标准。这些标准为评估"体育正当理由"提供了依据，并最终有利于保持合同稳定。

CAS 判例法表明，为维持合同稳定，无正当理由提前终止合同应承担赔偿责任和受到处罚。通过合同约定单方面违约后果的买断条款或补偿金条款必须清晰明确，否则将导致仲裁庭适用赔偿金要素计算赔偿金额。在赔偿金计算方面，CAS 判例法确定适用"积极利益"。在体育处罚方面，CAS 确立了逐案分析的原则，并确立了针对不同对象适用不同的标准。值得注意的是，国际足联自 2014 年建立的"屡犯"观点得到了 CAS 判例法的确认。

对于 CAS 可能的中国当事方而言，一方面应充分学习和了解国际足球规则和 CAS 仲裁法理以便更好地维护自身合法权益，另一方面应规范地签署合同，避免以侥幸心理企图在合同签订中获得有利地位。对于国内职业足球发展而言，不仅需要在规则制定上跟上国际规则的发展进度，还需要所有利益相关者遵守足球规则、相关法律和 CAS 判例法理，更需要建立公平、公正、诚信的职业足球环境。

国际体育仲裁院职业足球
培训补偿的仲裁法理

　　在博斯曼法案之后，根据欧盟委员会的要求建立的新的转会规则即RSTP，除了引入"合同稳定"原则，还引入了培训补偿（Training Compensation），旨在鼓励俱乐部更多和更好地培训年轻足球运动员以及加强竞争平衡。作为 FIFA 转会规则的支柱型制度，因培训补偿引发的争议数量颇多。从作为一审裁决机构 FIFA DRC 的裁决数量来看，FIFA 官方网站发布判决显示：自 2004 年至 2022 年 2 月 20 日，有关培训补偿争议的决定数量达到 1692 个。[1]在上诉至 CAS 的案件中，CAS 数据库发布的案例显示：截至 2022 年 2 月 20日，已公布的关于职业足球培训补偿案件裁决 93 个，案件裁决结果为支持、驳回、部分支持及发回重审，具体情况见图 6.1[2]。通过处理这些案件，CAS 逐渐形成这一问题的特殊法理。本章将从培训补偿概述、培训补偿的触发因素、培训补偿权利、培训补偿义务、培训补偿金额等方面探讨职业足球培训补偿问题 CAS 仲裁法理的内涵。

---

　　〔1〕　See FIFA Decisions of the Dispute Resolution Chamber, https://www.fifa.com/legal/football-tribunal/dispute-resolution-chamber-decisions.

　　〔2〕　See CAS Database, https://www.tas-cas.org/en/jurisprudence/archive.html.

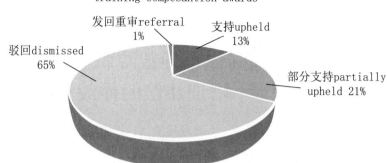

图6.1　职业足球培训补偿争议 CAS 裁决结果

数据来源：CAS 官方网站数据库（https：//www.tas－cas.org/en/jurisprudence/archive.html）

6.1 职业足球培训补偿概述

6.1.1 培训补偿的规则演进

自 2001 年 FIFA 建立新的 RSTP 规则，已经历了多次修改，包括 2005 年、2008 年、2009 年、2010 年、2012 年、2014 年、2015 年、2016 年、2018 年、2019 年、2020 年、2021 年多个版本。其中 2005 年版关于培训补偿的规定在 2001 年版的基础上有较大的改动，相较于 2001 年版 RSTP 的第 13 条至 20 条规定了青年球员培训补偿内容，[1]2005 年版则在第 20 条规定了培训补偿的一般规定并在附件 4 进行具体规定，内容涵盖目标、培训补偿的支付、支付培训补偿的责任、培训成本、培训补偿计算、欧盟/欧洲经济体的特别规定及纪律措施，[2]之后版本的 RSTP 关于培训补偿的规定沿用了这一基本框架。

根据 2021 年版 FIFA RSTP 第 20 条的规定，当球员首次注册为职业球员时，以及职业球员每次转会时，必须向培训俱乐部支付培训补偿金，直至他

---

〔1〕　FIFA Regulations for the Status and Transfer of Player, 2001 Edition.

〔2〕　FIFA Regulations for the Status and Transfer of Player, 2005 Edition.

23 周岁生日的赛季结束，支付培训补偿的义务发生在球员合同期间或结束时。RSTP 附件 4 提供了有关培训补偿机制更为具体的规定。[1]根据 RSTP 附件 4 的规定，球员培训在球员 12 周岁至 23 周岁之间，对球员培训作出贡献的俱乐部有权就球员在 21 周岁之前接受的训练和教育获得经济补偿，除非有明显证据表明球员在此年龄之前终止了培训。后一种情况，培训补偿金支付至球员年满 23 周岁，但应支付的金额计算应以 12 周岁至球员确定完成培训的年龄之间的年份为基础，支付培训补偿金的义务不影响任何违约赔偿的支付。

6.1.2 培训补偿释义

FIFA 培训补偿机制的目的在于鼓励更多、更好地培训年轻球员，并通过向投资球员职业生涯的俱乐部提供补偿，以促进俱乐部之间的团结。这一制度对年轻球员的发展和保持体育运动的稳定性和完整性具有重要意义。根据 FIFA《国际足联球员身份与转会规定》（RSTP）的规定，培训补偿机制的基本原则是，如果一名球员在 23 周岁生日之前签署了第一份职业球员合同，或者该球员在 23 周岁生日之前转会，则俱乐部应向所有为球员培训作出贡献的俱乐部支付赔偿金。培训补偿就是依据这一原则支付的用于年轻球员发展的款项。

6.2 培训补偿到期

根据 RSTP 的规定，并不是所有的转会都需要支付培训补偿，引起培训补偿支付主要有两种情况，即球员签订首份职业合同和作为职业球员转会到另一个协会所属的俱乐部即后续转会（subsequent transfer）。在以下情况下不能触发培训补偿：一是俱乐部在无正当理由的情况下终止了与球员的合同；二是球员被转会到第 4 类俱乐部；三是球员转会后重新取得业余资格。

6.2.1 球员签订首份职业合同

根据 RSTP 的规定，在球员签署第一份职业球员合同时，培训补偿是在球

---

〔1〕 FIFA Regulations on the Status and Transfer of Player. 2021 Edition，https://digitalhub. fifa. com/ m/196c746445c58051/oniginal/Regulations-on-the-Status-and-Transfer-of-Players-August-2021. pdf.

员23周岁生日赛季结束前到期，首次注册为职业球员是培训补偿的触发要素。其中，球员的职业身份或业余身份是关键因素。一般来说，职业球员和俱乐部有书面的雇佣合同，而业余球员没有。但是，在CAS实践中，因法律性质或协议与确定球员为职业或业余身份无关，薪酬是唯一的决定性标准。CAS在判例中指出，如果一名足球运动员的报酬超过其足球活动实际产生的费用，他将被视为职业球员，[1]相反，则被视为业余球员。2005年修订版RSTP相关规定增加了"书面合同"的内容，CAS在处理的案件中也显示必须累计符合RSTP第2条第2款的规定，即满足书面合同和球员酬薪两个标准，才能将球员归为职业球员。[2]换言之，如果球员在23周岁生日的赛季结束前首次签署的书面合同所获得的报酬超过足球活动产生的费用，将触发培训补偿。相反，如果球员签署了第一份雇佣合同，但得到报酬未超过他在足球活动中实际产生的费用，则该球员仍被视为业余球员，未触发培训补偿，也不应支付任何培训补偿。CAS仲裁庭认为，球员在23周岁生日的赛季结束前首次注册为职业球员，这本身就足以触发培训俱乐部要求的一定数额培训补偿的权利，并指出，第一份合同签署的时间应是开始支付培训补偿的决定性时间点。[3]但是，如果一名业余球员首次签订职业合同的俱乐部为同一俱乐部，则不支付培训补偿金。[4]

6.2.2 球员后续转会

除了球员在23周岁生日的赛季结束前签署第一份职业球员合同时的支付赔偿金义务外，球员在23周岁生日的赛季结束前，职业球员在两个不同协会的俱乐部之间转会即后续转会，不管是在合同期内还是合同期外，后续转会也应支付培训补偿金。CAS在判例中认为，在职业球员后续转会的情况下，培训补偿金将只支付给球员在前俱乐部有效的培训时间，也意味着在后续转

---

〔1〕 See CAS 2004/A/691 FC Barcelona SAD v. Manchester United FC, http://jurisprudence. tas-cas. org/Shared%20Documents/691. pdf.

〔2〕 See CAS 2009/A/1810 & 1811 SV Wilhelmshaven v. Club Atlético Excursionistas & Club Atlético River Plate, http://jurisprudence. tas-cas. org/Shared%20 Documents /1810, %201811. pdf.

〔3〕 See CAS 2006/A/1189 IFK Norrköping v. Trinité Sports FC & Fédération Française de Football (FFF), http://jurisprudence. tas-cas. org/Shared%20Documents/1189. pdf.

〔4〕 See CAS 2013/A/3119 Dundee United FC v. Club Atlético Vélez Sarsfield, http://jurisprudence. tas-cas. org/Shared%20Documents/3119. pdf.

会中，球员在原俱乐部之前注册和培训的俱乐部无权获得培训补偿。[1]事实上，关于后续转会的培训补偿仅限于前俱乐部的原则，在 FIFA DRC 的决定中也得到确认，如在 2007 年 9 月 14 日的决定中强调，一名球员在后续转会中，只对球员进行有效培训的前俱乐部有培训补偿金义务。[2]CAS 在实践中也对"后续转会"的概念进行了法律探讨，CAS 2007/A/1320-1321 案的仲裁庭认为，[3]每次职业转会之间的每一段时间都是一个特定和独立的时间段。根据 FIFA 第 826 号通告，任何 23 周岁以下的后续转会，培训补偿金只在球员被俱乐部有效培训期间支付给他的前俱乐部，并强调后续转会培训期是球员与"前一俱乐部"签订合同期间或紧接着在新俱乐部注册时间段之前的时间段。

6.2.3 例外情况

根据 RSTP 的规定，当俱乐部无正当理由终止合同、球员被转会到第 4 类俱乐部以及球员重新回到业余身份的情况下，不能触发培训补偿机制。

6.2.3.1 俱乐部无正当理由终止合同

根据 RSTP 的规定，当俱乐部无正当理由终止合同，不能触发培训补偿机制。CAS 判例法认为，在任何情况下，培训补偿都是发生在俱乐部与俱乐部之间，而不是球员与培训俱乐部之间。俱乐部无正当理由终止合同决定了球员被授予自由球员的身份，因此，球员不能因为俱乐部违反合同而承担责任。[4]

6.2.3.2 球员被转会到第 4 类俱乐部

根据 RSTP 的规定，球员被转会到第 4 类俱乐部，不能触发培训补偿机制。在实践中，球员转会到第 4 类俱乐部的规定时常被一些俱乐部用于规避

---

〔1〕　See CAS 2013/A/3417 FC Metz v. NK Nafta Lendava, http://jurisprudence. tas-cas. org/Shared% 20Documents/3417. pdf.

〔2〕　See FIFA Decision of the Dispute Resolution Chamber, passed in Zurich, Switzerland, on 14 September, 2007, https://resources. fifa. com/image/upload/971210-740187. pdf? cloudid=ffm0ad3otzkruihulmty.

〔3〕　See CAS 2007/A/1320-1321 Feyenoord Rotterdam v. Clube de Regatas do Flamengo, http://jurisprudence. tas-as. org/Shared%20Documents/1320,%201321. pdf.

〔4〕　See CAS 2013/A/3332 Football Club Volyn Lutsk v. P, http://jurisprudence. tas-cas. org/Shared% 20Documents/3332. pdf.

培训补偿金的支付。如在 CAS 2011/A/2544 案中，[1]球员与 4 类俱乐部签订了第一份职业合同，随后又被租借到 3 类俱乐部。当事人的证据表明：两个俱乐部有着密切的联系，球员转会后的俱乐部和随后的租借俱乐部可能是同一法人实体，且随后租借的 3 类俱乐部实际上得益于前俱乐部的培训投入。3 类俱乐部似乎试图规避支付培训补偿金规定的适用。因此，仲裁庭认为，3 类俱乐部应支付培训补偿金。

6.2.3.3 球员重新回到业余身份

RSTP 规定，如果职业球员在转会时重新回到业余身份，则不应支付培训补偿。RSTP 还规定，如果球员在恢复业余身份后 30 个月内重新注册为职业球员，其新俱乐部原则上应支付培训补偿。

6.3 培训补偿权利

2020 年版 RSTP 附件 4 第 3 条的规定，当球员首次注册为职业球员，其注册俱乐部负责在注册后 30 天内向之前每个球员注册并为其培训作出了贡献的前俱乐部支付培训补偿金。这实际上是为培训俱乐部在球员转会后获得补偿而创设的一种债权。[2]

6.3.1 培训补偿权利人的确认

6.3.1.1 前俱乐部：有效培训

培训补偿制度旨在使所有为培训年轻球员作出贡献的俱乐部提供经济补偿。CAS 判例法认为，"前俱乐部"是指对球员进行实质性训练，并对球员的教育和训练真正投入的"前俱乐部"，而不仅仅是参与球员转会而没有进行任何实质性的教育和训练的俱乐部。如 CAS 2012/A/2968 案中，[3]Ituano

---

〔1〕 See CAS 2011/A/2544 FK Ventspils v. FC Stefan cel Mare, http://jurisprudence. tas–cas. org/Shared%20Documents/2544. pdf.

〔2〕 See CAS 2018/A/5513 Sport Club Internacional v. Hellas Verona Football Club S. p. A, http://jurisprudence. tas–cas. org/Shared%20Documents/5513. pdf.

〔3〕 See CAS 2012/A/2968 Konyaspor Kulübü Dernegi v. Ituano Futebol Clube, http://jurisprudence. tas–cas. org/Shared%20Documents/2968. pdf.

Futebol 俱乐部为球员 16 周岁至 21 周岁的教育和训练投入了大量努力，而球员与 Olaria 俱乐部签订的合同属于一种策略安排，Olaria 俱乐部根本没有对球员实施任何培训，因此，Olaria 俱乐部只是参与了球员转会，不能被认为是真正的、实质性的"前俱乐部"。Ituano Futebol 俱乐部作为真正对球员进行培训的俱乐部，必须被视为"前俱乐部"并有权获得培训补偿。同样，对于任何后续转会培训，补偿金仅在球员有效接受该俱乐部训练时间内支付给该球员的"前俱乐部"，这里的关键词也是"有效培训"。因此，不管是球员首次签订职业合同的"前俱乐部"，还是球员后续转会的"前俱乐部"，判断是否为有权获得培训补偿的"前俱乐部"，关键在于是否为球员提供了"真正、有效"的培训。

6.3.1.2 租借俱乐部：有效培训

"前俱乐部"的概念不能严格限于球员在培训期间受合同约束的俱乐部，还必须包括在此期间租借球员的俱乐部。在职业足球领域，通常会发生因年轻球员技术未成熟，尚不能为俱乐部"A"队效力的情况。为了让年轻球员做好为"A"队效力的准备，或者给他们一个训练和比赛的机会，以达到为"A"队比赛所需的水平，俱乐部经常采取将球员租借给其他俱乐部的办法，使该球员在其他俱乐部获得经验，以达到为俱乐部"A"队比赛所需的职业水平。根据 RSTP 的规定，职业球员可以根据有效的书面协议租借到其他俱乐部。对于租借期的培训补偿，CAS 判例法认为，[1]球员租借到另一家俱乐部并不会中断球员的继续培训期，以租借方式将球员转到另一俱乐部，该俱乐部有权获得有效培训球员期间的培训补偿，但不包括租借给另一俱乐部的租借期间。租借球员的俱乐部在有效培训球员的情况下有权获得与其向该球员提供培训的时间相对应的培训补偿。但是，如果租借球员会导致俱乐部失去获得培训补偿的权利，那么，为了保障其获得培训补偿的权利，俱乐部可以决定不将球员借给另一个俱乐部。这可能会剥夺年轻球员在另一俱乐部的正式比赛中发展足球技能及获得经验的机会，因此，CAS 仲裁庭强调，对于球员被租借后又回到原培训俱乐部的情况，上述关于培训补偿适用于租借期的原则应考虑球员返回后开始的新培训期。总之，CAS 在判例中形成了一致性

---

〔1〕　See CAS 2016/A/4541 FC Kuban v. FC Dacia, http://jurisprudence. tas-cas. org/Shared%20Documents/4541. pdf.

原则，即所有在年轻球员 12 周岁至 21 周岁期间为教育和训练作出实际贡献的俱乐部都有权获得有效培训时间的培训补偿。租借并有效训练了球员的俱乐部，原则上有权获得与其培训时间相应的培训补偿，除非借出俱乐部能够证明其在租借期承担了该球员的训练费用。[1]

6.3.1.3 国家足球协会：从建立链接到证明

在 2005 年至 2010 年版的 RSTP 中规定，如果职业球员和培训他的所有俱乐部之间不能在 18 个月内建立联系，赔偿金必须支付给球员培训所在国的协会，赔偿金也必须留给有关协会发展青少年足球。CAS 2014/A/3785 案的秘鲁足协正是基于此向布达佩斯捍卫者俱乐部索要培训补偿金。[2]自 2012 年版RSTP，此规定有较大的改动，尤其是在协会获得培训补偿的条件方面有比较大的调整。其中规定，在原则上，一个协会如能提供证据，在其附属的提供球员培训的俱乐部已停止参加有组织的足球比赛和活动或因破产、清算、解散或丧失附属关系而不再存在的情况下，有权获得应支付给其附属俱乐部的培训补偿金。

6.3.2 培训补偿权利的放弃：权利人明确的弃权申明

FIFA RSTP 并未明确规定培训俱乐部放弃获得培训补偿的权利。根据瑞士法律，一般而言，权利可以自愿放弃，除非放弃违反法律、公共政策或良好道德，并规定作出放弃的人有能力或授权这样做，弃权声明明确，则该人有权放弃该权利。因此，必须假定这些法律允许放弃培训补偿权。

在实践中，CAS 仲裁庭必须处理这样一个问题，即当事方是否可以通过一项协议中的规定，从而正当地排除获得培训补偿的权利，因此，认为"前俱乐部"放弃获得培训补偿的权利，新俱乐部可拒绝支付培训补偿金。在CAS 2005/A/811 案中，[3]仲裁庭必须确定一方当事人是否放弃获得培训补偿

---

〔1〕 See CAS 2013/A/3119 Dundee United FC v. Club Atlético Vélez Sarsfield, http://jurisprudence. tas-cas. org/Shared%20Documents/3119. pdf.

〔2〕 See CAS 2014/A/3785 Federación Peruana de Fútbol (FPF) v. Club Budapest Honvéd FC KFT, http://jurisprudence. tas-cas. org/Shared%20Documents/3785. pdf.

〔3〕 See CAS 2005/A/811 Galatasaray SK v. MSV Duisburg GmbH & Co. KgaA, http://jurisprudence. tas-cas. org/Shared%20Documents/811. pdf.

的权利。仲裁庭认为，所有关于转会的情况都得出触发了培训补偿机制的结论，根据信任原则和适当考虑当事人在仲裁程序中提出的所有证据，即使不应支付任何转会费，但仍可要求获得培训补偿。因此，仲裁庭认为当事方提供的文件不是完全和有效的弃权，培训俱乐部可合法地要求赔偿球员的培训费。在 CAS 2009/A/1919 案中，[1]仲裁庭必须就"前俱乐部"授予球员"自由球员"身份后，俱乐部是否可以有效地放弃其获得培训补偿的权利作出判定。根据 CAS 判例法，"自由球员"是不受合同约束的球员，但 FIFA RSTP 和 CAS 判例都没有援引这一概念适用于培训补偿。因此，仲裁庭的结论认为，俱乐部授权于球员"自由球员"身份的信函并不等于放弃俱乐部获得培训补偿的权利。[2]CAS 2006/A/1189 案的仲裁庭进一步指出，获得培训补偿的权利来自 FIFA 的规则，而不是来自俱乐部之间的私人协议。[3]FIFA 建立这些规则就是为了支持草根足球和通过奖励俱乐部在培养年轻球员方面所作的有价值的工作来培育足球人才的总体目标。为了说服裁判机构，草根俱乐部放弃了获得训练补偿的权利，职业俱乐部必须用真正有说服力的证据来证实其指控。[4]事实上，放弃一项权利决不能轻率地假定，所谓的"放弃"一定是明确的，而不是模糊的。

综上，CAS 判例法明确表明，只有正式有权获得培训补偿的"前俱乐部"才有放弃培训补偿的权利。有权获得培训补偿的俱乐部需要在转会协议或"弃权书"（waiver）中明确放弃其获得培训补偿的权利，新俱乐部才可以确定没有支付培训补偿金的义务，也即对俱乐部放弃获得训练补偿的权利的指控必须有确凿证据支持。

6.3.3 培训补偿权的证明责任

CAS 判例法认为，任何当事方希望在有争议的问题上胜诉，都必须履行

---

〔1〕　See CAS 2009/A/1919 Club Salernitana Calcio 1919 S. p. A. v. Club Atlético River Plate & Brian Cesar Costa, http://jurisprudence. tas-cas. org/Shared%20Documents/1919. pdf.

〔2〕　See CAS 2005/A/811 Galatasaray SK v. MSV Duisburg GmbH & Co. KgaA, http://jurisprudence. tas-cas. org/Shared%20Documents/811. pdf.

〔3〕　See CAS 2006/A/1189 IFK Norrköping v. Trinité Sports FC & Fédération Française de Football (FFF), http://jurisprudence. tas-cas. org/Shared%20Documents/1189. pdf.

〔4〕　See CAS 2009/A/1893 Panionios v. Al-Ahly SC, http://jurisprudence. tas-cas. org/Shared%20Documents/1893. pdf.

举证责任，即必须履行举证责任（actori incumbit probatio），证实其主张，并确定地证明其在该问题上所依赖的事实[1]。《瑞士民法典》第 8 条规定，主张事实以支持其权利的一方有责任证明这些事实。CAS《体育仲裁条例》规定了一种对抗性的仲裁制度，而不是调查性的制度。因此，如果一方当事人希望确定一些事实并说服裁判机构，就必须以令人信服的证据积极证实其主张。根据 RSTP 附件 4 第 6 条 3 款的规定，如果前俱乐部不能给球员提供合同，那么必须能够证明其有权获得此类补偿，否则不能得到任何培训补偿。RSTP 对前俱乐部获得培训补偿施加了举证责任，这反映了国际足联平衡俱乐部在培养年轻球员方面的努力和支出所涉及的利益与年轻球员在职业发展方面的利益；在另一方面，举证责任不仅证明俱乐部对球员培训的投入，也是通过球员与另一家俱乐部签订职业合同所取得的职业生涯的初步成功来实现培训补偿的。

6.4 培训补偿义务

6.4.1 培训补偿义务方的确认

根据 RSTP 的规定，对培训补偿负有支付义务的俱乐部应按照规定履行义务。实践中，并非所有俱乐部都能遵从规则要求，往往需要 CAS 仲裁庭进行确认。

6.4.1.1 新俱乐部：真正获益

通常认为，球员新签约永久俱乐部是培训补偿的债务人。根据 RSTP 的定义，"新俱乐部"是球员加入的俱乐部。在实践中，CAS 判例法一致认为，球员签订职业合同并不是培训补偿的先决条件，负责支付培训补偿金的俱乐部必须是从球员的培训中获益的俱乐部，未从球员培训中获益的俱乐部不应承担支付培训补偿金的责任。[2] 换言之，确定"新俱乐部"是依据俱乐部在球

---

〔1〕 See CAS 2009/A/1975 Jean Amadou Tigana v. Beşiktaş Futbol Yatirimlari San. VE T İ C. A. Ş, https://jurisprudence.tas-cas.org/Shared%20Documents/1975.pdf.

〔2〕 See CAS 2012/A/2968 Konyaspor Kulübü Dernegi v. Ituano Futebol Clube, http://jurisprudence.tas-cas.org/Shared%20Documents/2968.pdf.

员培训中是否受益的事实，而不仅是形式。在 CAS 2009/A/1757 案中，[1]虽然球员在 Pieta Hotspurs 俱乐部注册了，但仅仅 9 天时间，且从未在马耳他进行过比赛，因此，Pieta Hotspurs 俱乐部没有从培训中获益，也不应承担支付培训补偿金的义务。球员很快被转会到 Milano S. p. A. 俱乐部，并正式效力于该球队。Milano S. p. A. 俱乐部真正得益于 MTK 投资的培训，因此，Milano S. p. A. 被确认为"新俱乐部"，有义务支付仲裁庭确认的培训补偿金。CAS 在判例中也确定了评估球员转入的俱乐部不是 RSTP 意义上的"新俱乐部"的主要标准：一是球员在被转会到另一俱乐部之前只停留很短的时间；二是球员在与加入的俱乐部关联的时间内，不参加任何一场比赛；三是球员加入俱乐部的联赛级别低于球员最终转会到的俱乐部。[2]

6.4.1.2 体育继任者（sporting successor）

在职业足球领域，通常会出现一家俱乐部的经营者停止经营而转给新的经营者即"体育继任者"，那么"体育继任者"作为新俱乐部是否需要承担原俱乐部的支付培训补偿责任呢？CAS 判例法认为：俱乐部是一个由构成其形象的一系列要素组成的体育实体，它超越了经营它的法律实体，具有自身的可识别性，因此，负责其行政惯例的任何实体就其活动所承担的义务必须得到尊重；另一方面，一个俱乐部的身份是由其名称、颜色、球迷、历史、体育成就、盾牌、奖杯、体育场、球员名册、历史人物等要素组成，这些要素也是它区别于其他俱乐部的独有特性，因此，即使管理公司发生变化，俱乐部在时间上的连续性和永久性已得到认可。[3]因此，体育继任者应承担原俱乐部所需支付培训补偿的责任。

6.4.2 培训补偿的拒绝：建立合理预期

在特殊情况下，是否可以拒绝支付培训补偿？在 CAS 仲裁实践中也有拒

[1] See CAS 2009/A/1757 MTK Budapest v. FC Internazionale Milano S. p. A, http://jurisprudence. tas-cas. org/Shared%20Documents/1757. pdf.

[2] See CAS 2014/A/3553 FC Karpaty v. FC Zestafoni, http://jurisprudence. tas-cas. org/Shared% 20Documents/3553. pdf.

[3] See CAS 2007/A/1355 FC Politehnica Timisoara SA v. FIFA & Romanian Football Federation (RFF) & Politehnica Stintia 1921 Timisoara Invest SA, http://jurisprudence. tas-cas. org/Shared%20Documents/1355. pdf.

绝支付培训补偿的判例。在 CAS 2010/A/2043 案中，[1]当事人以推迟颁发国际转会证（ITC）为由拒绝支付培训补偿。仲裁庭认为，推迟颁发国际转会证（ITC），即使有充分证据，也不是拒绝支付培训赔偿的理由，尽管这可能会导致推迟颁发 ITC 造成的损害索赔被抵销。在 CAS 2014/A/3785 案中，2008 年 7 月布达佩斯捍卫者俱乐部向秘鲁足协发函请求一名球员的国际转会证明（ITC）和身份信息。[2]因球员姓名出现错误等原因，秘鲁足协没有向俱乐部披露完整的信息，并将球员 ITC 发送给俱乐部，球员于 2008 年 9 月签订合同并注册。2010 年秘鲁足协向 FIFA DRC 提出要求俱乐部支付培训补偿的索赔，DRC 驳回了秘鲁足协的请求，秘鲁足协进一步上诉到 CAS，CAS 也驳回上诉。CAS 仲裁庭认为，协会是获得有关球员职业正确信息的通道，新的球员俱乐部可以依赖球员的前俱乐部所属协会提供的信息。因此，如果俱乐部在前一个协会确认的基础上，根据合同接受一名球员，并相信自己不必支付培训补偿，那么俱乐部后续必须支付培训补偿金是不可接受的。由于不向新协会披露球员履历和"球员卡"等相关信息，前协会对新俱乐部产生了合理的期望，即不必向前俱乐部支付培训补偿金。因此，新俱乐部可以拒绝向协会支付培训补偿金。

6.4.3 培训补偿的规避

根据瑞士联邦高等法院的定义，规避规则是指按照此类规则的措辞行事，但不遵守其宗旨。有一些俱乐部会通过一些措施试图规避支付培训补偿。在实践中，主要通过"过桥转会"、租借协议等方式规避培训补偿。

6.4.3.1 过桥转会（bridge transfer）：从个案审查到确认非法

过桥转会，是指球员不是由原俱乐部转会到目的俱乐部，而是通过第三个中间俱乐部间接进行的转会。2020 年版 RSTP 将"过桥转会"定义为：同一名球员的任何相互关联的连续两次国内或国际转会，包括该球员在中间俱乐部注册，以规避相关法律或规则的适用和/或欺诈另一个人或实体。在实践

---

〔1〕 See CAS 2010/A/2043 Zaglebie Lubin S. A. v. Club Cerro Porteño, http://jurisprudence.tas-cas.org/Shared%20Documents/2043.pdf.

〔2〕 See CAS 2014/A/3785 Federación Peruana de Fútbol（FPF）v. Club Budapest Honvéd FC KFT, http://jurisprudence.tas-cas.org/Shared%20Documents/3785.pdf.

中，俱乐部安排过桥转会通常不仅是为了税收目的，从根本上还是为了规避体育规则，且多数案件与俱乐部试图减少或规避支付培训补偿有关。[1]在这类转会中，球员从未被过桥俱乐部租借或出售给真正的转会者。对此，CAS判例法认为，任何旨在减少或规避支付培训补偿的行为，都与鼓励更多和更好地训练青少年球员的目的相矛盾，尤其是破坏了俱乐部之间的团结，应防止这类行为对培训补偿规则的规避。然而，过桥转会并不意味着俱乐部在FIFA转会匹配系统（TMS）中对球员从第三俱乐部转会没有善意行事，相反，过桥俱乐部这样做具有合法体育利益即发展一个年轻的球星。因此，在早期的CAS判例中通过证明建立不诚信来判定过桥转会的非法，[2]并在实践中逐渐建立了规避FIFA RSTP第20条的判断标准，包括：球员在中间俱乐部停留的时间短暂，则可能是过桥转会；球员是否为后者俱乐部效力；球员是否之前与第三俱乐部有过联系，如果一名球员在转会到俱乐部之前已经与上级俱乐部签订了合同，或者已经参加了训练营，那么就有可能存在规避；球员在加入第三俱乐部之前选择加入中间俱乐部的理由，如果一名年轻有才华的年轻球员在转会到二线俱乐部之前突然被一家大俱乐部发现，没有合理的解释，则被认为是不寻常的。[3]

　　构建过桥转会的另一常见的方式被称为"联盟壳"（federative shell），这种安排的目的是将球员与保护层（cocoon）或东道主俱乐部联系起来，通常是为了保护商业利益。实际上，这包括球员出于非技术原因利用其专业技术为俱乐部注册，其目的是通过租借或最终转会为转会创造价值，或者保护经济权利投资如第三方投资或TPI[4]。球员注册通常意味着签订雇佣合同，相

----

　　〔1〕　See Marcos MOTTA，Victor ELEUTERIO，"The Bridge Transfers Regulations and Brazilian Football"，*Football Legal*，Vol. 6，2016，pp. 22-27.

　　〔2〕　See CAS 2014/A/3536 Racing Club Asociación Civil v. Fédération Internationale de Football Association（FIFA），http://jurisprudence. tas-cas. org/Shared%20Documents/3536. pdf.

　　〔3〕　See CAS 2016/A/4603 SC Dinamo 1948 v. FC Internazionale Milano SpA，http://jurisprudence. tas-cas. org/Shared%20Documents/4603. pdf.

　　〔4〕　球员有关注册和经济权利在法律上是存在区别的。职业球员在俱乐部和相关国家联合会的注册，其目的是为该球员颁发执照，并证明只有某一特定俱乐部有权在某一特定时间内将其送出场。只有俱乐部与球员之间有雇佣合同，这样的注册才可能。经济权利建立在合同权利的基础上，这种商业交易在法律上适用于有合同的球员，因为不受合同约束的球员可以被任何俱乐部自由雇佣，不涉及任何经济权利。See CAS 2012/A/2902 Cerro Porteño FC v. Locarno FC，http://jurisprudence. tas-cas. org/Shared%20Documents/ 2902. pdf.

较于一般民事合同，球员与俱乐部签订的雇佣合同享有更广泛的保护，并为有关各方带来额外的体育和联盟保障，那么保护层或东道主俱乐部以及间接投资者受益于 RSTP 预见的合同稳定原则、国际足球争议解决体系、FIFA 和 CAS 决定的纪律执行以及其他体育规则如《财务公平球员条例》《足球债权人规则》等。

大量的 FIFA DRC 和 CAS 案件表明"过桥转会"的主要目的是规避 FIFA 规则，也可能是规避合同条款如"转会分成条款"（sell-on clause）或非竞争条款（母俱乐部条款），以及国家规则如外国球员的配额。[1]为了不影响善意行事的当事方，FIFA 和 CAS 在处理此类案件时通常进行逐案分析。然而，最近 FIFA 决定杜绝"过桥转会"，2020 年版 RSTP 明确规定，任何俱乐部或球员不得参与过桥转会，除非另有规定，否则对于同一球员在 16 周内连续两次进行国内或国际转会，则应推定为参与这两次转会的各方已参与过桥转会。[2]FIFA 第 1709 号通告指出，RSTP 现在明确将"过桥转会"定义为非法行为，这是为了确保足球转会的合法目的，而不是为了规避 FIFA 的规则和适用的法律。[3]

6.4.3.2 租借协议

根据 RSTP 的规定，职业球员可以根据他和有关俱乐部之间的书面协议租借到另一个俱乐部。一些俱乐部则利用 RSTP 的规定规避培训补偿。如在 CAS 2011/A/2544 案中，[4]球员从塞尔马雷俱乐部转会到第 4 类俱乐部特兰兹茨，与该俱乐部签署了第一份职业合同。随后，这名球员被特兰兹茨租借给了文茨皮尔斯俱乐部，在 2007/2008 和 2008/2009 赛季大部分时间里，这名球员主要是被租借或被"批准"与文茨皮尔斯一起踢球，也没有证据证明该球员曾为特兰兹茨效力过任何比赛。通常来说，根据 FIFA《国际足联球员身份与转

〔1〕 See Marcos MOTTA, Victor ELEUTERIO, "The Bridge Transfers Regulations and Brazilian Football", *Football Legal*, Vol. 6, 2016, pp. 22-27.

〔2〕 See CAS 2013/A/3365 Juventus Football Club S. p. A. v. Chelsea Football Club Ltd & CAS 2013/A/3366A. S. Livorno Calcio v. Chelsea Football Club Ltd, http://jurisprudence. tas-cas. org/Shared%20Documents/3365,%203366. pdf.

〔3〕 See FIFA Amendments to the Regulations on the Status and Transfer of Players, https://resources. fifa. com/image/upload/circular-no-1709-amendments-to-the-regulations-on-the-status-and-transfer-of-pla. pdf

〔4〕 See CAS 2011/A/2544 FK Ventspils v. FC Stefan cel Mare, http://jurisprudence. tas-cas. org/Shared%20Documents/2544. pdf.

会规定》附件 4 第 2 条第 2 款第 2 项，球员转会到第 4 类俱乐部不需要支付任何培训补偿。但是，该案的证据表明，租借球员的两家俱乐部存在密切的联系即为同一法人实体，且这名球员在签署第一份职业合同后被租借到这家 3 类俱乐部专门为其效力，因此，FIFA DRC 和 CAS 仲裁庭都认为，这是 3 类俱乐部试图规避支付有关培训补偿规定，由此裁定 3 类俱乐部应负责支付培训补偿。FIFA DRC 和 CAS 对于评估俱乐部是否通过租借协议规避 RSTP 第 20 条的规定确定了标准，包括：球员在低级俱乐部（中级俱乐部）停留的时间很短；如果一名球员在转会到中级俱乐部之前已经与上级俱乐部签订了合同，或者已经参加了训练营，那么就有可能存在规避行为；如果在一家大俱乐部发现一名年轻有才华的球员之前突然被转会到二线俱乐部，没有合理的解释，这被认为是不寻常的。[1]CAS 判例法还指明以下两种情况不构成对 RSTP 第 20 条的规避：第一，如果一名球员因其父母的工作调动而被转到二级俱乐部；第二，球员在转会到高级俱乐部之前在中级俱乐部停留 5 个月以上，且没有迹象表明球员在转会到中级俱乐部之前与高级俱乐部联系过，也没在转会到中级俱乐部之前已经和上级俱乐部签署了合同。

6.5 培训补偿金额

6.5.1 培训成本规则及释义

根据 RSTP 的规定，为计算新俱乐部应支付给培训俱乐部的训练和教育费用的补偿，FIFA 发布旨在制定一些与培训补偿计算有关的指导方针的通告，所有其所属协会根据俱乐部在球员培训方面的财政投资，每年将俱乐部进行分类，从而得出适用于每个类别的培训费用的"指示性金额"（indicative a-mounts）。[2]培训费是根据每个类别设定的，相当于培训一名球员一年所需的数额乘以所谓的"球员系数"（player factor）的平均数，即为培养一名职业球员而需要培训球员人数的比率。因此，在球员首次注册为职业球员时，应支

---

〔1〕　See CAS 2016/A/4603 SC Dinamo 1948 v. FC Internazionale Milano SpA，http：//jurisprudence. tas-cas. org/Shared%20Documents/4603. pdf.

〔2〕　See CAS 2015/A/3981 CD Nacional SAD v. CA Cerro，http：//jurisprudence. tas-cas. org/Shared%20Documents/3981. pdf.

付的培训补偿金是根据球员 12 周岁生日至 21 周岁生日期间在新俱乐部的培训费用乘以培训年限计算。在后续转会中，培训补偿是根据在新俱乐部的培训费用乘以在新俱乐部培训的年数来计算。

6.5.1.1 俱乐部分类

FIFA 建立了各洲际联合会的指示性赔偿金额标准，且每年进行更新。如下表：

表 6.1　2019 年各洲际联合会俱乐部类别及补偿标准[1]

联合会	第一类	第二类	第三类	第四类
亚洲足球联合会		40 000 美元	10 000 美元	2000 美元
非洲足球联合会		30 000 美元	10 000 美元	2000 美元
北美和中美洲及加勒比海地区足球联合会		40 000 美元	10 000 美元	2000 美元
南美洲足球联合会	50 000 美元	30 000 美元	10 000 美元	2000 美元
大洋洲足球联合会		30 000 美元	10 000 美元	2000 美元
欧洲足球联合会	90 000 欧元	60 000 欧元	30 000 欧元	10 000 欧元

6.5.1.2 特殊分类及释义

作为一般原则，要计算球员前俱乐部的培训补偿，必须承担新俱乐部如果自己培训球员所产生的费用。因此，球员首次注册为职业球员时，原则上从球员 12 周岁生日的赛季到 21 周岁生日的赛季，应支付的培训补偿金按新俱乐部的培训费乘以"前俱乐部"培训的年数来计算。为确保对非常年轻球员的培训不被设定在不合理的高水平，球员 12 周岁至 15 周岁生日的培训费应以第 4 类俱乐部的培训和教育费用为基础。[2]FIFA 在 2009 年版 RSTP 规则

---

〔1〕　See FIFA Regulations on the Status and Transfer of Players-categorisation of clubs, registration periods and eligibility, https://resources. fifa. com/image/upload/1673-regulations-on-the-status-and-transfer-of-players-categorisation-of-clubs-r. pdf.

〔2〕　See CAS 2016/A/4604 Ängelholms FF v. Kwara Football Academy, http://jurisprudence. tas-cas. org/Shared%20Documents/4604. pdf.

中引入了"例外规则的例外"，即培训补偿是基于第 4 类俱乐部的培训和教育费用，如果一名球员在其 18 岁生日赛季结束前转会，那么球员 12 周岁至 15 周岁生日之间赛季的培训费用必须基于与有关俱乐部的实际类别相对应的培训费用。2014 年的 RSTP 又将"例外规则的例外"规定撤销，培训俱乐部不能再从"例外规则的例外"中受益，只有球员在 18 周岁生日前被转会到外国俱乐部的情况下，才有权要求较低数额的培训补偿。

6.5.2 培训补偿金额的计算

培训补偿金额的计算主要依赖培训俱乐部的分类、是否完成培训以及培训期的时长。

6.5.2.1 俱乐部分类的确认

培训成本是否就是俱乐部投入球员培训的费用呢？不同于 2001 年 RSTP 要求必须适用前俱乐部的类别，自 2005 年版开始，为了计算应支付的培训和教育成本，并不是根据每个俱乐部培训成本来计算，而是根据新俱乐部在球员培训方面的财政投入来计算。换言之，培训成本的计算不是培训俱乐部分类，而是基于"新俱乐部"的类别。CAS 仲裁庭在判例中指出，培训补偿制度旨在奖励俱乐部在培训年轻球员方面所作出的有价值的工作，而不是简单地补偿俱乐部在培养年轻球员方面所产生的实际费用。培训补偿是一种奖励和激励，而不是退款。因此，俱乐部实际培训费用与确定的应付培训补偿金额无关。[1]CAS 进一步解释道：培训补偿制度旨在促进足球界的团结，按照新俱乐部的财政投入计算培训成本，阻止了俱乐部从培训成本比较低的国家雇佣球员而支付较低的培训补偿金。[2]

对于如何确定俱乐部的分类，CAS 判例法认为，球员转会时的分类是决定性的。CAS 2009/A/1810 & 1811 案的独任仲裁员认为，俱乐部和第三方必须依赖转会时的俱乐部分类，否则将否定培训俱乐部和受让俱乐部准确评估

---

〔1〕　See CAS 2011/A/2681 KSV Cercle Brugge v. FC Radnicki, http://jurisprudence. tas‐cas. org/Shared%20Documents/2681. pdf.

〔2〕　See CAS 2015/A/4257 Calcio Catania S. p. A. v. Montevideo Wanderers FC, http://jurisprudence. tas‐cas. org/Shared%20Documents/4257. pdf.

应付培训补偿金额的可能性，并将为武断的结果和不确定性敞开大门。[1]

为了便于计算培训补偿，FIFA 为培训补偿金的计算规定了相应的标准。根据 2001 年版 RSTP 第 13 条，培训补偿金的计算是基于球员 12 周岁到确定完成培训的年龄之间的年数。当一名球员以非业余身份签署首份合同时，或当一名球员在年满 23 周岁之前转会，补偿金额仅限于训练和教育补偿，按照 FIFA 第 769 号通告规定的参数计算。因此，培训补偿是以新俱乐部所在国的训练和教育费用为基础的，同时考虑对球员进行有效培训的俱乐部的类别。虽然在早期的 CAS 2003/O/506、CAS 2003/O/527 和 CAS 2004/A/696 案中，[2]有当事人提出培训补偿应基于"真实培训成本"而不是"指示性金额"的观点，但 CSA 2005/A/927 案仲裁庭最终确认了 FIFA 培训补偿金的计算依据为"指示性金额"。自 2005 年版的 RSTP 开始，FIFA 决定，计算球员"前俱乐部"的培训补偿，应考虑新俱乐部如果自己培训球员所承担的费用。因此，球员首次注册为职业球员，应付的培训补偿金额是按照新俱乐部的培训费用乘以球员培训年限计算的。在后续转会中，根据新俱乐部的培训补偿费乘以前俱乐部的培训年限来计算。此外，根据 FIFA DRC 的决定，当一方要求一定数额的赔偿金时，DRC 的裁定不会超过俱乐部索赔额，即"法官不越求"原则（principle of non ultra petitum）。

6.5.2.2 完成培训的确认

根据 2020 年版 RSTP 第 1 条的规定，球员的培训在 12 周岁至 23 周岁之间进行，培训的年龄不超过 23 周岁，除非有明显证据表明球员在 23 周岁前终止了培训期。换言之，虽然计算赔偿金额将基于 12 周岁到确定实际完成培训的年龄，但培训补偿将支付到 23 周岁赛季的结束。在实践中，为准确计算培训补偿金，仲裁庭必须先确定球员是否已经完成培训，这主张这一事实的俱乐部的证明责任。一般认为，球员经常为俱乐部"A"踢球可以被认为完成了他的培训，对这一问题的确认必须根据具体情况作出。在 CAS 2003/O/527 案中，[3]

---

[1] See CAS 2009/A/1810 & 1811 SV Wilhelmshaven v. Club Atlético Excursionistas & Club Atlético River Plate, http://jurisprudence. tas-cas. org/Shared%20Documents/1810,%201811. pdf.

[2] See CAS2005/A/927 Parma FC v. Manchester United FC, http://jurisprudence. tas-cas. org/Shared%20Documents/927. pdf.

[3] See CAS 2003/O/527 Hamburger Sport-Verein e. V. v. Odense Boldklub, http://jurisprudence. tas-cas. org/Shared%20Documents/527. pdf.

球员在 1996 年 10 月签署了第一份非业余合同，在 1996 至 1997 赛季，他曾 5 次在被告的"A 队"比赛。在 1997 至 1998 赛季，他在俱乐部的"A 队"打了 15 场比赛，当时球员因其良好的技术和速度受到关注。鉴于被告俱乐部的规模、特点和比赛水平，仲裁庭认为球员在 1997 至 1998 赛季开始前完成了培训。球员在俱乐部的"A"队比赛，被认为是已完成了培训，这一原则也在其他判例中得到确认。确定球员是否完成培训，可以考虑以下几个因素：将球员视为"A"队正式球员，以及将租借给其他俱乐部以获得大笔资金，都证明球员"受过有效培训"。[1]

　　证明球员 21 周岁生日前完成培训的举证责任在于球员的新俱乐部。根据 RSTP 的规定，一般情况下，球员年满 21 周岁时培训期终止，例外情况是培训期终止发生球员在 21 周岁生日之前。FIFA 第 801 号通告规定，球员培训期提前结束的举证责任由主张提前结束的一方承担，并规定，FIFA DRC 和 CAS 在确定球员在 21 周岁之前完成培训采取了严格的做法。这一规定是为避免损害培训俱乐部获得培训补偿的权利。在实践中，CAS 仲裁庭对培训期的提前完成采取了逐案分析的方法，还建立了严格的评估标准。CAS 2018/A/5513 案的仲裁庭认为，[2]即使球员在俱乐部"A"队的常规表现可以促发球员培训的完成，但这并不是唯一和决定性因素，还需要考虑球员的价值，球员在国内和国际上的知名度，球员在俱乐部的位置等因素。在 CAS 2019/A/6096 案中，[3]仲裁庭进一步指出，不应轻易地接受球员在 21 周岁生日终止了其培训期，只有明显的证据表明才能确认。经常出现的甲级球员并不一定是球员完成培训的唯一决定性因素，还需要考虑其他几个因素：第一，球员在俱乐部的价值，反映在支付球员的工资上；第二，为获得球员服务的租借费用或转会价值；第三，租借俱乐部承诺向球员租借的俱乐部支付"可能的发展费用"的事实；第四，该球员在国家和国际上的知名度；第五，球员在俱乐部的位置，如确定为常规或甚至担任队长；第六，比赛水

〔1〕　See CAS 2006/A/1029 Maccabi Haifa FC v. Real Racing Club Santander, http://jurisprudence. tas-cas. org/Shared%20Documents/1029. pdf.

〔2〕　See CAS 2018/A/5513 Sport Club Internacional v. Hellas Verona Football Club S. p. A. , http://jurisprudence. tas-cas. org/Shared%20Documents/5513. pdf.

〔3〕　See CAS 2019/A/6096 FC Lugano SA v. FC Internationale Milano S. p. A, http://jurisprudence. tas-cas. org/Shared%20Documents/6096. pdf.

平，如 A 或 B 级赛事的事实；第七，该球员在国家队的常规阵容等。证明球员在 21 周岁前完成培训的举证责任在于新俱乐部。总之，CAS 仲裁庭强调，确认在 21 周岁之前终止培训期必须采用严格的标准，并根据案件的具体情况作出决定。

6.5.2.3 培训期的确定

FIFA RSTP 的规定实际上是把球员的运动生涯划分为若干部分，每次职业转会之间的每一段时间都是一个具体而独立的时间段。

（1）首次签订职业合同的培训期

补偿金的数额是根据俱乐部的培训费用和培训时间的规则计算的。当一名球员在 23 周岁生日赛季结束前签署了他的首份职业合同，完成了转会，那么获得补偿的权利就产生了。[1]其中，培训时间必须根据球员在原俱乐部培训的时间来确定，也即按照球员作为业余球员参加培训俱乐部的时间确定。CAS 仲裁庭在判例中解释道：培训补偿规则的目的在于节省或保护俱乐部在培训球员时的财政投资，且俱乐部培训球员的目的是把球员培养成为一名职业球员。俱乐部有权获得培训补偿是以球员受到多年有效培训为条件的，这样的原则只能适用于"理想情况"，即球员没有中断培训，但没有任何规定对球员的培训期少于 12 个月不应得到补偿。在 CAS 2004/A/560 案中，[2]仲裁庭认为，培训补偿金只应由球员在被俱乐部有效培训时间支付给他的"前俱乐部"。根据案件的具体情况，CAS 确认球员应支付从 1995 年 8 月至 2000 年 12 月培训期为 5 年零 4 个月的赔偿金。在计算非整年的培训补偿金额时，通常按月计算。而对于非整月的培训补偿金，CAS 判例表明，一个月的一部分必须计算为一个整月，实际上只有在俱乐部为球员提供半个月以上培训的情况下，才能算作一个整月。[3]

（2）后续转会的培训期

根据 RSTP 附件 4 第 3 条第 1 款的规定，球员"后续转会"的培训补偿金

---

〔1〕 See CAS 2014/A/3500 FC Hradec Kralove v. Genoa Cricket and Football Club, http://jurisprudence. tas-cas. org/Shared%20Documents/3500. pdf.

〔2〕 See CAS 2004/A/560 Associazione Calcio Venezia 1907 v. Clube Atlético Mineiro & AS Roma, http://jurisprudence. tas-cas. org/Shared%20Documents/560. pdf.

〔3〕 See CAS 2013/A/3119 Dundee United FC v. Club Atlético Vélez Sarsfield, http://jurisprudence. tas-cas. org/Shared%20Documents/3119. pdf.

仅在球员有效接受该俱乐部培训的时间内支付给该球员的"前俱乐部"。这一规定仅指球员与"前俱乐部"签订合同的时间段，紧接着他在新俱乐部注册之前的时间段。[1]如果俱乐部 A 永久性地将一名职业球员转会到一个新俱乐部 B，转会前的一段时间将构成培训补偿金计算的一个特定培训期。俱乐部 A 有权获得这段时间的培训补偿。如果随后俱乐部 B 永久性地将球员转会给第三个俱乐部 C，则俱乐部 B 将有权从球员俱乐部 A 转会到俱乐部 C 的那一刻获得一段时间的培训补偿。换言之，每次球员最终转会到另一俱乐部，打断了"前俱乐部"获得培训补偿的权利。这里强调"有效培训"，是因为 FIFA 规则的制定者希望补偿培训俱乐部提供的服务，从而激励他们继续培训球员，那么，俱乐部不能也不应该因为球员在其他地方进行的培训而得到补偿。如果球员与同一俱乐部签订职业合同，则不支付培训补偿金。在这种情况下，如果球员被转会到第三家俱乐部，则第三家俱乐部必须支付球员在培训俱乐部注册的整个期间的培训补偿，包括球员注册为业余球员和注册为职业球员的时间段。[2]

（3）租借期

租借球员不是 RSTP 意义上的永久转会（permanent transfer），那么，球员的租借期是否需要支付培训补偿金呢？CAS 判例认为，球员从一家俱乐部租借到另一家俱乐部并不中断该球员的继续培训期，也即租借期也应支付培训补偿金。[3]举例来说，在满足 RSTP 所有相关监管的条件下，如果俱乐部 A 将一名球员租借给俱乐部 B，并最终转会到俱乐部 C，那么，俱乐部 C 应向俱乐部 A 支付有效培训时间内的培训补偿金，而不包括该球员被俱乐部 B 有效训练的时间。同样，俱乐部 B 在有效培训时间内亦有权获得俱乐部 C 支付的培训补偿。[4]如果俱乐部 A 将一名球员租借给俱乐部 B 一段时间后，又重新回到俱乐部 A。虽然俱乐部 A 的培训有"中断期"的规定，

---

〔1〕　See CAS 2014/A/3620 US Città di Palermo v. Club Atlético Talleres de Córdoba, http://jurisprudence. tas-cas. org/Shared%20Documents/3620. pdf.

〔2〕　See CAS 2013/A/3119 Dundee United FC v. Club Atlético Vélez Sarsfield, http://jurisprudence. tas-cas. org/Shared%20Documents/3119. pdf.

〔3〕　See CAS 2017/A/5090 Olympique des Alpes SA C. Genoa Cricket & Football Club http://jurisprudence. tas-cas. org/Shared%20Documents/5090. pdf.

〔4〕　See CAS 2015/A/4335 Genoa Cricket and Football Club S. p. A. v. NK Lokomotiva Zagreb, http:// jurisprudence. tas-car. org/Shared%20Documents/4335. pdf.

但俱乐部 A 原则上有权获得租借前和租借后的培训补偿。根据 RSTP 的规定，只有职业球员可以根据有效的书面协议租借到其他俱乐部。因此，决定性因素是球员符合与原俱乐部签订合同的职业球员注册要求，该合同在租借期暂停。

（4）球员履历（player passport）

根据 RSTP 的规定，培训补偿金的申请规则是以球员履历作为证明球员职业历史的官方文件的授权为基础的。球员履历旨在帮助协会和俱乐部追踪球员的运动历史，因为它列出了球员从 12 周岁开始注册的所有俱乐部。这个信息在计算培训补偿和支付给那些已经投资训练这个球员的俱乐部的联合补偿金时是至关重要的。由球员履历支付的训练补偿金的俱乐部自然会假定，作为一般规则，球员履历中包含的信息是正确和充分的，以确保足球界的不同利益相关者能够真诚地依赖这些信息。任何希望注册新球员的俱乐部都有责任尽其所需的努力，并可能避免在球员历史纪录不准确或不完整的情况下，或在球员职业历史出现任何疑问时，完成转会过程。[1]尽管球员履历与确定的职业历史相关，并在计算应支付的培训补偿金方面发挥着重要作用。但是，出示球员履历不是要求支付培训补偿金的先决条件和决定性条件，因为在许多国家，球员履历并不包含俱乐部类别等信息，通过出示其他文件或证据来确定球员的职业历史也是可能的。[2]

6.5.3 培训补偿金额异议：明显不相称

根据 RSTP 附件 4 第 4 条的规定，FIFA DRC 有权审查应付培训补偿金额的争议，在培训补偿金额与所审查的案件"明显不相称"（clearly Disproportionate）时，DRC 才有权调整该金额。然而，平等对待会员联合会的一般原则要求，这种调整必须仅以适用规则所确定的标准为基础。[3]根据 FIFA 的评论，"不相称"意味着，就具体案件所产生的有效培训费而言，这一数额要么

---

〔1〕 See CAS 2019/A/6096 FC Lugano SA v. FC Internationale Milano S. p. A, http://jurisprudence. tas-cas. org/Shared%20Documents/6096. pdf.

〔2〕 See CAS 2014/A/3710 Bologna FC 1909 S. p. A. v. FC Barcelona, http://jurisprudence. tas-cas. org/Shared%20Documents/3710. pd

〔3〕 See CAS 2006/A/1027 Blackpool F. C. v. Club Topp Oss, http://jurisprudence. tas-cas. org/Shared% 20Documents/1027. pdf.

过低，要么过高。声称培训补偿金额"不相称"的俱乐部应提交所有必要的证据证明要求或审查。证明"明显不相称"的责任在反对指示性数额所产生的培训补偿并主张"调整"这种补偿的一方。反对方有责任援引足够的证据来证实其主张，即赔偿金额不相称，且"明显不相称"。在 CAS 程序中对指示性赔偿数额存在异议的一方，有责任提交明确和令人信服的证据使仲裁庭满意，证明所审查的案件涉及真正的特殊情况，并且必须调整计算赔偿金额。[1]在 CAS 2007/A/1218 案中，[2]新俱乐部提出合同期限短，且提供了关于球员注册历史和技能的误导性信息，要求调整培训补偿金。仲裁庭认为这并不构成评估"前俱乐部"培训费的适当标准。后者既不能承担责任，也不能承担新俱乐部在雇佣一名未满 23 周岁的业余球员时未采取职业俱乐部合理采取审慎行动的后果。CAS 仲裁庭在考虑审查的案件所涉及的真正特殊情况时，必须确定赔偿"明显不相称"，因此必须调整结算赔偿。[3]

　　总之，CAS 判例与 FIFA 通告所载的准则一致，即当根据指示性金额计算的培训补偿明显与案件的具体情况不相称时，仲裁庭才有权调整培训补偿金额。俱乐部反对根据 FIFA 规定的指示性金额计算的培训补偿，可根据发票、培训中心费用、预算等具体证明文件证明补偿不相称。

6.6 对中国职业足球培训补偿机制的启示

　　职业足球对我国体育发展具有特殊意义，不仅代表着体育市场化的步伐，还意味着体育改革的进程。我国职业足球转会制度经历了有限转会制、摘牌制和双轨转会制的变迁，[4]2009 年中国足协下发了《中足协身份与转会规定》标志着中国职业足球彻底废除摘牌转会制度进入自由转会制度。《中足协身份与转会规定》参考了国际足联 RSTP 引入培训补偿制度，并于 2015

---

　　〔1〕　See CAS 2005/A/889 Mathare United FC v. Al-Arabi SC, http://jurisprudence.tas-cas.org/Shared%20Documents/889.pdf.

　　〔2〕　See CAS 2007/A/1218 NK Zadar v. Club Cerro Corá, http://jurisprudence.tas-cas.org/Shared%20Documents/1218.pdf.

　　〔3〕　See CAS 2016/A/4448 Real Racing Club de Santander SAD v. Sport Grupo Sacavenense, http://jurisprudence.tas-cas.org/Shared%20Documents/4448.pdf.

　　〔4〕　参见杨献南等：《我国职业足球转会制度：演变·问题·改革》，载《西安体育学院学报》2020 年第 6 期。

年进行了修改。该规定分别规定了国际转会和国内转会，总体上采纳了国际足联 RSTP 的规则，这意味着我国职业足球转会制度全面与国际足联接轨。[1]为了推动培训补偿机制的实施，中国足协在 2018 年公布了《中国足协关于调整青少年球员转会与培训补偿标准管理制度的实施意见》（以下简称《实施意见》），并 2019 年 1 月公布了修订版《实施意见》。但是，国际足联培训补偿机制是建立在高度发达的职业足球基础之上，国内职业足球尚不成熟，导致培训补偿机制实施的问题较多。虽然在发展程度上国内与国际职业足球存在一定的差别，但国内培训补偿机制参照了国际机制，其实施的基本原则和原理应是一致的，对我国职业足球培训补偿机制的实施启示如下。

6.6.1 按照公平原则完善和健全培训补偿机制

在规则方面，公平原则要求合理设定各方的权利义务，故培训补偿规则设定不仅需要保护培训俱乐部的利益，还要保护年轻球员发展的利益以及考虑新俱乐部的合理诉求。在实践中，培训补偿机制不断遇到新的问题和挑战，正如国际足联 RSTP 不断修改已经有十几个版本，我国培训补偿机制也应遵循公平原则，并根据实践不断完善规则，修复规则漏洞，避免任何利用规则漏洞规避培训补偿机制实施以及任何不利于培训补偿机制实施的情况。

培训补偿机制的实施需要健全的保障措施。究其本质，培训补偿机制是足球监管机构为均衡各方利益而设置的行业机制。对于当前国内足球青训中存在的各种问题，尤其是在青少年球员和培训俱乐部的利益都得不到有效保护的情况，我们不能病急乱投医、乱吃药，不能盲目要求纳入《中华人民共和国劳动法》（以下简称《劳动法》）保护范畴，以及通过劳动仲裁或者司法保护来应对这一问题，应区分哪些属于行业规则下的权利义务和哪些是《劳动法》下的权利义务对症下药。也不能任意改变规则适用来调整培训补偿机制的问题，如足球转会规则中的"体育正当理由"是为维持合同稳定设置的规则，该规则适用于成熟职业球员保护其职业发展，不能通过放宽其援引条件

---

[1] 参见黄华：《我国职业足球转会制度的法学透视》，载《广州体育学院学报》2017 年第 1 期。

来应对培训补偿机制实施的问题，否则将导致更多的球员单方面违约问题。[1]

对于行业规则下的权利义务通过法律保护和司法监督存在的困境，以及因足球行业机制不健全、不规范引发的青训问题的现状，本书认为应遵循公平原则建立和健全足球行业实施保障机制。在实施基础方面，应建立类似国际转会系统（TMS）的国内足球转会系统，清晰记录球员个人信息、转会信息等，让国内所有球员转会透明化、清晰化，[2]避免因信息不对称造成的各种困难。在确定索赔方面，除了部分俱乐部自觉按照《中足协身份与转会规定》支付培训补偿金外，大部分培训补偿是由中国足协仲裁委员会确定。中国足协仲裁委员会在确认培训补偿的过程中应遵循公平原则，确保索赔人可以通过证明责任构成要件的成就请求对方承担责任，被索赔方亦可基于规定或意定的免责或限责主张减免培训补偿，双方当事人的权利义务应被合理分配。根据新修订的《体育法》，中国体育仲裁委员会于 2023 年 2 月 11 日在北京成立，且已受理多起体育仲裁案件。体育仲裁委员会在处理培训补偿机制相关争议时，应坚持公平原则，确定权利人需要建立在培训真实有效的基础之上，确认责任人也应以真正获益为前提，还须清晰判断和坚决反对规避培训补偿机制的行为。

6.6.2 根据诚实信用原则推进培训补偿机制的实施

培训补偿机制的实施不仅涉及各当事方，还涉及监管机构，因此保障培训补偿机制的实施需要所有相关者按照诚实信用原则行事。对于培训俱乐部而言，足球青训是一项周期长、回报滞后的投资，培训补偿建立在球员获得职业合同的基础之上，只有球员取得职业球员身份才能索要培训补偿。因此，培训俱乐部需要本着真诚的精神对待球员，也需要球员信任培训俱乐部，通过双方的共同努力在达成年轻球员职业生涯成功的同时获取培训补偿。如果培训俱乐部急于求成，年轻球员轻易地受到诱惑，不仅造成培训俱乐部得不到补偿而受到损失，还可能导致年轻球员职业生涯被毁。

---

〔1〕 参见梅傲、钱力：《我国青少年足球运动员转会法律困境及其纾解之道》，载《体育学研究》2020 年第 6 期。

〔2〕 参见任娇娇：《球员转会补偿制度的实践构造》，载《苏州大学学报（法学版）》2019 年第 3 期。

对履行培训补偿义务的新俱乐部而言，支付培训补偿是应尽的义务，应按照诚实信用原则履行义务，避免通过各种规避手段逃避支付培训补偿。一方面，规避措施将受到监管机构的惩罚。2019 年中国足协颁发的《实施意见》已将一些类似"过桥转会"的"出口转内销""出国涮水"及通过"跳板"转会等规避措施作为严厉打击的对象，并规定了相应的惩罚措施。另一方面，从长远来看，恶意逃避支付赔偿义务，将破坏培训补偿机制的整体实施，搅乱足球行业内部秩序，不利于整个足球行业的发展，最终也将损害俱乐部自身的利益。

对于足球监管机构来说，其有责任确保培训补偿机制的实施，应按照诚实信用原则确认培训补偿，尤其是在俱乐部未能提供工作合同的情况下。《实施条例》明确规定"不满 18 周岁的球员不能签订工作合同，由俱乐部在职业俱乐部一线队报名的除外"，这意味着除了一线队员，俱乐部不能给其他 18 周岁以下的年轻球员都提供职业合同，那么培训俱乐部就不能通过工作合同证明其提供了培训。这时尤其需要在转会系统信息清晰的基础上，按照诚实信用原则确定培训补偿。此外，为确保诚实信用原则得到遵循，确保依法治体有序化发展，建立体育诚信体系应是一种有效的手段。[1]

本章小结

培训和发展年轻球员对于职业足球的发展至关重要。培训补偿是国际足联为鼓励俱乐部培训和发展年轻球员而创设的一种债权。球员签订首份职业合同和后续国际转会是国际职业足球培训补偿机制的触发因素。为保护年轻球员和业余足球，在一定条件下可免于触发培训补偿机制。为保证培训补偿实施的公正有效，CAS 仲裁形成了相应的标准：确认权利人的依据是提供有效的培训，并需要承担证明责任，培训补偿权利的放弃必须是权利人明确弃权声明；培训补偿义务方的确认必须是从球员培训中真正获益的俱乐部，拒绝培训补偿只能是在建立合理预期的情况下。CAS 严格审查培训补偿规避行为，对于"过桥转会"的审查经历了从个案审查到认定为非法的过程。培训

---

〔1〕 参见代龙迪、汤卫东：《我国全国性单项体育协会诚信建设：内涵、困境与进路》，载《武汉体育学院学报》2021 年第 2 期。

补偿金额是基于俱乐部的分类、完成培训的情况和培训期的时长来计算，对培训补偿金额的异议仅在"明显不相称"的情况下进行调整。

我国已参照国际足联规则引入了培训补偿机制，受制于职业足球发展水平和整体实施保障及监督机制的不足，存在种种实施困难。总体而言，我国应遵守职业足球发展的一般规律和原则，推进职业足球的规范化、法治化，切实抓好青少年球员的培训，避免拔苗助长、急于求成。

国际体育仲裁院职业足球联合机制补偿争议仲裁法理

2001 年国际足联（FIFA）建立的新转会体系即 RSTP，除了引入"合同稳定""培训补偿"机制，还引入了联合机制（Solidarity Mechanism）。联合机制的目的在于，鼓励俱乐部投资年轻球员的教育和培训，[1]并通过重新分配球员的培训价值，达到球员转会资金的更好分配，从而实现联盟的团结和俱乐部之间竞争平衡。联合机制是国际职业足球转会市场中不可或缺的要素，其不仅是 FIFA 转会规则的一项重要原则，也是整个现行足球转会框架的合法性基础。[2]在国际足球运动中的"联盟权利"（federative rights）被合同稳定和价值所取代后，联合机制正是合同稳定和价值的体现。如果没有促进足球俱乐部团结和培养年轻球员的有效机制，国际足球将面临重大问题。

作为 FIFA 转会的支柱型制度，因联合机制引发的争议数量颇多。从作为一审裁决机构 FIFA DRC 的裁决数量来看，FIFA 官方网站发布的判决显示：截至 2022 年 3 月 10 日，有关联合机制争议决定数量达 1514 个。[3]在上诉至CAS 的案件中，CAS 数据库发布的案例显示：截至 2023 年 3 月 10 日，关于联合补偿案件的裁决为 32 个，案件裁决结果为支持、驳回、部分支持及发回重审，具体情况见图 7.1。通过处理这些争议，CAS 形成了职业足球联合机制补

---

〔1〕 See CAS 2008/A/1751 Brazilian Football Federation v. Sport Lisboa e BenficaFutebol S. A. D. , http://jurisprudence. tas-cas. org/Shared%20Documents/1751. pdf.

〔2〕 See Blackshaw I , Kolev B , "Irregularity of Solidarity or Solidarity in the Irregularity: The Case against the Applicability of the FIFA Solidarity Mechanism Only to International Transfers", *The International Sports Law Journal*, No. 3-4, 2009, pp. 7-13.

〔3〕 See FIFA Decisions of Dispute Resolution Chamber, https://www.fifa.com/legal/football-tribunal/dispute-resolution-chamber-decisions.

偿的特殊仲裁法理。本章将围绕职业足球联合机制补偿概述、联合机制补偿
的启动要件、联合机制补偿权利、联合机制补偿义务几方面进行阐述，并对
我国足球联合机制补偿进行分析探讨。

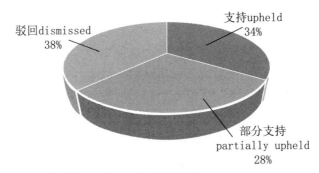

图 7.1　职业足球联合机制争议 CAS 裁决结果 solidarity compensation awards

（数据来源：CAS 官方网站数据库 https：//www. tas－cas. org/en/jurispru-
dence/archive. html）

7.1 国际职业足球联合机制补偿概述

7.1.1 联合机制补偿的规则演进

2001 年版 RSTP 确定了联合机制基本条款，虽经历了多次修改，其基本
框架结构和主要内容仍然得到了保留。2001 年版 RSTP 第 25 条 "联合机制"
规定：如果一个非业余球员（no-amateur player）在合同期间转会，那么支付
给前一个俱乐部的所有补偿的 5% 将分配给参与球员训练和教育的俱乐部。这
一分配将根据球员在 12 至 23 周岁之间在相关俱乐部注册的年限进行。其中
使用了 "非业余" 的概念，自 2005 年版 RSTP 已改为 "职业球员"
（professional player）。2020 年版 RSTP 在附件 5 中增加了俱乐部有权获得联合
补偿的情况：一是职业球员在隶属于不同协会的俱乐部之间以确定的或租借
的方式转会；二是职业球员在同一协会下属的俱乐部之间被正式或租借的方
式转会，培训俱乐部隶属于不同的协会。2021 年版 RSTP 沿用了 2020 年版的
规定。

7.1.2 联合机制补偿释义

FIFA《国际足联球员身份与转会规定》（RSTP）将联合机制补偿定义为：职业球员在合同届满前转会，应对其在 12 周岁到 23 周岁生日期间的教育培训有贡献的前俱乐部按比例给予补偿，即联合机制补偿。在性质上，与培训补偿一样，联合机制补偿是为促进教育和培训年轻球员而设立的，是通过赋予培训年轻球员的俱乐部债权而实现的机制。但是，二者之间存在着显著差异。首先，培训补偿适用于球员在合同期间以及合同结束后的转会，而联合机制补偿只有当球员在合同期间转会才生效；其次，培训补偿的支付发生在球员 23 周岁之前的转会或合同签订时，而联合机制补偿的适用并不受限于球员的年龄。此外，上述定义还必须根据联合机制补偿的宗旨加以解释，根据 RSTP 的评注，联合机制补偿旨在培养年轻球员，是构成足球基础的有效手段。因此，任何旨在减少或避免支付补偿金的规避联合补偿规则的行为，都违背了鼓励更多和更好地培训年轻球员的宗旨，尤其是违背了俱乐部之间的团结，应防止这种对培训补偿规则的规避。因此，对各条款规定的形式要求的解释都必须基于这些条款的意义和效力。

7.2 联合机制补偿的启动要件

根据 RSTP 的规定，启动联合机制补偿的要件包括：第一，发生了职业球员转会；第二，转会发生在不同国家协会的俱乐部之间或前俱乐部属于不同协会；第三，转会发生在合同期内且新俱乐部已向前俱乐部支付转会补偿。[1]

7.2.1 发生了职业球员"转会"

根据 RSTP 的规定，触发联合机制补偿的首要条件是发生了职业球员的转会。这里的"转会"一词应作宽泛理解，即球员从一家俱乐部转会到另一家俱乐部，也即球员的国际转会证明（ITC）从一个协会注销并在新俱乐部的协

---

〔1〕 See CAS 2012/A/2929 Skeid Fotball v. Toulouse FC, http://jurisprudence. tas-cas. org/Shared% 20Documents/2929. pdf.

会注册。在这种情况下，就满足了 RSTP 所规定的只有在发生"转会"时才应缴纳联合补偿金的条件。CAS 2011/A/2356 案的仲裁庭指出，[1]基于联合机制补偿目的，确定球员在俱乐部间"转会"的要素包括：原俱乐部同意提前与球员终止合同；目的俱乐部愿意并同意获得球员的权利；球员同意从一个俱乐部转会到另一俱乐部；存在转会的交易价格或价值。此外，根据 CAS 判例法，不能通过交换球员、俱乐部之间就友谊赛达成协议以及在租借指引或预期转会的情况下接管工资支付等方式规避联合机制补偿。换言之，球员租借或交换，也是宽泛的"转会"范畴。在 2020 年版 RSTP 新增的培训俱乐部获得联合补偿的条件中，其明确规定："职业球员在隶属于不同协会的俱乐部之间以正式或租借的方式转会"，确定了租借和正式转会一样可以主张联合机制补偿。

7.2.2 不同协会俱乐部之间转会或前俱乐部属于不同协会

根据 FIFA RSTP 的规定，联合机制首先适用于不同国家协会之间的"国际转会"。RSTP 对"国际转会"的定义为：球员从一个协会转会到另一个协会注册的过程。RSTP 明确规定，适用于国际转会是联合机制补偿的一项基本原则，对于国内转会，即使主张支付相关赔偿的俱乐部属于另一个协会的情况也不适用，除非有关协会在其规则中明确规定，承认国内转会有义务支付联合补偿金。[2]在 CAS 2007/A/1287 案中，乌拉圭达鲁比奥俱乐部因球员从意大利尤文图斯俱乐部转会到意大利米兰俱乐部，根据 FIFA RSTP 索要 35 万欧元的联合补偿金。然而，意大利足协实施的是尚未得到 FIFA 批准的国家规则，其中并未规定联合机制补偿。作为一家外国俱乐部，无论是根据 RSTP 规则，还是意大利规则，达鲁比奥俱乐部均不能获得联合补偿金。因此，达鲁比奥俱乐部认为这种情况具有歧视性。[3]CAS 仲裁庭则认为，这名球员在属于同一协会的两个俱乐部之间转会，因此不能适用 RSTP 规定的联合机制补

---

〔1〕 See CAS 2011/A/2356 SS Lazio S. p. A. v. CA Vélez Sarsfield & Fédération Internationale de Football Association (FIFA), http://jurisprudence. tas-cas. org/Shared%20Documents/2356. pdf.

〔2〕 See CAS 2011/A/2635 Real Madrid Club de Futbol v. Confederação Brasileira de Futebol (CBF) & São Paulo FC, http://jurisprudence. tas-cas. org/Shared%20Documents/2635. pdf.

〔3〕 See CAS 2007/A/1287 Danubio FC v. Fédération Internationale de Football Association (FIFA) & FC Internazionale Milano S. p. A., http://jurisprudence. tas-cas. org/Shared%20Documents/1287. pdf.

偿，并指出，RSTP 的明确措辞没有给不同的解决方案留下任何空间。但是，2020 年版 RSTP 新增的培训俱乐部获得联合补偿的条件包括：属于同一协会的两个俱乐部之间的转会，而培训俱乐部隶属于不同协会的，可以主张联合补偿。因此，如果按照新的规定，前述案件的达鲁比奥俱乐部就可以要求联合补偿。

再者，联合机制补偿限于 FIFA 管理框架体系内。根据 CAS 判例法，在 FIFA RSTP 附件 5 框架内的"俱乐部"只能指隶属于国家协会的俱乐部，而该国家协会又是 FIFA 的成员。换言之，非附属不在 FIFA 体系内的俱乐部不适用 FIFA 联合机制补偿。RSTP 第 2 条和第 3 条明确规定，规则只涉及"有组织的足球"（organized football）即由 FIFA、联合会和协会赞助和协会授权的俱乐部，只有这样的俱乐部才能援引 FIFA 的规定。[1]因此，只有与同样是 FIFA 成员的国家足协有联系的俱乐部才有权申请联合机制补偿金，与国家足协没有联系的俱乐部无权要求联合补偿。

7.2.3 合同期内转会且已付补偿

转会发生在合同期内，不仅仅是法律上的条件，而且是实质上的条件。如果球员合同期届满发生转会，就属于自由转会，不涉及补偿，也不应支付联合机制补偿。只有在合同期内发生的转会，才需支付赔偿。换言之，正常的合同期届满或经双方同意的转会并不能引发联合机制补偿，只有在违反合同的情况下转会，才会触发联合机制补偿。通常来说，国际职业足球合同违约有几种情况：第一，俱乐部无正当理由终止合同；第二，球员无正当理终止合同；第三，合同中包含"违约金条款"（penalty clause）或"买断条款"（buy-out clause）。前一种情况将导致球员而不是俱乐部有权获得赔偿，显然与联合机制补偿的目标不一致，而后两种情况则可能触发联合机制补偿。[2]换言之，在自由转会的情况下，或者因前俱乐部过错发生违约而引发的合同终止，不应支付联合补偿金，只有在球员无正当理由终止合同和合同中包含

---

〔1〕 See CAS 2008/A/1751 Brazilian Football Federation v. Sport Lisboa e BenficaFutebol S. A. D, http://jurisprudence. tas-cas. org/Shared%20Documents/1751. pdf.

〔2〕 See Chemor M. F., "Solidarity contribution in pathological contract terminations", *The International Sports Law Journal*, Vol. 13, No. 3-4, 2013, pp. 225-235.

"违约金条款"或"买断条款"的情况下，才可能支付联合补偿金。

（1）球员无正当理由终止合同

在职业足球中，球员无正当理由终止合同球员违反合同，通常是由新俱乐部支付赔偿。如果新俱乐部是支付赔偿的俱乐部，那么就满足了触发联合机制补偿的条件。CAS判例解释道：[1]在足球领域的"出售"合同中，作为当事人同意的对象和目的的转会实际上可以通过两种方式进行：一是劳动合同转让的形式；二是终止与原俱乐部的雇佣协议并与新俱乐部签订新的雇佣合同。在这两种情况下，原俱乐部均表示同意而收到替代球员服务损失的赔偿，因此触发了联合机制补偿。相反，如果原雇佣合同到期后，即在无违约情况下，球员从一个俱乐部转会到另一俱乐部是在没有原俱乐部同意的情况下进行的，因此在一方当事人对另一方当事人没有承担义务的情况下，不存在"出售"合同，也不能启动联合机制补偿。

（2）"违约金条款"或"买断条款"

"违约金条款"是指合同中规定了无正当理由违约时违约方必须支付的损害赔偿金额的条款。"买断条款"，是指当事人在签订合同时，可以同意在任意或者某种确定的情况下，一方当事人可以通过简单地告知和支付约定数额款项终止该合同。两者的区别在于，"买断条款"赋予一方当事人在合同到期前终止合同的权利，而"违约金条款"并未规定终止合同的权利。对于联合机制补偿而言，无论是"违约金条款"，还是"买断条款"，都是触发联合机制补偿条件和计算联合补偿金额的依据。CAS 2011/A/2356案的仲裁庭指出，有关转会形式或计划的讨论应以转会交易的实际情况和实质内容为准，尤其是RSTP的规定是在广义的基础上起草的，而不是强制性规定支付联合补偿基于某种形式或计划。因此，即使是在典型"出售"合同方案之外进行的交易，球员在支付合同事先约定的补偿后解除合同义务并加入新俱乐部的交易，就联合机制补偿而言，也应视为一种转会。[2]

（3）已付补偿

根据上述RSTP的规定，联合机制补偿计算是基于"已付所有补偿"

〔1〕　See CAS 2010/A/2098 Sevilla FC v. RC Lens, http://jurisprudence. tas-cas. org/Shared%20Documents/2098. pdf.

〔2〕　See CAS 2011/A/2356 SS Lazio S. p. A. v. CA Vélez Sarsfield & Fédération Internationale de Football Association（FIFA）, http://jurisprudence. tas-cas. org/Shared%20Documents/2356. pdf.

（paid any compensation）。那么"已付补偿"该如何定义？由于 FIFA 是根据瑞士法律成立的协会，瑞士法律适用于 FIFA 规则的解释。《瑞士债法典》第41 条规定：任何人，无论是故意还是过失，非法给他人造成损失或损害，都有义务提供补偿。第 160 条规定：对于不履行合同或者履行有瑕疵的，除另有规定外，债权人只能强制履行或要求违约金。因此，"补偿"是球员或俱乐部因违反合同而支付的任何款项包括货币或实物，或在存在"惩罚条款"的情况下应支付的款项。其中"补偿"（compensation）不仅包括支付一笔款项，而且包括其他形式有价值的对价，如其他球员的替代性服务，只要这些不同形式的对价可以通过明确和令人信服的证据加以量化。[1]

7.3 联合机制补偿权利

新俱乐部获得球员的服务，这也得益于所有以前的培训俱乐部提供的教育和培训。联合机制补偿是为鼓励俱乐部更好地、更多地培训和发展年轻球员，促进联盟团结和俱乐部之间竞争平衡而创设的一种债权。通常来说，联合机制补偿的权利人为培训俱乐部，但在原培训俱乐部不再存在的情况下，国家足球协会可以代替原培训俱乐部获得联合机制补偿，并将这些补偿用于培养和发展年轻球员。

7.3.1 俱乐部联合机制补偿权利

根据 RSTP 规定，培训俱乐部有权获得联合机制补偿，且只有与同样是FIFA 成员的国家协会有联系并定期参加相关协会的比赛的俱乐部才有权申请联合补偿，与国家足球协会没有联系的俱乐部无权要求联合补偿。CAS 判例法认为，如果一个俱乐部得益于另一俱乐部投入的培训工作，那么前一俱乐部有权从后一俱乐部获得培训补偿，但只有属于 FIFA 成员的俱乐部才能援引FIFA 的规定。此外，转会协议双方之间的任何规定，包括转让球员的前俱乐部支付可能的违约补偿的义务，都不是直接与培训俱乐部关联，因此，向申请

---

〔1〕 See CAS 2012/A/2929 Skeid Fotball v. Toulouse FC, http://jurisprudence. tas-cas. org/Shared%20Documents/2929. pdf.

国际转会的新俱乐部索要联合补偿也是培训俱乐部的重要权利。[1]

根据 RSTP 的规定，转会相关的联合机制补偿只能由俱乐部提出主张。根据法律的一般规则和原则，辩护的事实必须由辩护人证明，即阻止行使或消灭所援引权利的事实证明必须由被援引权利的人证明。这意味着，在实践中，当一方当事人援引某一特定权利时，需要证明通常构成所援引权利的事实，而另一方当事人则需要证明排除或阻止所证明的事实的效力的事实，而所涉权利是以这些事实为基础的。根据《瑞士民法典》第 8 条，除非法律另有规定，证明指称事实存在的责任应由从该事实中获得权利的人承担。[2]任何一方希望在有争议的问题上胜诉，都必须履行举证责任，即必须提供其主张所依据的事实的证据。"举证责任"包括两个要件，即"说服责任"和"提供证据责任"，因此，为了履行举证责任，一方必须向 CAS 仲裁庭提供其持有的所有相关证据，并参照这些证据，使 CAS 仲裁庭相信其所申辩的事实是真实、准确的，并产生该方所设想的后果。只有符合这些要求，一方当事人才履行了举证责任，举证责任才转移给另一方当事人。

7.3.2 国家足球协会联合机制补偿权利

2005 年版 RSTP 规定，在一定条件下，国家协会享有主张联合机制补偿的权利，其中规定："如果在转会后 18 个月内无法建立职业球员与培训他的任何俱乐部之间的链接，则应向职业球员培训所在国的协会支付培训补偿。"国家协会的这一权利是建立在附属俱乐部的基础上的。CAS 2008/A/1751 案[3]的仲裁庭强调，国家协会申请联合补偿是严格附属的，国家协会只有在没有附属俱乐部为自己要求赔偿的情况下，才在法律上有权要求联合补偿金。因此，国家协会的责任不仅是证明职业球员和俱乐部之间不能建立任何联系，而且还应为球员在有关期间受到其所属俱乐部培训提供证据。CAS 在判例中指出，RSTP 附件 5 第 3 条的"链接"（link）一词不明确，合理的解释应为

---

〔1〕　See CAS 2011/A/2477 FC Spartak Moscow v. Football Union of Russia（FUR）& FC Rostov, http://jurisprudence. tas-cas. org/Shared%20Documents/2477. pdf.

〔2〕　See CAS 2019/A/6095 Red Tiger FC v. Fenerbahçe SK, http://jurisprudence. tas-cas. org/Shared%20Documents/6095. pdf.

〔3〕　See CAS 2008/A/1751 Brazilian Football Federation v. Sport Lisboa e BenficaFutebol S. A. D, http://jurisprudence. tas-cas. org/Shared%20Documents/1751. pdf.

"成功链接"（successful link），即一个俱乐部成功链接属于一个国家协会。[1]如果一个球员的履历上没有注明他在哪里接受过培训或者没有提及之前的俱乐部，那么这种"链接"是不存在的。CAS 判例法还强调，一个国家足协主张联合补偿金必须提供证据，证明该球员在该足球协会俱乐部中得到了有效的培训。事实上，只有两种情况下国家足球协会的附属主张才被接受：第一，培训球员的俱乐部不再隶属于该协会或已不复存在；第二，隶属于该协会的俱乐部在转会后 18 个月内未能主张联合补偿金。换言之，如果国家协会具有无可辩驳的证据表明其有权获得联合补偿金的附属俱乐部已经不存在了，那么，该协会在补偿到期时正式成为债权人，联合机制补偿应支付给国家协会[2]。此外，只有当有关俱乐部是附属俱乐部时，国家协会才能要求联合补偿金。CAS 2011/A/2635 案中，由于"未注册"足球学校不是国家足协的附属俱乐部，国家协会无权代表足球学校申请联合补偿金。

2012 年版 RSTP 明确规定，如果国家协会能证明参与职业球员训练和教育的俱乐部已停止参加有组织的足球比赛或不再存在，尤其是由于破产、清算、解散或失去联系，那么它因其附属俱乐部的贡献在原则上享有获得联合机制补偿的权利。这一规定明确了国家协会在一定条件下享有获得联合机制补偿的权利，同时必须为获得联合补偿承担相应的证明责任。

7.4 联合机制补偿义务

RSTP 附件 5 第 1 条第 1 款规定，如果一名职业球员在合同期内转会，在本次转会范围内支付的任何补偿金的 5%，不包括支付给其前俱乐部的训练补偿金，应从该补偿总额中扣除，并由新俱乐部作为多年来参与其培训和教育俱乐部的团结贡献（solidarity contribution）进行分配。这一规定是基于 FIFA 对一名球员在 12 周岁之后接受过训练和教育的假定，而无需证明。如果球员年龄小于 23 周岁，且在合同期内被转会，就应向以前培训的俱乐部支付联合

---

〔1〕 See CAS 2011/A/2635 Real Madrid Club de Futbol v. Confederação Brasileira de Futebol（CBF）& São Paulo FC, http://jurisprudence.tas-cas. org/Shared%20Documents/2635. pdf.

〔2〕 See CAS 2011/A/2652 Bulgarian Football Union（BFU）v. Manchester City FC, http://jurisprudence. tas-cas. org/Shared%20Documents/2652. pdf.

补偿。[1]该条款中的"已付"（paid）意味着补偿先支付给前俱乐部，然后由新俱乐部参照该金额计算联合补偿金，并分配给培训俱乐部。换言之，新俱乐部有义务计算联合补偿的金额，并将该金额分配给培训俱乐部。该规定确立了新俱乐部与培训俱乐部之间的法律关系。[2]其立法理由（ratio legis）是培训俱乐部对这种关系不知情，新俱乐部更容易确定球员的前俱乐部。事实上，参与培训的前俱乐部有权得到应得的联合补偿金，却没有参与转会协议的谈判，根据合同相对性原则，转会协议的合同条款和条件不能与前俱乐部对立，尤其是协议双方没有理由对有资格获得联合机制补偿金的俱乐部强加转会补偿的数额或联合机制补偿金的计算依据。此外，根据 RSTP 的规定，转入新俱乐部的球员有义务协助其新雇主完成这项任务。

7.4.1 计算联合机制补偿

根据 RSTP 的规定，对 5% 的"所有转会补偿"进行分配，实际上是规定了某种安全政策，以防止有资格获得联合机制补偿的俱乐部受到结果任意、滥用和巨大不确定性的影响。CAS 2012/A/2929 案的独任仲裁员认为，RSTP 所规定的已付"所有补偿"并不一定要求实际支付的现金。俱乐部可以将一名球员转让给另一家俱乐部，以换取各种形式的对价，对价可能包括一笔钱或其他有价值的利益。例如，俱乐部可以通过支付一笔钱和另一名球员组成的补偿来获得一名实力强大的球员，即所谓的"现金加球员"（cash plus player）交易。[3]在这种情况下，除了现金之外，还应考虑交易球员的可确定价值，以便计算联合补偿的金额。在两家俱乐部通过交换球员不涉及支付任何转会补偿的情况下，确定一名球员的"市场价值"的联合补偿金额，最准确的方式是基于该球员先前的转会补偿。[4]因此，这里所指的"所有补偿"，不仅包括主转会费和固定转会费，还包括所有价格加起来的部分，如有条件

---

〔1〕 See CAS 2008/A/1751 Brazilian Football Federation v. Sport Lisboa e BenficaFutebol S. A. D, http://jurisprudence. tas-cas. org/Shared%20Documents/1751. pdf.

〔2〕 See CAS 2006/A/1158 & 1160 & 1161 F. C. Internazionale Milano S. p. A. v. Valencia Club de Futbol SAD, http://jurisprudence. tas-cas. org/Shared%20Documents/ 1158,%201160,%201161. pdf.

〔3〕 See CAS 2012/A/2929 Skeid Fotball v. Toulouse FC, http://jurisprudence. tas-cas. org/Shared%20Documents/2929. pdf.

〔4〕 See CAS 2016/A/4821 Stoke City Football Club v. Pepsi Football Academy, http://jurisprudence. tas-cas. org/Shared%20Documents/4821. pdf.

的费用（如绩效奖金）和/或球员交换作为补偿的一部分，所有这些都是综合考虑的。RSTP 第 17 条的规定为"所有补偿"的计算提供了标准，5%的联合补偿是在 100%的"所有补偿"的基础上进行的计算。

7.4.2 分配联合机制补偿

根据 RSTP 的规定，新俱乐部不仅有义务计算联合补偿金的数额，而且有义务依据球员履历中的球员职业历史对补偿金进行保留和分配。CAS 判例法强调，尽管分配联合机制补偿的义务可转让给另一俱乐部，但新俱乐部在任何情况下仍将承担该义务。[1]

在分配联合机制补偿中，原则上新俱乐部必须联系球员的前俱乐部来获得支付联合补偿所需的银行详细资料。[2]根据 RSTP 附件 5 第 1 条的规定，最终从所有赔偿中扣除的 5%的联合机制补偿，将根据球员在 12 周岁和 23 周岁生日之间在相关俱乐部注册的年数进行分配，如果少于一年，则按比例计算。其中，对于 12 周岁到 15 周岁生日之间的初始时期，每年分配到的补偿金额为总联合补偿金的 5%；对于 15 周岁至 23 周岁生日赛季结束的培训期，每年分配到总联合补偿金的 10%。

7.4.3 联合机制补偿的财务承担

根据 RSTP，相应的联合机制补偿应由新俱乐部从转会补偿中强制扣除，俱乐部无权减损这一强制性规则。[3]因此，在订立转会协议时，双方代表应知道可能需要支付的联合机制补偿，且应提前规定由新俱乐部扣除联合机制补偿，而前俱乐部将收到扣除联合机制补偿的所有补偿。[4]如果新俱乐部未能从转会金额中保留 5%的联合机制补偿，它仍有权要求前俱乐部退还。

---

〔1〕 See CAS 2016/A/4821 Stoke City Football Club v. Pepsi Football Academy, http://jurisprudence. tas-cas. org/Shared%20Documents/4821. pdf.

〔2〕 See CAS 2006/A/1018 C. A. River Plate v. Hamburger S. V. , http://jurisprudence. tas-cas. org/Shared%20Documents/1018. pdf.

〔3〕 See CAS 2012/A/2707 AS Nancy-Lorraine v. FC Dynamo Kyiv, http://jurisprudence. tas-cas. org/Shared%20Documents/2707. pdf.

〔4〕 See CAS 2008/A/1544 RCD Mallorca v. Al Arabi, http://jurisprudence. tas-cas. org/Shared%20Documents/1544. pdf.

　　根据合同自由的原则，前俱乐部和新俱乐部可以自由地就联合机制补偿最终财政负担的转移达成协议，特别是就任何到期或未到期的偿还达成协议。[1] FIFA RSTP 关于联合机制补偿财政负担的规定并不妨碍合同各方自由商定由哪一方承担根据 FIFA 规则应支付联合补偿金的财政责任。瑞士法律同样允许双方通过"内部协议"将支付联合补偿的财政负担从球员的"卖方"转移到接收俱乐部。[2]对于由哪个俱乐部最终支付联合补偿金的问题，CAS 2015/A/4105 案的独任仲裁员认为，[3]双方在合同框架内可以自由商定联合补偿金的最终财务负担，尤其是可以对是否触发联合补偿达成一致。没有任何法律阻止新俱乐部除了支付转会费外还承担联合补偿金。只要新俱乐部仍然负责支付联合机制补偿，RSTP 不禁止参与转会的俱乐部之间的"内部安排"。[4] CAS 判例法对联合机制补偿的财务负担确定了以下原则：第一，新俱乐部有义务向有权获得联合机制补偿的俱乐部支付补偿；第二，对于有权获得联合补偿金的俱乐部，即使新俱乐部和转会俱乐部之间有内部安排，新俱乐部仍有义务支付联合补偿；第三，转会俱乐部和新俱乐部可以自由地就联合补偿的最终财务负担转换达成协议，特别是就任何到期或未到期的补偿达成协议。此外，上述"内部协议"关于联合机制补偿支付的规定应当是明确的，任何含糊、不准确的表述都不能看作是涵盖 FIFA 有关球员转会所规定的具体责任，如在大量商业合同中出现的"扣除所有成本"。[5]如果受 FIFA 规则管辖的转让合同的当事人希望就支付联合机制补偿的义务作出规定，那么他们必须通过明确的措辞表达这种意图。

---

　　〔1〕　See CAS 2009/A/1773 Borussia Vfl 1900 Mönchengladbach v. Club de Fútbol América S. A. de C. V. （Asociación Atlética Argentinos Juniors/Argentina）& CAS 2009/A/1774 Borussia Vfl 1900 Mönchengladbach v. Club de Fútbol América S. A. de C. V. （Club Atlético Independiente/Argentina）, http://jurisprudence. tas-cas. org/Shared%20Documents/1773,%201774. pdf.

　　〔2〕　See CAS 2008/A/1544 RCD Mallorca v. Al Arabi, http://jurisprudence. tas-cas. org/Shared%20Documents/1544. pdf.

　　〔3〕　See CAS 2015/A/4105 PFC CSKA Moscow v. Fédération Internationale de Football Association （FIFA）& Football Club Midtjylland A/S, http://jurisprudence. tas-cas. org/Shared%20Documents/4105. pdf.

　　〔4〕　See CAS 2015/A/4139 Al Nassr Saudi Club v. Trabzonspor FC, http://jurisprudence. tas-cas. org/Shared%20Documents/4139. pdf.

　　〔5〕　See CAS 2009/A/1773 Borussia Vfl 1900 Mönchengladbach v. Club de Fútbol América S. A. de C. V. （Asociación Atlética Argentinos Juniors/Argentina）& CAS 2009/A/1774 Borussia Vfl 1900 Mönchengladbach v. Club de Fútbol América S. A. de C. V. （Club Atlético Independiente/Argentina）, http://jurisprudence. tas-cas. org/Shared%20Documents/1773,%201774. pdf.

7.4.4 联合机制补偿的支付

根据 RSTP 的规定，应由新俱乐部支付培训俱乐部的联合机制补偿。球员转会补偿包括因提供服务而获得的报酬和其他福利，联合机制补偿是从所有补偿总额（不包括培训补偿）中扣除，因此金额必须与转会补偿总价值相符。[1]在形式上，不同于球员转会补偿，联合机制补偿支付是通过交付金钱履行义务。在支付期限上，根据 RSTP 的规定，新俱乐部有责任在球员注册后 30 天内或者在付款之后 30 天内支付联合机制补偿。如果延迟支付，债权人可通过 FIFA DRC 进行干预，且自注册后第 31 天起计算联合机制补偿利息。[2]在另一方面，债权人须在两年内向 FIFA DRC 主张索赔，其中两年的期限也是自第 31 天开始计算。

CAS 判例认为，对国际足联关于联合机制补偿的规定要求必须以使联合机制补偿生效并防止任何规避的方式进行解释，应阻止任何旨在减少或避免支付联合机制补偿的规避措施。[3]此外，任何未能遵守 RSTP 第 21 条和/或附件 5 规定义务的情况，特别是未能在规定期限内支付联合机制补偿的行为，都可能导致纪律委员会采取纪律措施。

7.5 国际职业足球联合机制及其争议仲裁法理分析与探讨

国际足联联合机制和培训补偿实际上是欧盟法律规制和足球行业自治的平衡机制。一方面，根据欧盟法院（CJEU）的判例，体育属于受欧盟法律约束的经济活动，在麦迪娜法案进一步指出，足球管理机构制定体育规则的权力受到欧盟法律的限制，尤其是《欧共体条约》（TFUE）关于自由流动和竞争的原则。另一方面，欧盟委员会高度重视培养年轻运动员，在《关于欧洲体育的具体特点及其社会功能的宣言》《体育白皮书》等文件中强调，投资和

---

〔1〕 See CAS 2019/A/6196 Sport Club Corinthians Paulista v. Clube de Regatas do Flamengo, http://jurisprudence. tas-cas. org/Shared%20Documents/6196. pdf.

〔2〕 See CAS 2011/A/2477 FC Spartak Moscow v. Football Union of Russia (FUR) & FC Rostov, http://jurisprudence. tas-cas. org/Shared%20Documents/2477. pdf.

〔3〕 See CAS 2012/A/2929 Skeid Fotball v. Toulouse FC, https://jurisprudence. tas-cas. org/Shared%20Documents/2929. pdf.

促进培养有才华的年轻运动员对于体育的可持续发展至关重要。因此，即使 FIFA 联合机制的规定表面上在限制劳工自由流动与欧盟市场竞争方面违反了欧盟的基本自由和竞争法，但是在追求一个与《欧共体条约》相一致的以公共利益为首要理由的合法目标，且在没有超出实现目标的必要范围情况下具有合理性。正如欧盟委员会在《球员转会的经济和法律问题》报告中所强调：只有在体育机构通过适当的机制保证体育价值观不受商业目标影响的情况下，所实施的减损传统行业正常劳动或竞争法的特殊性的规则才是合理的。这些价值与组织公平、平衡的比赛和实施集体的团结机制及青年发展有关。[1]

国际足联联合机制补偿和培训补偿制度仅适用于"职业足球"，是基于对整个足球体系发展的考虑。就整个足球体系而言，职业足球是水平最高、最具商业价值的部分，而这个部分的发展离不开广泛的业余足球、草根足球。如果没有业余足球、草根足球的广泛开展和繁荣，职业足球将成为没有根基的空中楼阁，将失去可持续发展的活力和动力。职业足球的联合机制补偿和培训补偿制度实质上是反哺业余足球、草根足球，从而实现整个足球体系的可持续发展。

国际足联培训补偿和联合机制补偿仅适用于"国际转会"，CAS 在判例法也坚持了"国际性"的原则，一方面，CAS 遵守 FIFA 规则的适用和解释；另一方面，CAS 谨慎介入国内争议，除非由国内法律和相关规则明确规定支持上诉至 CAS。这一法理也受到一些学者的批评和抨击。Ian Blackshaw 和 Boris Kolev（2009）认为，[2]CAS 判例法将联合机制补偿限制在"国际转会"的范畴并排除国家一级的适用是不合适的。首先，这可能违反欧盟劳工自由流动和"博斯曼法案"；其次，这种区分将违反国家的反竞争法；最后，这种区分将减损国家协会在 FIFA DRC 管辖权下实施该规则。Jakub Laskowski（2019）则指出，[3]FIFA 将联合机制补偿限制在国际层面，将大多数足球转会排除在该机制之外，不利于实现激励俱乐部投资于青年足球运动员的培训和增强足

〔1〕 See The Economic and Legal Aspects of Transfers of Players, https://ec. europa. eu/assets/eac/sport/library/documents/cons-study-transfers-final-rpt. pdf

〔2〕 See Ian Blackshaw, Boris Kolev, "Irregularity of Solidarity or Solidarity in the Irregularity: The Case against the Applicability of the FIFA Solidarity Mechanism Only to Internation Transfers", *The International Sports Law Journal*, No. 3-4, 2009, pp. 11-17.

〔3〕 See Jakub Laskowski, "Solidarity compensation framework in football revisited", *The International Sports Law Journal*, Vol. 18, No. 3, 2019, pp. 150-184.

球的竞争平衡等合法目标，且大多数国家协会不受联合机制补偿约束，缺乏合理性和不符合法律推理。对于 CAS 和 FIFA 对于培训补偿和联合机制补偿限于"国际转会"的解释和适用，本书认为主要有以下几个方面的原因：第一，CAS 在适用 FIFA 规则时，不能超越规则规定，且 FIFA 培训补偿和联合机制是基于欧盟法律框架，在监管全球职业足球事务中存在天然的缺陷；第二，CAS 作为"体育最高法庭"，其管辖权是基于各体育组织的承认和相关法律的承认，缺乏这些承认，CAS 是没有管辖权的；第三，CAS 和 FIFA 将培训补偿和联合机制补偿的适用限于国际层面，是避免国际规则和国际争议体系与各国家法律及国内争议解决体系产生直接的冲突，也为各国建立国内足球联合机制和培训补偿机制留下了空间。实际上，一些国家也采用国内联合机制补偿框架，如巴西、中国等。

不同于培训补偿，启动联合机制补偿实际上是建立在球员违约的基础之上。只有球员违反合同产生了赔偿或补偿义务的时候，才能触发联合机制补偿。这似乎陷入一个悖论，即培训俱乐部将因其培训和教育的球员违反规则而受到奖励。但是，联合机制补偿的目的是鼓励俱乐部培养年轻球员并实现培训补偿的更好分配，超出了"一般补偿"的性质，因此启动联合机制补偿并不来自"正常转会"的事实，其不应影响联合机制补偿的目的。

FIFA 培训补偿和联合机制对于职业足球的发展至关重要，不仅符合欧盟法律的价值要求，也符合足球可持续发展的理念。不可否认这些制度仍存在不足，但我们应看到在缺乏国家强制力保障的情况下，这些制度得到了较好实施，也应看到 FIFA 规则不断根据 CAS 法理的要求和国际职业足球的发展进行着调整和改善，而 CAS 判例法也会随着这些规则的变化不断演进和完善。

7.6 对中国足球联合机制实施的启示

国际足联培训补偿和联合机制补偿对于足球的发展，尤其是支持青少年足球发展的重要性不言而喻。尽管存在各种局限，但国际足球的运作无疑为我国足球发展提供了很好的参考。

中国职业足球转会制度的发展跌宕起伏，经历了顺序申报制（1998 年）、顺序摘牌制（1999-2000 年）、倒摘牌制（2001-2002 年）、自由摘牌与倒摘牌相结合（2003 年）、自由转会制（2005 年）的变迁，[1]2009 年中国足协制定了《中足协身份与转会规定》，并于 2015 年进行了修订，其中包含了联合机制补偿的规定。但是，由于缺乏配套措施，联合机制补偿并未得到有效的实施。王晓龙案[2]、南松案[3]以及 2017 年 7 月 26 日中国足协公布《关于限期支付拖欠费用的通知》中涉及 13 家中超俱乐部、4 家中甲俱乐部和 1 家中乙俱乐部联合机制补偿和培训补偿欠费，充分暴露了中国足协的联合机制补偿形同虚设。为加大执行力度，中国足协在 2017 年 4 月 12 日公布了《关于足球运动员联合机制补偿与培训补偿相关情况的说明》，但仍不能从根本上保障联合机制补偿的有效实施。究其根本，主要是我国职业足球水平低、缺乏联合机制的实施保障和监督机制。

在联合机制补偿实施的模式上，巴西通过《贝利法》规定培训补偿和联合机制补偿，也给我们提供了一个思路。2011 年巴西《贝利法》修订时，在第 29-A 条引入了 FIFA RSTP 所确定的联合机制补偿，其目的在于为那些巴西境内转会球员培训作出实际贡献的俱乐部建立一个资金、补偿和晋升制度。巴西国内与 FIFA 的联合机制补偿的最大区别在于球员的年龄，FIFA RSTP 规定的年轻球员培训为 12 周岁至 23 周岁之间，而《贝利法》规定为 14 周岁至 19 周岁之间。[4]此外，不同于国际足联对培训俱乐部的认证要求，对于巴西的培训俱乐部而言，无论他们是否得到巴西足协的认证，也不论认证的日期如何，只要遵守法律要求和证明俱乐部确实为球员培训作出了贡献，就有权参与国家联合机制补偿。这一规定弥补了如国际足联这样的行业性非政府组织仅限于行业规定的不足，便于鼓励更多的社会组织参与青年球员培训，并且通过国家立法规定联合机制补偿，确保了联合机制补偿的有效实施。这可能也是巴西足球青训发达和足球强大的重要原因之一。

巴西通过国家立法强化联合机制补偿的实施，为我们提供了一种模式。

---

[1] 参见杨献南等：《我国职业足球转会制度：演变·问题·改革》，载《西安体育学院学报》2020 年第 6 期。

[2] 参见《深扒联合机制补偿：奥斯卡达 2300 万 鲁能最亏》，载 https://sports.qq.com/a/20170726/006604.html。

[3] 参见《南松案折射出行政足球 某足协领导指示不办转会》，载 http://sports.sina.com.cn/china/j/2017-03-09/doc-ifychhus0133446.shtml。

[4] See CAS 2015/A/4061 São Paulo Futebol Club v. Centro Esportivo Social Arturzinho, http://jurisprudence.tas-cas.org/Shared%20Documents/4061.pdf。

从我国立法现实来看，将足球联合机制列入法律规定的可能性很小，新修订的《体育法》显然没有这方面的规定。目前，《中足协身份与转会规定管理规定》明确规定联合机制补偿限于会员，因此，理论上我国足球联合机制补偿的实施主要依靠足球行业体系。只有健全的行业体系，才能从根本上保障联合机制补偿的实施。事实上，虽历经多年发展，我国尚未建立成熟的足球行业体系，无法保证联合机制的实施，那么，通过行政法规或部门规章对其予以规定来保证实施是值得进一步探讨和研究的问题。

为保证实施的公平、有效，应加强和完善监督机制，包括行业内部监督和外部监督。事实上，中国足协已建立了争议解决委员会、纪律委员会和道德委员会，这些机构为联合机制补偿的实施起到了内部监督的作用。根据新修订《体育法》，我国已建立了体育仲裁委员会，对联合机制的实施发挥着外部监督作用。并且，新修订的《体育法》第98条规定：当事人可以自收到仲裁裁决书之日起三十日内向体育仲裁委员会所在地中级人民法院申请撤销裁决的情形包括：（一）适用法律、法规有错误的；（二）裁决的事项不属于体育仲裁受理范围的；（三）仲裁庭的组成或者仲裁的程序违反有关规定，足以影响公正裁决的；（四）裁决所根据的证据是伪造的；（五）对当事人隐瞒足以影响公正裁决的证据的；（六）仲裁员在仲裁该案时有索贿受贿、徇私舞弊、枉法裁决行为的。人民法院受理撤销裁决的申请后，认为可以由仲裁庭重新仲裁的，通知仲裁庭在一定期限内重新仲裁，并裁定中止撤销程序。仲裁庭拒绝重新仲裁的，人民法院应当裁定恢复撤销程序。通过司法监督体育仲裁裁决，进一步加强外部监督。目前，我国已经初步形成了足球行业内部监督和外部监督相结合的监督体系，但仍需要进一步加强衔接和畅通运行来保证联合机制实施的公正、有效。

本章小结

联合机制是为重新分配球员的培训价值，从而保障俱乐部之间的竞争平衡并加强联盟的团结而设立的制度。这一制度对年轻球员的发展和保持职业足球的稳定性及完整性具有重要意义。与培训补偿一样，联合机制补偿是为培训俱乐部获得补偿而创设的一种债权。启动联合机制的条件为，合同期内职业球员发生了国际转会或前俱乐部属于不同协会且已支付转会补偿。属于

FIFA 成员的培训俱乐部均有权获得联合机制补偿，但需要履行举证责任。国家协会获得联合机制补偿需要建立"成功链接"，并证明其所属俱乐部已不再存在。新俱乐部的联合机制补偿义务包括计算补偿、分配补偿，具体财务承担和补偿支付可以依据合同自由原则由双方协商一致。

中国足协已参照国际足联引入联合机制补偿，但迄今实施艰难，中国职业足球需要不断加强行业体系以保障联合机制的实施，并通过健全监督机制来保证联合机制实施的公正、有效。

研究结论、不足与未来展望

职业足球的规范化、法治化已成为必然趋势。由国际足联牵头的国际职业足球管理体系正通过体育争议解决的权威机构——国际体育仲裁院（CAS）形成"足球法"体系，并在争议解决中不断发展完善。在国际职业足球争议解决中形成的、独特的 CAS 仲裁法理是"足球法"体系中最鲜活的核心内容。本书以职业足球争议 CAS 仲裁的管辖权、法律适用、仲裁裁决的承认和执行三个程序性法理问题为经线，以国际足球职业合同稳定、培训补偿、联合机制补偿三个主要实体性问题为纬线，通过前述 7 章内容进行详细地探讨、阐述，深入地剖析了国际职业足球争议 CAS 仲裁法理的内涵、机理和发展规律，为人们深入、全面了解职业足球 CAS 仲裁法理提供参考，也为相关主管机构制定规则和法制建设提供借鉴。

8.1 研究结论

第一，在国际体育仲裁院职业足球争议程序性法理方面，国际职业足球争议 CAS 管辖权具有 CAS 管辖权的一般特性，同时依托国际职业足球规则和组织体系具有自身特点。在管辖权基础方面，国际足球组织章程和规则规定构成了 CAS 对国际职业足球争议管辖权的特殊仲裁条款。在管辖权的权限方面，受到国际足球组织规则影响，CAS 的审查也受到一定的限制，尤其是纪律性争议。CAS 在判例中形成了"赛场规则"、尊重行业自治、尊重独立正式仲裁机构裁决的一般原则，并形成了对仲裁协议和援引条款有效性的确认标准，对职业足球争议的上诉仲裁需要确认是否存在决定、是否拒绝司法以及是否穷尽内部救济机制。CAS《体育仲裁条例》限制了当事人法律适用的自主权，只要选择 CAS 仲裁，就适用 CAS 程序规则和瑞士仲裁程序法。在普通程序实体法适用方面，CAS 优先适用当事人选择的法律；在缺乏当事人法律选择的情况下，仲裁庭仍倾向于首先适用国际足球规则，辅以适用瑞士法律；不同于篮球争议，职业足球争议缺乏适用"公平善意"原则的基础。在上诉程序的实体法适用方面，CAS 限制当事人的意思自治并形成了层级式的法律适用，并逐渐限制瑞士法律的适用和增加最紧密联系原则的适用。职业足球 CAS 仲裁裁决主要是通过国际足联和 CAS 相关规则、执行机制、上诉机制形成的内部系统进行承认和执行的。作为国际仲裁裁决，职业足球 CAS 仲裁裁决可依据《纽约公约》予以承认和执行，各国法院尊重 CAS 仲裁，在"无明显违反公共政策"的前提下都会承认和执行其裁决。对于 CAS 可能的中国当事方，应充分了解 CAS 规则和职业足球争议 CAS 仲裁法理，从而在守法守规的基础上合理维护自身权益。就中国即将建立的体育仲裁机制而言，CAS 职业足球争议仲裁管辖权、法律适用、裁决承认与执行等问题的法理都可为之提供参考。

第二，在国际体育仲裁院职业足球争议实体性法理方面，球员的基本权利不仅包括及时获得报酬的权利，还包括接受训练的权利以及在官方比赛中与队友竞争的权利。只有球员"实质性"违约或"严重"违规，才能被看作俱乐部终止合同的"正当理由"。球员伤病和表现不佳很难成俱乐部终止合同的正当理由。"体育正当理由"实质上是对球员"人格权"的保护，同时为保持合同稳定，CAS 判例法为构成"体育正当理由"形成了一些客观标准。无正当理由提前终止合同应承担赔偿责任，还可能受到体育处罚。如果当事方未就赔偿金额或赔偿计算达成协议或者在没有构成不可抗力的情况下，则应按照国际足联转会规则第 17 条规定的标准进行计算赔偿和适用"积极利益"原则。此外，针对不同违约主体，CAS 建立了不同的体育处罚确认标准。培训补偿机制就是国际足联为鼓励俱乐部培训和发展年轻球员而创设的债权。球员签订首份职业合同和后续国际转会是引发国际职业足球培训补偿机制的触发因素。为球员提供有效培训的前俱乐部有权获得培训补偿，从球员培训中真正获益的俱乐部有义务支付培训补偿。CAS 严格审查培训补偿的权利和义务，避免不当得利和规避培训补偿，以确保其实施的公正、有效。与培训补偿一样，联合机制补偿也是为培训俱乐部获得补偿而创设的一种债权，但二者的运行原则存在区别。职业球员在合同期内在不同国家协会的俱乐部之间转会或原俱乐部属于不同协会情况下，基于已支付补偿启动了联合机制补偿。所有为球员培训和发展作出贡献的俱乐部都有权获得联合机制补偿，从球员培训中获益的新俱乐部具有培训补偿义务。新俱乐部的联合补偿义务包括计算补偿金、分配补偿金，在财务承担支付方面可据合同自由原则由双方协商一致。对于 CAS 可能的中国当事方而言，应充分了解国际足球合同稳定、培训补偿、联合机制规则和 CAS 仲裁法理，守法守规以维护自身合法权益。我国职业足球应建立和健全行业内实施机制和内外部监督机制，遵循有约必守原则、诚信原则、公平原则以及保护球员基本权利，不断促进职业足球的规范化、法治化。

8.2 研究不足和展望

本书提供了一个较为全面的国际体育仲裁院职业足球争议仲裁法理研究的框架，囿于研究时间、精力和篇幅等客观因素，仅探讨了其中的主要问题，还有一些问题如程序性法理的仲裁员中立性、临时或保全措施等，实体性法理如财务公平政策、青少年球员保护、纪律处罚等问题，都有待于进一步的研究。国际职业足球 CAS 仲裁法理是不断发展的"活法"，将随着国际职业足球领域不断产生新的争议，源源不断地注入新鲜血液。并且，一旦我国建立独立的体育争议解决机制，其发展和完善及与国际接轨的要求，一定会驱动对国际职业足球 CAS 仲裁法理的研究。此外，本研究侧重于国际职业足球仲裁法理研究，对足球法治化、职业化的本土化问题研究比较薄弱，基于我国实际情况按照足球法治化、职业化的基本原理、原则、规律探索解决中国足球治理法治化的本土化方略也是将来的研究方向。因此，本书对国际职业足球 CAS 仲裁法理的研究只是一个开端，正如对公平正义的追求永不止步一样，未来的研究空间还很大。

参考文献

中文部分

著作类：

[1] 张林：《职业体育俱乐部运行机制》，人民体育出版社 2001 年版。

[2] 任海：《国际奥委会演进的历史逻辑——从自治到善治》，北京体育大学出版社 2013 年版。

[3] 张保华：《职业体育联盟的特性与治理研究》，广东高等教育出版社 2013 年版。

[4] ［美］罗斯科·庞德：《通过法律的社会控制》，沈宗灵译，商务印书馆 2010 年版。

[5] ［奥］尤根·埃利希：《法律社会学基本原理》，叶名怡、袁震译，中国社会科学出版社 2009 年版。

[6] ［美］E·博登海默：《法理学：法律哲学与法律方法》，邓正来译，中国政法大学出版社 1998 年版。

[7] 赵秀文：《国际商事仲裁及其适用法律研究》，北京大学出版社 2002 年版。

[8] 宋连斌：《国际商事仲裁管辖权研究》，法律出版社 2000 年版。

[9] 朱克鹏：《国际商事仲裁的法律适用》，法律出版社 1999 年版。

[10] 蒋新苗主编：《国际私法学》，北京师范大学出版社 2017 年版。

[11] 李双元主编：《市场经济与当代国际私法趋同化问题研究》，武汉大学出版社 1994 年版。

[12] ［英］米歇尔·贝洛夫等：《体育法》，郭树理译，武汉大学出版社 2008 年版。

[13] 赵健：《国际商事仲裁的司法监督》，法律出版社 2000 年版。

[14] 丁夏：《国际投资仲裁中的裁判法理研究》，中国政法大学出版社 2016 年版。

[15] 宋航：《国际商事仲裁裁决的承认与执行》，法律出版社 2000 年版。

[16] 刘晓红主编：《仲裁"一裁终局"制度之困境及本位回归》，法律出版社 2016 年版。

［17］谢石松主编：《商事仲裁法学》，高等教育出版社 2003 年版。

［18］赵立、杨铁黎主编：《中国体育产业导论》，北京体育大学出版社 2001 年版。

［19］李伟：《垄断与创新——当代职业体育的新经济学分析》，首都经济贸易大学出版社 2017 年版。

［20］［瑞士］卡米尔·博利亚特、［瑞士］拉法莱·波利：《世界各国足球协会与职业联赛治理模式研究报告》，刘驰译，天津人民出版社 2017 年版。

［21］郑芳：《基于要素分析的职业体育治理结构研究》，浙江大学出版社 2010 年版。

［22］曹康泰主编：《中华人民共和国立法法释义》，中国法制出版社 2000 年版。

论文：

［1］张林：《我国职业体育俱乐部的发展前景》，载国家体育总局政策法规司、中国体育发展战略研究会编：《全国体育发展战略研讨会论文汇编（1988）》，北京体育大学出版社 1998 年版。

［2］谭建湘：《从足球改革看我国竞技体育职业化的发展》，载《广州体育学院学报》1998 年第 4 期。

［3］韩勇：《体育纪律处罚争议解决中的体育协会内部仲裁与外部体育仲裁关系研究》，载《仲裁研究》2006 年第 4 期。

［4］苏明忠：《国际体育仲裁制度评介》，载《中外法学》1996 年第 6 期。

［5］汤卫东：《国际体育仲裁法》，载《体育文化导刊》2001 年第 6 期。

［6］黄世席：《体育仲裁制度比较研究——以美、德、意大利及瑞士为例》，载《法治论丛》2003 年第 2 期。

［7］郭树理：《国际体育仲裁院与体育纠纷法律救济机制》，载《体育文化导刊》2003 年第 2 期。

［8］黄世席：《国际体育仲裁管辖权的新发展》，载《体育与科学》2011 年第 5 期。

［9］李智：《从德国佩希施泰因案看国际体育仲裁院管辖权》，载《武大国际法评论》2017 年第 1 期。

［10］黄晖：《论国际体育仲裁庭之权限——特别以 CAS 奥运会特设仲裁为例》，载《武汉体育学院学报》2011 年第 12 期。

［11］杨磊：《国际体育仲裁院区分管辖机制》，载《武汉体育学院学报》2015 年第 6 期。

［12］董金鑫：《论国际体育仲裁院上诉管辖机制的特殊性》，载《天津体育学院学报》2015 年第 4 期。

［13］张文闻、吴义华：《国际体育仲裁院仲裁权的法理分析》，载《体育研究与教育》2017 年第 6 期。

［14］周小英：《CAS 奥运会特别仲裁管辖权研究》，载《天津体育学院学报》2007 年第 2 期。

［15］郭树理、周小英：《奥运会特别仲裁管辖权问题探讨》，载《武汉大学学报（哲学社会科学版）》2008 年第 4 期。

［16］张森：《国际体育仲裁院奥运会临时仲裁庭的管辖权研究》，中国政法大学 2010 年硕士学位论文。

［17］杨秀清：《奥运会特别仲裁中管辖权裁决的理论与实践》，载《武汉体育学院学报》2013 年第 7 期。

［18］熊瑛子：《国际体育仲裁院特别仲裁机构管辖范围探讨——以 2014 年仁川亚运会体育仲裁实践为例》，载《中国体育科技》2015 年第 4 期。

［19］王进：《国内法院对奥运会组委会的管辖权边界——以 15 名女子跳台滑雪运动员诉温哥华冬奥会组委会为例》，载《体育科研》2018 年第 4 期。

［20］王铜琴：《国际体育仲裁法律适用问题研究》，载《长治学院学报》2009 年第 4 期。

［21］刘畅：《一般法律原则与国际体育仲裁的法律适用》，载《社会科学家》2011 年第 5 期。

［22］陈文新等：《CAS 上诉程序的法律适用探微》，载《武汉体育学院学报》2015 年第 4 期。

［23］黄世席：《国际体育仲裁院普通仲裁制度浅析》，载《体育与科学》2005 年第 6 期。

［24］黄世席：《国际足球争议仲裁的管辖权和法律适用问题》，载《武汉大学学报（哲学社会科学版）》2008 年第 4 期。

［25］杨磊：《国际体育仲裁院〈体育仲裁规则〉第 58 条释义》，载《中国体育科技》2014 年第 4 期。

［26］杨磊：《论国际体育仲裁院实体法律适用机制的特殊性》，载《天津体育学院学报》2014 年第 3 期。

［27］董金鑫：《论瑞士法在国际体育仲裁中的作用》，载《武汉体育学院学报》2015 年第 7 期。

［28］杨磊：《国际体育仲裁院普通仲裁程序的实体法律适用》，载《天津体育学院学报》2016 年第 4 期。

［29］周青山：《现代冲突法视野下国际体育仲裁院实体法律适用》，载《北京体育大学学报》2018 年第 5 期。

［30］张春良：《论国际体育仲裁协议的自治性——特别述及国际体育仲裁院之规则与实践》，载《天津体育学院学报》2011 年第 6 期。

［31］宋军生：《国际体育仲裁裁决的承认与执行》，载《体育科学》2006 年第 5 期。

［32］石慧：《论国际体育仲裁院仲裁裁决在中国的承认与执行》，载《赣南师范学院学报》2007 年第 2 期。

［33］黄世席：《奥运会仲裁裁决在我国的承认与执行》，载《法学论坛》2007 年第 4 期。

［34］石现明：《承认与执行国际体育仲裁裁决相关法律问题研究》，载《体育科学》2008 年第 6 期。

［35］周江：《刍议国际体育仲裁的司法监督问题（下）》，载《仲裁研究》2008 年第 2 期。

［36］曹黎明：《国际体育仲裁院仲裁裁决的承认与执行研究》，湘潭大学 2017 年硕士学位论文。

［37］傅攀峰：《从"一方俱乐部案"看国际体育仲裁院裁决在我国的承认与执行》，载《重庆理工大学学报（社会科学）》2019 年第 6 期。

［38］张春良：《国际体育仲裁院仲裁裁决在中国的承认与执行——基于我国承认与执行 CAS 裁决第一案的实证考察》，载《天津体育学院学报》2019 年第 2 期。

［39］王蓉：《国际体育仲裁院授予临时措施的审查标准评析》，载《体育学刊》2009 年第 9 期。

［40］罗曲：《从案例角度论 CAS 裁决司法审查存在的问题》，湘潭大学 2012 年硕士学位论文。

［41］黄世席：《国际体育仲裁裁决的撤销与公共政策抗辩》，载《法学评论》2013 年第 1 期。

［42］熊瑛子：《国际体育仲裁中越权裁决的司法审查》，载《苏州大学学报（法学版）》2016 年第 4 期。

［43］吴炜：《FIFA 及 CAS 规则在中国足球职业联赛球员合同纠纷中的实务应用——以球员合同争议管辖为视角》，载《体育科研》2012 年第 6 期。

［44］潘月仙：《国际职业足球劳动合同争议解决机制的法律探析》，载《体育与科学》2013 年第 6 期。

［45］向会英等：《我国国际职业足球运动员合同违约纠纷解决关涉的主要法律问题——以巴里奥斯案为例》，载《天津体育学院学报》2014 年第 5 期。

［46］董金鑫：《涉外足球劳动合同争议中的国际私法问题的特殊性》，载《天津体育学院学报》2017 年第 1 期。

［47］席志文：《足球合同中单边续约选择条款的合法性问题——来自格雷米奥案的启示》，载《天津体育学院学报》2015 年第 6 期。

［48］张鹏：《国际体育仲裁院仲裁证明标准研究》，载《中国体育科技》2018 年第 4 期。

［49］亓晓琳：《欧盟法对足球运动员转会制度的影响》，湘潭大学 2007 年硕士学位论文。

［50］黄玲：《国际职业体育转会纠纷法律规制研究——以欧洲职业足球转会为例》，福州大学 2010 年硕士学位论文。

［51］张玉萍：《国际职业足球运动中的劳动合同问题研究》，山东大学 2011 年硕士学位论文。

[52] 朱文英：《职业足球运动员转会的法律适用》，载《体育科学》2014 年第 1 期。

[53] 罗小霜：《论职业足球合同违约的体育制裁》，载《西安体育学院学报》2012 年第 6 期。

[54] 罗小霜：《苏亚雷斯纪律处罚上诉纠纷仲裁案例评述》，载《天津体育学院学报》2015 年第 6 期。

[55] 郝凤霞等：《欧盟法视域下的法治与自治——对欧足联"财政公平竞争"原则的思考》，载《西安体育学院学报》2017 年第 5 期。

[56] 张静、于天然：《〈欧洲足联俱乐部财政公平法案〉的默顿功能分析及其对中国职业足球的启示》，载《体育科学》2017 年第 12 期。

[57] 李志方：《国际足联制度设计的寻租漏洞与改革路径》，载《体育学刊》2012 年第 3 期。

[58] 汪习根、罗思婧：《国际体育仲裁规则面临的困境与出路——哈曼诉国际足联仲裁案的法理评析》，载《武汉体育学院学报》2014 年第 8 期。

[59] 肖江涛：《国际体育纠纷解决机制的困境与出路：穆图系列案的法理分析》，载《首都体育学院学报》2017 年第 5 期。

[60] 张文闻：《国际体育组织的处罚程序机制研究：以国际足联为例》，载《体育科研》2017 年第 6 期。

[61] 罗浏虎：《职业足球运动员第三方所有权的法律规制》，载《体育科学》2015 年第 4 期。

[62] 陈春燕：《职业运动员第三方所有权的若干问题探析》，载《体育学刊》2016 年第 3 期。

[63] 石俭平：《国际体育仲裁与国际商事仲裁之界分——以 CAS 体育仲裁为中心》，载《体育科研》2012 年第 5 期。

[64] ［西班牙］Lucas Ferrer：《有无正当理由违约中的损害赔偿——从案例分析的角度》，杨蓓蕾译，载《体育科研》2012 年第 6 期。

[65] 任娇娇：《球员转会补偿制度的实践构造》，载《苏州大学学报（法学版）》2019 年第 3 期。

[66] 杨献南等：《我国职业足球转会制度：演变·问题·改革》，载《西安体育学院学报》2020 年第 6 期。

[67] 黄华：《我国职业足球转会制度的法学透视》，载《广州体育学院学报》2017 年第 1 期。

[68] 梅傲、钱力：《我国青少年足球运动员转会法律困境及其纾解之道》，载《体育学研究》2020 年第 6 期。

[69] 代龙迪、汤卫东：《我国全国性单项体育协会诚信建设：内涵、困境与进路》，载

《武汉体育学院学报》2021 年第 2 期。

［70］向会英:《论"Lex Sportiva"的法合理性》,载《成都体育学院学报》2013 年第 6 期。

［71］向会英:《国际体育仲裁院与"Lex Sportiva"的发展研究》,载《体育与科学》2012
年第 6 期。

［72］向会英、谭小勇:《国际体育仲裁院〈体育仲裁条例〉的发展演进》,载《体育科研》
2020 年第 4 期。

英文部分:

著作类

［1］Matthieu Reeb, *Digest of CAS Awards* 1986-1998, Kluwer Law International, 2001.

［2］Matthieu Reeb, *Digest of CAS Awards* Ⅱ 1998-2000, Kluwer Law International, 2002.

［3］Matthieu Reeb, *Digest of CAS Awards* Ⅲ 2001-2003, Kluwer Law International, 2004.

［4］Despina Mavromati, Matthieu Reeb, *The Code of the Court of Arbitration for Sport: Commentary, Cases and Materials*, Wolters Kluwer Law & Business, 2015.

［5］Alexander Wild, *CAS and Football: Landmark Cases*, Springer, 2012.

［6］Antoine Duval, Antonio Rigozzi, *Yearbook of International Sports Arbitration* 2016, Springer, 2018.

［7］Frans de Weger, *The Jurisprudence of the FIFA Dispute Resolution Chamber*, Springer, 2016.

［8］James A. R. Nafziger, *International Sports Law*, Transnational Publishers, 2004.

［9］Ian S. Blackshaw, *International Sports Law: An Introductory Guide*, Springer, 2017.

［10］R. C. R. Siekmann, *Introduction to International and European Sports Law*, Springer, 2012.

［11］Johan Lindholm, *The Court of Arbitration for Sport and Its Jurisprudence: An Empirical Inquiry into Lex Sportiva*, ASSER PRESS, 2019.

［12］Müller Christoph, *International Arbitration-A Guide to the Complete Swiss Case Law*, Schulthess, 2004.

［13］Berti S. et al., *International arbitration in Switzerland: an introduction to and a commentary on Articles 176-194 of the Swiss Private International Law Statute*, Kluwer Law International, 2000.

［14］M. Arroyo, *Arbitration in Switzerland: The Practitioner's Guide*, Wolters Kluwer Law & Business, 2013.

［15］Simon Gardiner et al., *Sports Law*, Cavendish Publishing, 2006.

论文类:

［1］Josep F. Vandellós Alamilla, "Football Coach-Related Disputes A Critical Analysis of the relevant CAS awards and FIFA Players' Status Committee decisions", *International Sports Law and Policy Bulletin*, Vol. 1, 2018.

［2］Stephan Natzle, "The Court of Arbitration for Sport-An Alternative for Dispute Resolution in U. S. Sports", *Ent. & Sports Law*, Vol. 10, No. 1, 1992.

［3］C. Christine Ansley, "International Athletic Dispute Resolution: Tarnishing the Olympic Dream", *Arizona Journal of International and Comparative Law*, Vol. 12, No. 1, 1995.

［4］Richard H. McLaren, "The Court of Arbitration for Sport: An Independent Arena for the World's Sports Disputes", *Valparaiso University Law Review*, Vol. 35, No. 2, 2001.

［5］Lorenzo Casini, "The Making of a Lex Sportiva by the Court of Arbitration for Sport", *German Law Journal*, Vol. 12, No. 5, 2011.

［6］Anthony T. Polvino, "Arbitration as Preventative Medicine for Olympic Ailments: The International Olympic Committee's Court of Arbitration for Sport and the Future for the Settlement of International Sporting Disputes", *Emory International Law Review*, Vol. 8, No. 1, 1994.

［7］Ken Foster, "Lex Sportiva: Transnational Law in Action", in Robert C. R. Siekmann, Janwillem Soek eds. , *Lex Sportiva: What is Sport Law?*, Springer, 2012.

［8］Kaufmann-Kohler, "Artbitral Precedent: Dream, Necessity or Excuse?", *Arbitration International*, Vol. 22, No. 3, 2007.

［9］Lorenzo Casini, "The Making of A Lex Sportiva: The Court of Arbitration for Sport ´Der Ernährer´", *SSRN Electronic Journal* , 2010.

［10］Dimitrios P. Panagiotopoulos, "Lex Sportiva and International Legitimacy Governing: Protection of Professional Players", *US-China law Review*, Vol. 8, No. 2, 2011.

［11］Robert C. R. Siekmann, "What is Sports Law? Lex Sportiva and Lex Ludica: A Reassessment of Content and Terminology", *ASSER International Sports Law Series*, Springer, 2012.

［12］Jakub Laskowski, "Solidarity compensation framework in football revisited", *The International Sports Law Journal*, Vol. 18, No. 3, 2019.

［13］Ian Blackshaw, Boris Kolv, "Irregularity of Solidarity or Solidarity in the Irregularity: The Case against the applicability of the FIFA Solidarity Mechanism Only to International Transfers", *The International Sports Law Journal*, No. 3-4, 2009.

［14］Ericson T. , "The Bosman Case: Effects of the Abolition of the Transfer Fee", *Journal of Sports Economics*, Vol. 1, No. 3, 2000.

［15］Antonio Rigozzi, "Challenging Awards of the Court of Arbitration for Sport", *Journal of International Dispute Settlement*, Vol. 1, No. 1, 2010.

［16］Louise Reilly, "The Introduction to the Court of Arbitration for Sport (CAS) & the Role of National Courts in International Sports Disputes", *Journal of Dispute Resolution*, Vol. 2012,

No. 1, 2012.

[17] Matthew J. Mitten, "The Court of Arbitration for Sport and its Global Jurisprudence: International Legal Pluralism in a World Without National Boundaries", *Ohio State Journal On Dispute Resolution*, Vol. 30, No. 1, 2014.

[18] Matteo Maciel, "Court of Arbitration for Sport: The Effectiveness of CAS Awards and FIFA", *Legal Issues Journal*, Vol. 4, No. 2, 2016.

[19] Ulrich Haas, "Applicable law in football-related disputes: the relationship between the CAS Code, the FIFA Statutes and the agreement of the parties on the application of national law", *CAS Bulletin*, Vol. 2, 2015.

[20] Jean-Philippe Dubey, "The jurisprudence of the CAS in football matters", *CAS Bulletin*, Vol. 1, 2011.

[21] Andrijana Bilić, "Contractual stability versus players mobility", *Zbornik Radova Pravnog Fakulteta v Splitu*, Vol. 48, No. 4, 2011.

[22] Paul A. Czarnota, "FIFA Transfer Rules and Unilateral Termination Without 'Just Cause'", *Berkeley Journal of Entertainment and Sports Law*, Vol. 2, No. 1, 2013.

[23] Richard Parrish, "Article 17 of the FIFA Regulations on the Status and Transfer of Players: Compatibility with EU Law", *Maastricht Journal of European & Comparative Law*, Vol. 22, No. 2, 2015.

[24] Mark A. Hovell, "A brief review of recent CAS Jurisprudence relating to football transfers", *CAS Bulletin*, Vol. 2, 2015.

[25] Despina Mavromati, Jake Cohen Esq, "The regulatory framework of FIFA regarding the international transfer of minor players——Protecting minors or protecting precedent", *CAS Bulletin*, Vol. 2, 2020.

[26] Benjamin G. Davis, "Pathological Clauses: Frédéric Eisemann's Still Vital Criteria", *Arbitration International*, Vol. 7, No. 4, 1991.

[27] Grant Hanessian, "'Principles of Law' in the Iran-U. S. Claims Tribunal", *Columbia Journal of Transnational Law*, Vol. 27, No. 2, 1989.

[28] Mariusz Motyka-Mojkowski, Krystyna Kleiner, "The Pechstein Case in Germany: A Review of Sports Arbitration Clauses in Light of Competition Law", *Journal of European Competition Law & Practice*, Vol. 8, No. 7, 2017.

[29] Marco van der Harst, "The Enforcement of CAS Arbitral Awards by National Courts and the Effective Protection of EU Law", in Paulussen et al., *Fundamental Rights in International and European Law*, Springer, 2016.

[30] Coccia M., "International Sports Justice: The Court of Arbitration for Sport", *in International*

and Comparative Sports Justice, *the European Sports Law and Policy Bullet*, 2013.

[31] Mangan M. , "The Court of Arbitration for Sport: Current Practice, Emerging Trends and Future Hurdles", *Arbitration International*, Vol. 25, No. 4, 2009.

[32] Ulrich Haas, "The enforcement of football-related arbitral awards by the Court of Arbitration for Sport (CAS) ", *International Sports Law Review*, Vol. 14, No. 1, 2014.

[33] Mustafa Rashid Issa, "Damages and Compensation in Case of Breach of Contract", *International Journal of Social Science Research*, Vol. 3, No. 1, 2015.

[34] Pijetlovic K. , "Fundamental Rights of Athletes in the EU Post-Lisbon", *in Tanel Kerikmäe ed.* , *Protecting Human Rights in the Eu: Controversies and Challenges of the Charter of Fundematal Right*, Springer, 2014.

[35] Lenten LJA. , "Towards a New Dynamic Measure of Competitive Balance: A Study Applied to Australia's Two Major Professional 'Football' Leagues", *Economic Analysis and Policy*, Vol. 39, No. 3, 2009.

[36] Marcos Motta, Victor Eleuterio, "The Bridge Transfers Regulations and Brazilian Football", *Football Legal*, Vol. 6, 2016.

[37] Chemor M. F. , "Solidarity contribution in pathological contract terminations", *The International Sports Law Journal*, Vol. 13, No. 3-4, 2013.

案例:

[1] CAS 2011/A/2360 & 2392 English Chess Federation & Georgian Chess Federation v. Fédération International des Echecs (FIDE).

[2] CAS 2019/A/6087 Club Sportif Sfaxien v. José Paulo Sousa da Silva.

[3] CAS 2014/A/3580 A. C. Cesena S. p. A. v. Tokyo Football Club.

[4] CAS 2010/A/2144 Real Betis Balompié SAD v. PSV Eindhoven.

[5] CAS 2016/A/4602 Football Association of Serbia v. Union des Associations Européennes de Football (UEFA).

[6] CAS 2017/A/5054 Martin Fenin v. FC Istres Ouest Provence.

[7] CAS 2019/A/6241 Qingdao Jonoon FC v. Fédération Internationale de Football Association (FIFA).

[8] CAS 2017/A/5395 Techiman City FC v. Ghana Football Association (GFA).

[9] CAS 2012/A/3007 Mini FC Sinara v. Sergey Leonidovich Skorovich.

[10] CAS 2018/A/5782 DNN Sports Management LDA v. Baniyas Football Sports Club Company.

[11] CAS 2015/A/3959 CD Universidad Católica & Cruzados SADP v. Genoa Cricket and Football Club.

[12] CAS 2016/A/4450 Iván Bolado Palacios v. PFC CSKA Sofia.

[13] CAS 2019/A/6274 Inês Henriques, Claire Woods, Paola Pérez, Johana Ordóñez, Magaly Bonilla, Ainhoa Pinedo, Erin Taylor-Talcott & Quentin Rew v. International Olympic Committee (IOC).

[14] CAS 2004/A/593 Football Association of Wales (FAW) v. Union des Associations Européennes de Football (UEFA).

[15] CAS 2007/A/1392 Federación Panameña de Judo (FPJ) & Federación Venezolana de Judo (FVJ) v. International Judo Federation (IJF).

[16] CAS 2014/A/3561 & 3614 International Association of Athletics Federation (IAAF) & World Anti-Doping Agency (WADA) v. Marta Domínguez Azpeleta & Real Federación Española de Atletismo (RFEA).

[17] CAS 2014/A/3642 Erik Salkic v. Football Union of Russia (FUR) & Professional Football Club Arsenal.

[18] CAS 2010/A/2174 Francesco De Bonis v. Comitato Olimpico Nazionale Italiano (CONI) & Union Cycliste Internationale (UCI).

[19] CAS 2009/A/1880 FC Sion & Fédération Internationale de Football Association (FIFA) & AI-Ahly Sporting Club & CAS 2009/A/188/E. v. Fédération Internationale de Football Association (FIFA) & AI-Ahly Sporting Club.

[20] CAS 2018/A/5800 Samir Arab v. Union Européenne de Football Association (UEFA).

[21] CAS 2016/A/4595 Al Ittihad Saudi v. Fédération Internationale de Football Association (FIFA).

[22] CAS 2005/A/899 FC Aris Thessaloniki v. FIFA & New Panionios N. F. C.

[23] CAS 2004/A/659 Galatasaray v. Fédération Internationale de Football Association (FIFA) & Club Regatas Vasco da Gama & F. J. .

[24] CAS 2013/A/3254 PT Liga Prima Indonesia Sportindo (LPIS), PT Persibo Football Club, Persebaya Football Club, Persema Football Club, PSM Makassar Football Club, Arema Football Club, Persipasi Football Club, Farid Rahman, Tuty Dau, Widodo Santoso, Sihar Sitorus, Bob Hippy, Mawardy Nurdin and Halim Mahfudz v. Fédération Internationale de Football Association (FIFA), Asian Football Confederation (AFC), Football Association of Indonesia (PSSI) and Johar Arfin Husin.

[25] CAS 2013/A/3107 FC BATE Borisov v. Aleksandr Petrovich Gutor.

[26] CAS 2014/A/3703 Legia Warszawa SA v. Union des Associations Européennes de Football (UEFA).

[27] CAS 2008/A/1699 Nile Sports Club (Hasaheisa) Sudan v. Sudanese Football Association (Appeals High Committee) & Al-Hilal Sports Club.

［28］ CAS 2016/A/4586 Altay Football Club v. Professional Football League of Kazakhstan & Football Federation of Kazakhstan（FFK）.

［29］ CAS 2012/A/2977 Volyn FC v. Maicon Pereira de Oliveira.

［30］ CAS 2009/A/1910 Telecom Egypt Club v. Egyptian Football Association（EFA）.

［31］ TAS 2002/O/422 Besiktas / Fédération Internationale de Football Association（FIFA）& SC Freiburg.

［32］ CAS 2007/A/1395 World Anti-Doping Agency（WADA）v. National Shooting Association of Malaysia（NSAM）& Joseline Cheah Lee Yean & Bibiana Ng Pei Chin & Siti Nur Masitah Binti Mohd Badrin.

［33］ CAS 2005/A/952 Ashley Cole v. Football Association Premier League（FAPL）.

［34］ CAS 2018/A/5881 Abdelmalek Mokdad v. Mouloudia Club d'Alger & Fédération Algérienne de Football（FAF）.

［35］ CAS 2009/A/1947 Tema Youth FC v. Ghana Football Association（GFA）.

［36］ CAS 2003/O/482 Ariel Ortega v/ Fenerbahçe & Fédération Internationale de Football Association（FIFA）.

［37］ CAS 2015/A/3880 FC Steaua Bucuresti v. Gabriel Muresan.

［38］ CAS 2015/A/4208 Horse Sport Ireland（HSI）& Cian O' Connor v. Fédération Equestre Internationale（FEI）.

［39］ CAS 2005/A/1001 Fulham FC（1987）Ltd v. Fédération Internationale de Football Association（FIFA）.

［40］ CAS 2012/A/2948 Claudio Daniel Borghi Bidos v. Fédération Internationale de Football Association（FIFA）.

［41］ CAS 2010/A/2170 Iraklis Thessaloniki FC v. Hellenic Football Federation（HFF）and CAS 2010/A/2171 OFI FC v. Hellenic Football Federation（HFF）.

［42］ CAS 2018/A/5659 Al Sharjah Football Club v. Leonardo Lima da Silva & Fédération Internationale de Football Association（FIFA）.

［43］ CAS 2014/A/3613 PAOK FC v. Hellenic Football Federation（HFF）& Panathinaikos FC.

［44］ CAS 2012/A/2983 ARIS Football Club v. Márcio Amoroso dos Santos & Fédération Internationale de Football Association（FIFA）.

［45］ CAS 2016/A/4477 João António Soares de Freitas v. Al Shabab FC.

［46］ CAS 2013/A/3058 FC Rad v. Nebojša Vignjevi ć.

［47］ CAS 2006/A/1153 World Anti-Doping Agency（WADA）v. Portuguese Football Federation（FPF）& Nuno Assis Lopes de Almeida.

［48］ CAS 2014/A/3842 World Anti-Doping Agency（WADA）v. Confederação Brasileira de Futebol

(CBF) & Erivonaldo Florêncio De Oliveira Filho.

[49] CAS 2019/A/6131 Archad Burahee v. Equatorial Guinea Football Federation.

[50] CAS 2017/A/5065 Jacksen Ferreira Tiago v. Football Association of Penang & Football Association of Malaysia (FAM).

[51] CAS 2011/A/2430 Football Club Apollonia v. Albanian Football Federation (AFF) & Sulejman Hoxha.

[52] CAS 2013/A/3147 Khaled Mohammad Sharahili v. Saudi Arabian Football Federation (SAFF).

[53] CAS 2011/O/2574 Union des Associations Européennes de Football (UEFA) v. FC Sion/ Olympique des Alpes SA.

[54] CAS 2008/A/1571 Nusaybindemir SC v. Turkish Football Federation (TFF) & Sirnak SC.

[55] CAS 2011/A/2472 Al-Wehda Club v. Saudi Arabian Football Federation (SAFF).

[56] CAS 2013/A/3199 Rayo Vallecano de Madrid SAD v. Real Federación Española de Fútbol (RFEF).

[57] CAS 2018/A/6052 Maqbull Abdi Karim v. Gor Mahia Football Club.

[58] CAS 2011/A/2604 Fédération Internationale de Football Association (FIFA) v. Confederacão Brasileira de Futebol (CBF), Superior Tribunal de Justiça Desportiva do Futebol (STJD) & Tarcisio France da Silva.

[59] CAS 2009/A/1781 FK Siad Most v. Clube Esportivo Bento Gonçalves.

[60] CAS 2015/A/4213 Khazar Lankaran Football Club v. Fédération Internationale de Football Association (FIFA).

[61] CAS 2008/A/1633 FC Schalke 04 v. Confederação Brasileira de Futebol (CBF).

[62] CAS 2017/A/5460 Iván Bolado Palacios v. Fédération Internationale de Football Association (FIFA), Bulgarian Football Union (BFU) & PFC CSKA Sofia.

[63] CAS 2017/A/5465 Békéscsaba 1912 Futball v. George Koroudjiev.

[64] TAS 98/199 Real Madrid / Union des Associations Européennes de Football (UEFA).

[65] CAS 2008/A/1485 FC Midtjylland A/S v. Fédération Internationale de Football Association (FIFA).

[66] CAS 2007/A/1273 Trabzonspor SK v. Fédération Internationale de Football Association (FIFA) & Sporting Clube de Portugal.

[67] CAS 2002/O/410 The Gibraltar Football Association (GFA) /Union des Associations Européennes de Football (UEFA).

[68] CAS 2006/O/1055 Del Bosque, Grande, Miñano Espín & Jiménez v. Be 堭 ikta 堭 .

[69] TAS 2007/O/1310 Bruno Heiderscheid c. Franck Ribéry.

［70］ CAS 2010/O/2132 Shakhtar Donetsk v. Ilson Pereira Dias Junior.

［71］ CAS 2017/O/5264, 5265 & 5266 Miami FC & Kingston Stockade FC v. Fédération Interna-
tionale de Football Association (FIFA), Confederation of North, Central America and Carib-
bean Association Football (CONCACAF) & United States Soccer Federation (USSF).

［72］ CAS 2006/A/1024 FC Metallurg Donetsk v. Leo Lerinc.

［73］ CAS 2003/O/527 Hamburger Sport-Verein e. V. v. Odense Boldklub.

［74］ TAS 2003/O/530 AJ Auxerre c. FC Valence & S. .

［75］ CAS 2017/O/5025 International Federation of American Football, USA Football, Football
Canada, Japanese American Football Association, Panamanian Federation of American Foot-
ball & Richard MacLean v. Tommy Wiking.

［76］ CAS 2005/O/985 Feyenoord Rotterdam N. V. v. Cruzeiro Esporte Club.

［77］ CAS 2014/A/3776 Gibraltar Football Association (GFA) v. Fédération Internationale de
Football Association (FIFA).

［78］ CAS 98/200 AEK Athens and SK Slavia Prague / Union of European Football Associations
(UEFA).

［79］ CAS 2018/A/6029 Akhisar Belediye Gençlik ve Spor Kulübü Derne ğ i v. Marvin Renato Emnes.

［80］ CAS 2014/A/3858 Beijing Guoan FC v. Fédération Internationale de Football Association
(FIFA), André Luiz Barreto Silva Lima & Club Esporte Clube Vitória.

［81］ CAS 2016/A/4858 Delfino Pescara 1936 v. Envigado CF.

［82］ CAS 2017/A/5182 Akhisar Belediye Gençlik ve Spor Kulübü Dernegi v. Ivan Sesar.

［83］ CAS 2014/A/3706 Christophe Grondin v. Al-Faisaly Football Club.

［84］ CAS 2017/A/5086 Mong Joon Chung v. Fédération Internationale de Football Association
(FIFA)

［85］ CAS 2006/A/1181 FC Metz v. FC Ferencvarosi.

［86］ CAS 2017/A/5219 Gaetano Marotta v. Al Ain FC.

［87］ TAS 2018/A/5501 Christian Constantin & Olympique des Alpes SA (OLA) c. Swiss Football
League (SFL).

［88］ CAS 2019/A/6345 Club Raja Casablanca v. Fédération Internationale de Football Association
(FIFA).

［89］ CAS 2015/A/4206 Hapoel Beer Sheva FC v. Ibrahim Abdul Razak & CAS 2015/A/4209
Ibrahim Abdul Razak v. Hapoel Beer Sheva FC.

［90］ CAS 2011/A/2462 FC Obolon Kyiv v. FC Kryvbas Kryvyi Rig.

［91］ CAS 2003/O/486 Fulham FC / Olympique Lyonnais.

［92］ CAS 2009/A/1921 Non-Profit Partnership Women Basketball Club "Spartak" St. Petersburg

v. Tigran Petrosean.

[93] TAS 2016/A/4851 Club Ittihad Riadi de Tanger de Basket−ball c. Danilo Mitrovic.

[94] CAS 2013/A/3126 Xinjiang Guanghui Basketball Club Ltd. v. C. .

[95] CAS 2014/A/3836 Admir Aganovic v. Cvijan Milosevic.

[96] CAS 2015/A/4346 Gaziantepspor Kulübü Derneği v. Darvydas Sernas.

[97] CAS 2006/A/1123 Al−Gharafa Sports Club v. Paulo Cesar Wanchope Watson & CAS 2006/A/1124 Paulo Cesar Wanchope Watson v. Al−Gharafa Sports Club.

[98] TAS 2005/A/983&984 Club Atlético Peñarol c. Carlos Heber Bueno Suarez, Cristian Gabriel Rodriguez Barrotti & Paris Saint−Germain.

[99] CAS 2014/A/3626 Carmelo Enrique Valencia Chaverra v. Ulsan Hyundai Football Club.

[100] CAS 2008/A/1518 Ionikos FC v. L. .

[101] CAS 2017/A/5111 Debreceni Vasutas Sport Club (DVSC) v. Nenad Novakovic.

[102] CAS 2013/A/3207 Tout Puissant Mazembe v. Alain Kaluyituka Dioko & Al Ahli SC.

[103] CAS 2014/A/3640 V. v. Football Club X. .

[104] CAS 2004/A/678 Apollon Kalamarias F. C. v. Davidson Oliveira Morais.

[105] CAS 2016/A/4539 Dimitri Torbinskyi v. Football Union of Russia (FUR) & Rubin Kazan FC & CAS 2016/A/4545 Rubin Kazan FC v. Dimitri Torbinskyi & FUR.

[106] CAS 2007/A/1322 Giuseppe Giannini, Corrado Giannini & Pasquale Cardinale v. S. C. Fotbal Club 2005 S. A. .

[107] CAS 2007/A/1351 SC FC Unirea 2006 SA v. Nenad Pavlovic.

[108] CAS 2014/A/3742 US Città di Palermo S. p. A. v. Goran Veljkovic.

[109] CAS 2014/A/3527 Football Federation of Kazakhstan (FFK) v. Oliver Pelzer.

[110] CAS 2018/A/5513 Sport Club Internacional v. Hellas Verona Football Club S. p. A. .

[111] CAS 2012/A /2968 Konyaspor Kulübü Dernegi v. Ituano Futebol Clube.

[112] CAS 2016/A/4541 FC Kuban v. FC Dacia.

[113] CAS 2013/A/3119 Dundee United FC v. Club Atlético Vélez Sarsfield.

[114] CAS 2014/A/3785 Federación Peruana de Fútbol (FPF) v. Club Budapest Honvéd FC KFT.

[115] CAS 2005/A/811 Galatasaray SK v. MSV Duisburg GmbH & Co. KgaA.

[116] CAS 2009/A/1919 Club Salernitana Calcio 1919 S. p. A. v. Club Atlético River Plate & Brian Cesar Costa.

[117] CAS 2006/A/1189 IFK Norrköping v. Trinité Sports FC & Fédération Française de Football (FFF).

[118] CAS 2009/A/1893 Panionios v. Al−Ahly SC.

[119] CAS 2009/A/1975 Jean Amadou Tigana v. Beşiktaş Futbol Yatirimlari San. VE T İ C.

A. S. .

[120] CAS 2009/A/1757 MTK Budapest v. FC Internazionale Milano S. p. A. .

[121] CAS 2014/A/3553 FC Karpaty v. FC Zestafoni.

[122] CAS 2007/A/1355 FC Politehnica Timisoara SA v. FIFA & Romanian Football Federation (RFF) & Politehnica Stintia 1921 Timisoara Invest SA.

[123] CAS 2017/A/5277 FK Sarajevo v. KVC Westerlo.

[124] CAS 2010/A/2043 Zaglebie Lubin S. A. v. Club Cerro Porteño.

[125] CAS 2014/A/3536 Racing Club Asociación Civil v. Fédération Internationale de Football Association (FIFA).

[126] CAS 2016/A/4603 SC Dinamo 1948 v. FC Internazionale Milano SpA.

[127] CAS 2013/A/3365 Juventus Football Club S. p. A. v. Chelsea Football Club Ltd & CAS 2013/A/3366A. S. Livorno Calcio v. Chelsea Football Club Ltd.

[128] CAS 2011/A/2544 FK Ventspils v. FC Stefan cel Mare.

[129] CAS 2015/A/3981 CD Nacional SAD v. CA Cerro.

[130] CAS 2016/A/4604 Ängelholms FF v. Kwara Football Academy.

[131] CAS 2006/A/1029 Maccabi Haifa FC v. Real Racing Club Santander.

[132] CAS 2019/A/6096 FC Lugano SA v. FC Internationale Milano S. p. A. .

[133] CAS 2014/A/3500 FC Hradec Kralove v. Genoa Cricket and Football Club.

[134] CAS 2004/A/560 Associazione Calcio Venezia 1907 v. Clube Atlético Mineiro & AS Roma.

[135] CAS 2014/A/3620 US Città di Palermo v. Club Atlético Talleres de Córdoba.

[136] CAS 2014/A/3710 Bologna FC 1909 S. p. A. v. FC Barcelona.

[137] CAS 2006/A/1027 Blackpool F. C. v. Club Topp Oss.

[138] CAS 2005/A/889 Mathare United FC v. Al-Arabi SC.

[139] CAS 2007/A/1218 NK Zadar v. Club Cerro Corá.

[140] CAS 2016/A/4448 Real Racing Club de Santander SAD v. Sport Grupo Sacavenense.

[141] CAS 2011/A/2635 Real Madrid Club de Futbol v. Confederação Brasileira de Futebol (CBF) & São Paulo FC.

[142] CAS 2007/A/1287 Danubio FC v. Fédération Internationale de Football Association (FIFA) & FC Internazionale Milano S. p. A. .

[143] CAS 2011/A/2356 SS Lazio S. p. A. v. CA Vélez Sarsfield & Fédération Internationale de Football Association (FIFA).

[144] CAS 2012/A/2929 Skeid Fotball v. Toulouse FC.

[145] CAS 2019/A/6095 Red Tiger FC v. Fenerbahçe SK.

[146] CAS 2008/A/1751 Brazilian Football Federation v. Sport Lisboa e BenficaFutebol S. A. D. .

[147] CAS 2011/A/2652 Bulgarian Football Union (BFU) v. Manchester City FC.

[148] CAS 2006/A/1158 & 1160 & 1161 F. C. Internazionale Milano S. p. A. v. Valencia Club de Futbol SAD.

[149] CAS 2016/A/4821 Stoke City Football Club v. Pepsi Football Academy.

[150] CAS 2012/A/2707 AS Nancy-Lorraine v. FC Dynamo Kyiv.

[151] CAS 2008/A/1544 RCD Mallorca v. Al Arabi.

[152] CAS 2009/A/1773 Borussia Vfl 1900 Mönchengladbach v. Club de Fútbol América S. A. de C. V. (Asociación Atlética Argentinos Juniors/Argentina) & CAS 2009/A/1774 Borussia Vfl 1900 Mönchengladbach v. Club de Fútbol América S. A. de C. V. (Club Atlético Independiente/Argentina).

[153] CAS 2015/A/4105 PFC CSKA Moscow v. Fédération Internationale de Football Association (FIFA) & Football Club Midtjylland A/S.

[154] CAS 2015/A/4139 Al Nassr Saudi Club v. Trabzonspor FC.

[155] CAS 2019/A/6196 Sport Club Corinthians Paulista v. Clube de Regatas do Flamengo.

[156] CAS 2011/A/2477 FC Spartak Moscow v. Football Union of Russia (FUR) & FC Rostov.

[157] CAS 2016/A/4875 Liaoning Football Club v. Erik Cosmin Bicfalvi.

[158] CAS 2014/A/3525 Changchun Yatai Football Club Co. Ltd. v. Marko Ljubinkovic.

[159] CAS 2007/A/1380 MKE Ankaragücü Spor Kulübü v. S. .

[160] CAS 2017/A/5056 Ittihad FC v. James Troisi & Fédération Internationale de Football Association (FIFA) & CAS 2017/A/5069 James Troisi v. Ittihad FC.

[161] CAS 2016/A/4843 Hamzeh Salameh & Nafit Mesan FC v. SAFA Sporting Club & Fédération Internationale de Football Association (FIFA).

[162] CAS 2007/A/1359 FC Pyunik Yerevan v. E. , AFC Rapid Bucaresti & FIFA.

[163] CAS 2008/A/1568 M. & Football Club Wil 1900 v. FIFA & Club PFC Naftex AC Bourgas.

[164] CAS 2015/A/4220 Club Samsunspor v. Aminu Umar & Fédération Internationale de Football Association (FIFA).

[165] CAS 2019/A/6463 Saman Ghoddos v. SD Huesca & Östersunds FC & Amiens Sporting Club & Fédération Internationale de Football Association (FIFA) & CAS 2019/A/6464 Östersunds FK Elitfotboll AB v. SD Huesca & FIFA & Saman Ghoddos & Amiens Sporting Club.

[166] CAS 2014/A/3754 Metallurg Donetsk FC v. Fédération Internationale de Football Association (FIFA) & Marin Aničić.

[167] CAS 2007/A/1429 Bayal Sall v. FIFA and IK Start & CAS 2007/A/1442 ASSE Loire v. FIFA and IK Start.

[168] CAS 2018/A/5607 SA Royal Sporting Club Anderlecht (RSCA) v. Matías Ezequiel Suárez & Club Atlético Belgrano de Córdoba (CA Belgrano) & CAS 2018/A/5608 Matías Ezequiel Suárez & CA Belgrano v. RSCA.

[169] CAS 2007/A/1298 Wigan Athletic FC v/ Heart of Midlothian & CAS 2007/A/1299 Heart of Midlothian v/ Webster & Wigan Athletic FC & CAS 2007/A/1300 Webster v/ Heart of Midlothian.

[170] CAS 2009/A/1880 FC Sion v. Fédération Internationale de Football Association (FIFA) & Al-Ahly Sporting Club & CAS 2009/A/1881 E. v. Fédération Internationale de Football Association (FIFA) & Al-Ahly Sporting Club.

[171] CAS 2010/A/2145 Sevilla FC SAD v. Udinese Calcio S. p. A. and CAS 2010/A/2146 Morgan De Sanctis v. Udinese Calcio S. p. A. and CAS 2010/A/2147 Udinese Calcio S. p. A. v. Morgan De Sanctis & Sevilla FC SAD.

[172] TAS 2005/A/902 Philippe Mexès & AS Roma c. AJ Auxerre & TAS 2005/A/903 AJ Auxerre c. Philippe Mexès & AS Roma.

[173] CAS 2007/A/1369 O. v. FC Krylia Sovetov Samara.

[174] CAS 2008/A/1519 FC Shakhtar Donetsk v. Matuzalem Francelino da Silva & Real Zaragoza SAD & Fédération Internationale de Football Association (FIFA) & CAS 2008/A/1520 Matuzalem Francelino da Silva & Real Zaragoza SAD v. FC Shakhtar Donetsk & Fédération Internationale de Football Association (FIFA).

[175] CAS 2004/A/565&566 Clube Atlético Mineiro & E. v. Club Sinergia Deportiva (Tigres) & Fédération Internationale de Football Association (FIFA).

[176] CAS 2018/A/5950 Valencia Club de Fútbol, S. A. D. v. Fenerbahçe Spor Kulübü.

[177] CAS 2017/A/5366 Club Adanaspor v. Mbilla Etame Serges Flavier.

[178] CAS 2013/A/3411 Al Gharafa S. C. & Mark Bresciano v. Al Nasr S. C. & Fédération Internationale de Football Association (FIFA).

[179] CAS 2014/A/3739 & 3749 Jonathan Mensah & Evian Thonon Gaillard FC v. Fédération Internationale de Football Association (FIFA) & Udinese Calcio S. p. A.

[180] CAS 2013/A/3417 FC Metz v. NK Nafta Lendava.

[181] CAS 2016/A/4550 Darwin Zamir Andrade Marmolejo v. Club Deportivo La Equidad Seguros S. A. & Fédération Internationale de Football Association (FIFA) and CAS 2016/A/4576 Újpest 1885 FC v. FIFA.

[182] CAS 2019/A/6246 Ruslan Zaerko v. FC Nizhny Novgorod & Football Union of Russia (FUR).

[183] CAS 2016/A/4826 Nilmar Honorato da Silva v. El Jaish FC & Fédération Internationale de

Football Association (FIFA).

［184］CAS 2018/A/6017 FC Lugano SA v. FC Internazionale Milano S. p. A. .

［185］CAS 2013/A/3091 FC Nantes v. Fédération Internationale de Football Association (FIFA) & Al Nasr Sports Club & CAS 2013/A/3092 Ismaël Bangoura v. Al Nasr Sports Club & FIFA & CAS 2013/A/3093 Al Nasr Sports Club v. Ismaël Bangoura & FC Nantes.

［186］CAS 2010/A/2049 Al Nasr Sports Club v. F. M. .

［187］CAS 2011/A/2579 Sønderjysk Elitesport A/S v. Bosun Ayeni.

［188］CAS 2005/A/876 M. v. Chelsea Football Club.

［189］CAS 2016/A/4560 Al Arabi SC Kuwait v. Papa Khalifa Sankaré & Asteras Tripolis FC.

［190］CAS 2011/A/2428 I. v. CJSC FC Krylia Sovetov.

［191］CAS 2005/A/931 Györi ETO FC Kft v. Sasa Malaimovic.

［192］CAS 2017/A/5092 Club Hajer FC Al-Hasa v. Arsid Kruja.

［193］CAS 2018/A/6050 Kayserispor Kulübü Derneği v. Sibiri Alain Traore.

［194］CAS 2016/A/4693 Al Masry Sporting Club v. Jude Aneke Ilochukwu.

［195］CAS 2017/A/5242 Esteghlal Football Club v. Pero Pejic.

［196］CAS 2016/A/4482 Etoile Sportive du Sahel v. Leopoldo Roberto Markovsky & Clube de Regatas Brasil & Fédération Internationale de Football Association (FIFA).

［197］CAS 2018/A/6005 Al-Ittihad Alexandria Union Club v. Luis Carlos Almada Soares.

［198］CAS 2019/A/6239 Cruzeiro Esporte Clube v. Fédération Internationale de Football Association (FIFA).

［199］CAS 2007/A/1206 Milan Zivadinovic v. Iraqi Football Association (IFA).

［200］CAS 2019/A/6129 US Città di Palermo v. Fédération Internationale de Football Association (FIFA).

［201］CAS 2018/A/5900 Al Jazira FSC v. Fédération Internationale de Football Association (FIFA).

［202］CAS 2017/A/5227 Sporting Clube de Braga v. Club Dynamo Kyiv & Gerson Alencar de Lima Junior.

［203］CAS 2008/A/1658 SC Fotbal Club Timisoara S. A. v. Fédération Internationale de Football Association (FIFA) & Romanian Football Federation (RFF).

［204］CAS 2017/A/5341 CJSC Football Club Lokomotiv v. Slaven Bilic.

［205］CAS 2016/A/4704 Liaoning FC v. Wisdom Fofo Agbo & Chinese Football Association (CFA).

［206］CAS 2004/A/635 RCD Espanyol de Barcelona SAD v. Club Atlético Velez Sarsfield.

［207］CAS 2010/A/2289 S. C. Sporting Club S. A. Vaslui v. Marko Ljubinkovic.

［208］Decision of the Swiss Federal Tribunal 4P. 278/2005.

［209］Decision of the Swiss Federal Tribunal 4A_558/2011.

［210］Decision of the Swiss Federal Tribunal 4A_627/2011.

［211］Decision of the Swiss Federal Tribunal 4A_244/2012.

［212］Decision of the Swiss Federal Tribunal 4A_246/2011 9729.

［213］FIFA Decision of the Dispute Resolution Chamber, on 14 September, 2007.

［214］FIFA Decision of the Dispute Resolution Chamber no. 0515271.